解密一个大报的新闻后台操作　打造中国最佳新闻案例读本

第二辑

南方周末

后台

南方日报出版社
NANFANG DAILY PRESS
中国·广州

图书在版编目（CIP）数据

南方周末：后台（第二辑）/ 邓科主编． -- 广州：南方日报出版社，2008.1（2020.9 重印）
ISBN 978-7-80652-702-3

Ⅰ．①南… Ⅱ．①邓… Ⅲ．①报纸－新闻工作－广州市－文集 Ⅳ．①G219.276.51-53

中国版本图书馆 CIP 数据核字（2007）第 191170 号

南方周末：后台（第二辑） 邓科 主编

出版发行：南方日报出版社
地　　址：广州市广州大道中 289 号
电　　话：（020）87360640
经　　销：全国新华书店
印　　刷：广州市怡升印刷有限公司
开　　本：787mm×1092mm 1/16
印　　张：15.5
字　　数：270 千字
版　　次：2008 年 1 月第 1 版
印　　次：2020 年 9 月第 10 次印刷
定　　价：29.00 元

投稿热线：（020）87360640　　读者热线：（020）87363865

南方周末《后台》

（第二辑）

编者的话

南方周末《后台》第一辑出版后，得到的肯定超过了预期，促使我们开始了第二辑的编撰工作。同第一辑一样，《后台》第二辑选自南方周末未曾公开发表的文字，包括没有发表的报道，包括内部刊物上披露的“新闻背后”的秘事，包括勤奋的新闻人对专业、对现实的观察与思考。

看过第一辑的朋友告诉我们，《后台》比正式的报道看起来更过瘾更真切；也于红包记者之外，看到了一群为了真相与真理而奔走记录的真正的新闻人；更从一个个鲜活案例中看到了新闻如何操作、怎样诞生。

这些话，是鼓励，更是压力。从来“续集”难做，我们唯有用心用力，不辱期望。《后台》第一辑序中有一句话：“新闻不止，新闻后台操作的探索亦不止。”我们知道，在生命可以在黑窑中轻易践踏、搞清一张虎照的真伪也异常艰难的时代里，新闻不会停止，新闻人的脚步和担当也永远不应该停止。

目 录

编者的话

没有写在报上的新闻 后台—行动

2 遭遇“深喉” 傅剑锋

他是身藏幕后的“深喉”，也是我迄今为止的新闻调查生涯里最神秘的线人。

6 逃亡的警察，你还好吗 成 功

见面那天，徐健看到两个黑衣壮汉跟着领导夫人。刑警出身的徐健知道如果当时不答应接下“杀人生意”，自己肯定会被灭口。

9 我是记者，看到爱情 徐 楠

作为记者，每天走在旁观和探访的路上，不断地空降到不同人的生活当中，现实永远为你准备好了意外的发现。所有发现中，最称得上惊鸿一瞥的，莫过于爱情。

15

崔永元长征：上下不讨好？ 程绮瑾

崔永元《我的长征》节目因为赞助问题，得罪了一个高干子弟，一路给节目找麻烦。不仅于此，而且有人说了，这节目怎么老曝光老区苏区多艰苦？我搜集到一些普通观众的意见，不少人说小崔是想捞政治资本。小崔自己竟也一口承认：没想到节目会两头不讨好，本以为至少能讨好上级呢。

18

与黑社会有关的男人，与李敖有关的女人 张 英

□关于武和平的报道出来后，有人表示这是几年来，内地报纸上首次出现公安部官员直面黑社会犯罪的报道。

□胡因梦也知道，媒体、读者感兴趣的仍然是“李敖前妻”这四个字：您为什么不结婚，一直单身？是因为找不到比李敖更好的男人吗？您为什么说李敖对您影响最大？他哪点比您后面的男人要好？

24

柏杨在大陆的封山采访 师 欣

年迈的柏杨要向大陆读者告别了，这位曾经在20世纪80年代风靡中国的符号式人物，剖析中国文化、反思中国人劣根性的斗士，将自己的封山采访交给了南方周末。

27

神雕之死 傅剑锋

开车的老司机听说我是南方周末记者，大惊失色，告诉副局长：“局长，你不能接受南方周末记者采访。几年前南方周末调查猎杀藏羚羊的事，披露了一份内部材料，结果局里的老政委检讨了足足半年才过关。”

附：神雕之死 傅剑锋

39

午夜列车上，一位妇人的追寻 夏 榆

妇人在开动的列车上找我，找不到就给我打电话，从手机里我听到她惊慌失措的声音。这是一列在午夜时刻由大同开往北京的列车。妇人前来寻我，她要给我她的申诉的状纸，她说要跟我说一说她的冤似大海的男人。

43 我害怕“黑户”那双期盼的眼睛 张 英
我不敢接一个叫李殿洲的老人打来的电话，我害怕面对他那双充满期待的眼睛。

46 在美国，我人生第一次说出了那四个字 赵 凌
中国为什么这么热？为什么这些美国人对一个他乡的故事那么感兴趣？为什么一些美国年轻人在忙不迭地学习中文？

52 政变为何成为“嘉年华” 郭 力
这两位华人从事时政报道超过30年，出入泰国“枢密院”大臣官邸，不需要事先通报；他们在政变发生前一个月，就知道了事情的全部计划。这样的资源，被国内几家中央级媒体的驻泰国记者放过了，原因就是他们令当地华人觉得没有受到足够的尊重。

56 才走唐僧路，又行长征路 鞠 靖
在皎平渡金沙江大桥上，重走长征路的高干子弟们已经一个个换乘了四川派来迎接的越野车。出发之后几分钟，我们终于醒悟，他们绝对不是为了摆酷。

70 9岁儿子指导我写稿 刘鉴强
我收拾好行李，与儿子道别时，9岁的牛牛问：“爸爸，你要是写出来，那个小女孩儿会不会看到？”这让我一惊，是啊，如果让她看到，不就戳穿一切了吗？

73 差点被日本遣返 朱红军
关于“歌舞伎町”。关于“游就馆”。关于“新闻自由”。

79 城管“英雄”，小贩“凶手”？ 赵 凌
不料他来了一句：都是杀人犯了，这样的人不帮也罢！我当时就火了——崔英杰把你当老大哥，你对自己的兄弟就这么无情无义！——我不想在他身上浪费

时间了，我痛恨这样的男人。他突然低声开口了：那你想问什么嘛？
附：城管副队长之死 赵 凌 郑 焰

89 提问高强 寿蓓蓓
见报当周的周日，高强在中央电视台直播节目“中国发展高层论坛”上，针对经济学家张维迎的提问说：“宿迁的问题，最近在南方周末，我有一个很长的记者访谈，这个问题我已经回答过了。”强悍一如既往。

93 电话那端的命运 朱红军
我有快两个月没接到她的电话了，这是个坏征兆。按照当初的约定，案子审判有了眉目，她会第一时间通知我的。

96 总不能警察强拆警察吧 南香红
在一条条胡同里这种意识表现在一扇扇紧闭的大门上。如果一个院子的大门是开敞着的，这所院子一定是所大杂院，产权一定是公产；如果一个院子的大门紧闭，那一定是私产。

100 他，和他们的世界 吕明合
他也曾和人凑钱一起嫖过娼，煤矿2里外的庄子里，就有或明或暗的婊子。贫困让大家抛弃了一切，他的身体、尊严和耻辱。他说他明白这世界，“一切都是假的，只有钱是真的”。你可以说“这是血的蒸气，醒过来的人的真声音”。可这又能怎么样呢？生活还得继续，他还得继续干下去。

103 给“最牛钉子户事件”收官 张 悦
下午完成所有采访的时候，我给编辑发了一条短信：喜辛交加，这会是我到南方周末后最好的稿子。我知道，在上百家媒体的同题竞争中，我们拿到了所有记者都想获得却未果的“料”，南方周末由于这篇文章，会为这一事件收官。

109 **陈晓旭和那些出家的人** 赵 凌

一个高大的身影走了进来，我当时竟有点措手不及。郝彤——陈晓旭的丈夫——的形象非常完美，有偶像明星的气质。很阳光，长袖T恤、牛仔裤和旅游鞋。有人不理解一个男人为何要放下自己如日中天的事业。他笑着说，投身佛学也是事业，是更大的事业。

116 **探访西半球最后一个神秘国度** 史 哲

与其他社会主义国家相比，只有古巴体验过资本主义的繁荣，却最终搞起了社会主义；而更为吊诡的是，以刻板著称的苏联社会主义居然就能在天性不受拘束的古巴生根发芽。这两个疑问或许才是我内心的原始冲动所在。

深思成就深度 后台—思考

122 **南方周末历史上的三道招牌菜** 李红平

在老周末人聚会时，江艺平老师说她任主编期间对周末印象深刻的三篇稿子，第一篇是陈菊红的《文湘莉在1997年的最后三天》，第二篇是佘刘文、长平的《昆明在呼喊——铲除孙小果》，第三篇是鄢烈山的头版国庆评论《从臣民社会到公民社会》。下来细想，发现江老师选择的这三篇稿子居然分别代表了新闻的三个不同风格。

127 **"叫魂"试验** 肖 华

为什么会收到这样一条短信："张大卫（注：河南省副省长），肖华，汝州官员没齿难忘的两位人物！"为什么中西部的人民，会被资源魔咒束缚？为什么多如过江之鲫的记者，却讲不出《叫魂》那样波澜壮阔的故事？

132 **为邱兴华而哭** 柴会群

在宾馆把邱兴华的稿子发出去之后，我躲在厕所里，莫名其妙地哭了一场。这是我六年记者生涯中仅有的一次。

136 **《时代》正变成另一个《经济学人》？** 李丹婷

分析性杂志，或许将来会取代新闻杂志。看看《经济学人》的众多模仿者即可知。两年前，《美国新闻与世界报道》改版，《经济学人》是他们桌面上的教材；《商业周刊》曾试图模仿《经济学人》的封面报道；《洛杉矶时报》的编辑要求记者写出有《经济学人》味道的稿子。

附：专访《时代》执行编辑：我们如何改版 李丹婷

141 **这是让娱乐制度恐怖的故事** 张 捷

30 多家去报道。无妨这些喧嚣。当初张君案也是很多媒体在做，但是公认我们做的是最好的。探究这个家庭的精神历史、社会背景、被娱乐制度控制十几年的历史。这是让娱乐制度恐怖的故事。

附：你不会懂得我伤悲 袁 蕾

168 **“我”懂得他们伤悲** 袁 蕾

看见一个将死之人，媒体过去就应该只是拍照，而有相应的人来帮助他。杨丽娟事件也是这样。可是如果没有媒体给他们捐钱，他们也许就会饿死。如果有一个中间机构，那么媒体是不是也就没有所谓的“拿钱买控制”了呢？正是因为社会有缺环，那么这个时候应该检讨的是去补缺环的人还是这个缺环呢？

附：袁蕾访谈 黄 婷

专题：境外采访秘诀

180 **在德国问路为什么尽量找女性** 吴 蔚

尽量找女人问，尤其别找一男一女中的男人问。我在德国遇到好几次认不得路的情况，问路时对方都非常热心，但结果以不太妙的居多，甚至有几次是被指向了相反的方向。

188 **“千万不要在东京机场打的”** 王 寅

回到旅馆，日本参赞的电话也来了，他最后的请求令我颇感意外之余又有点忍俊不禁。他说：我们日本人最讨厌开后门了，我帮助你的事情，请你千万不要告诉别人。

193 **没有什么报道值得拿命去换** 赵 凌

那位CNN记者说，做有潜在危险的报道前，编辑部会征求记者的意见——愿不愿去，这不是强迫的任务。每个人都有权利保证自己的安全。没有什么报道是值得拿命换的——我一直认同这个道理，所以当那位记者说出类似的话时，我感到心安。

我们不说，他们说 后台—同行

200 **批判的武器** 李鸿谷

先是张铁林与周璇事件，稍后是黄健中与张钰事件，再后就是饶颖与赵忠祥的新闻。在这个时候，我们才意识到放弃这样的新闻，我们说服自己的理由是新闻太小，不具普遍性；其实这是借口，真正的原因是我们没有能力进入这样的新闻。我们该如何报道……后来三联的编辑讨论饶颖和赵忠祥这一选题，问我如何做，我想到了四个字：阶级斗争。

214 许知远离开之后的“观察家” 仲伟志

当许知远、于威他们集体辞职的时候，人们普遍认为，他们在与《经济观察报》的“保守力量”碰撞后将会变得两败俱伤。但事实并非如此……

218 悬挂在我们头上的“天问” 陆 晖

4月下旬，英国威斯敏斯特大学传播学教授Sparks来广州，教授提出一个问题：“为什么你们的主编可以让你们去做一些对发行量没有帮助的新闻?”这也许是南方都市报《深度》栏目诞生以来，就一直悬挂于其头上的“天问”。

南方周末

后台

没有写在报上的新闻

遭遇「深喉」
逃亡的警察，你还好吗
我是记者，看到爱情
崔永元长征：上下不讨好？
与黑社会有关的男人，与李敖有关的女人
柏杨在大陆的封山采访
神雕之死
午夜列车上，一位妇人的追寻
我害怕「黑户」那双期盼的眼睛
在美国，我人生第一次说出了那四个字
政变为何成为「嘉年华」
才走唐僧路，又行长征路
9岁儿子指导我写稿
差点被日本遣返
城管「英雄」，小贩「凶手」？
提问高强
电话那端的命运
总不能警察强拆警察吧
他，和他们的世界
给「最牛钉子户事件」收官
陈晓旭和那些出家的人
探访西半球最后一个神秘国度

遭遇“深喉”

□傅剑锋（南方周末新闻版块）

他是身藏幕后的“深喉”，也是我迄今为止的新闻调查生涯里最神秘的线人。

一直想面见一位朋友，但是我至今不知道他（姑且以男性“他”称之吧）的名字，甚至性别。

他是我在调查深圳第二人民医院烧伤科天价收费骗取工伤保险中的举报人，隐姓埋名在医疗系统里的“深喉”，也是我迄今为止的新闻调查生涯里最神秘的线人。

我无法描摹他的形象，但我想他最明显的性格特征是不轻言放弃。9月与10月，在我出差期间，他以每星期一封的频率给我寄举报信。他在信里称还以同样的频率给深圳的一些监管机构和国家监察部寄信。

举报信全部是打印文字，信封有六个鲜红的惊叹号，没有署名。举报信称：“深圳市第二人民医院烧伤科原主任朱志祥，从两个烧伤病人身上，多收了161万元医疗费，这些费用全部来自社保基金……朱志祥被‘双规’后又安然出来，能量之大让人不解。”举报信称：“而在近四年来，他巧立名目，吞噬的工伤社保金远多于此……”对一个调查记者来说，这是一个不可多得的题材，尤其是在国家总理都强调要守护好社保基金的背景下。

信封上唯一的联系方式，是一个无论什么时候打过去都接不通的手机号，旁边注明：只能发短信。我不清楚这个手机号码是否失效了，就试着给他发信息。连续几天，都没有等到回复。我推想他可能因为我没有及时回复而扔掉了这个号码。

如果没有内部举报人，如此大的黑幕，记者以一己之力根本没法揭开。但现在，这个调查大题很可能与我失之交臂。我清楚这些内部举报人的心理，他们在举报无望后，常常会销毁一切痕迹，包括销掉电话号码，以求自保。

已经不抱什么希望了，他的短信却忽然在几天后的深夜降临："能联系上你真好，如果你有足够的坚持与勇气，就可以发现巨大的黑洞。"我一下子就笑了，发给他短信："我以为你已经销掉手机号了，看得出你是个不轻言放弃的人。"他回复："只是尽一名医务人员的本分而已，其实私下里，很多医务人员都是见不得那些不讲医德的行为的。"

我不敢肯定他的举报动机是纯粹地为维护公共利益，还是与涉案医生朱志祥的个人恩怨。所以先面见他，有利于我判断他的动机，也有利于进一步判断他提供的信息的真实性。到了深圳后，不断地通过短信表示希望和他见面。他回复："你知道安徽医大的张曙吗？他公开举报，结果全国的医生护士都骂他有病，全院无人理他。我害怕这些，我害怕丢掉工作，我不敢和你通话，不能让你听出声音，甚至发信息都怕朋友知道，我和朱志祥没有任何个人恩怨……只是无法忍受这令人窒息的黑暗！"

这一瞬间让我想起了一些"精神异教徒"。总有一些人，他们的良知特别敏感，即使是利益共同体的受益者，也会时时反思这个利益体内那些挑战道德与法律底线的行为。我曾经接触过向央视举报美容材料"奥美定"的"深喉"，一位心怀任侠的卫生系统官员。我也曾经碰到过某省巨大腐败窝案的举报人，一位游走在政商两界的良知之士，数年不息地和腐败战斗。我还碰到过由地下转向地上的举报者，一个叫黄元勋的煤矿主，连年举报，富裕的家庭变成一贫如洗，唯有举报材料如山。在多次受到生命威胁后，他向省委书记写遗书。贪官被扳倒之日，他和当地民众一起放鞭炮相贺，在电话里向我欢声大喊……

想到此，我意识到不必急着和这位神秘举报人见面。举报人差不多每天给我发短信，询问调查的进程，提供我需要的大量涉案人和监管机构的电话。

他建议我找到几位知情医护人员。我一一给他们写信道："你看到这封信时，请不要惊慌。你不要以为，这个社会是冷漠的。不，这个社会其实不乏好人，像你一样的好人，只不过多数时候，他们都藏在暗处，他们沉默着，他们缺乏勇气。在这个不乏好人的社会里，最可悲的是好人的孤立无援与孤军奋战，所匮乏的是好人与好人之间的相互支援。只要好人们能够团结起来，哪怕是能够暗中团结起来，黑暗就不会可怕，真相就没法被遮蔽!”

一些医护人员被打动了，他们提供了许多触目惊心的情况。例如，医院曾编制一个会自动乱收费的电脑程序，一些医生为拿回扣而滥用药物医死了人，如此等等。但他们多以口头陈述为主，缺乏书面证据，这对一个调查报道来说有致命的危险。

必须找到书面证据。在一个僻静的餐馆里约见了一位内部医护人员。这位医护人员告诉我，他曾经复印了深圳二院烧伤科上百本涉嫌乱收费的病历。后来，时任烧伤科主任的朱志祥被“双规”后安然释放，令他绝望，一怒之下他把病历全烧掉了。

在此后的十余天里，我陷入了寻找物证的僵局中，甚至懒得给那位举报人复短信。有一天，他发来了这样的短信：“说实话，没有您的消息我很是不安：一为无法彻底帮助您，二怕您灰心走了……您不能放弃啊，没有您真相如何大白!”

我重新鼓起了勇气。通过一些医学专家的途径，在广东工伤康复中心找到了两个被多收161万元治疗费的工伤病人。由于医药费用是社保买单，所以他们并不在乎被乱收费。但从他们那里，找到了掌握他们收费单据的工厂方，我从工厂方那里拿到医院的大量非法收费单据。我激动得手都发抖了。我发短信给举报人，他的回复把我逗笑了：“我和你一样相信，没有迎不来的黎明……”

就在证据收集越来越顺利的几天中，报社热线忽然接到一个电话，打电话的人自称是深圳的自杀者，在死前想找记者傅剑锋聊聊。为了挽救这名自杀者，我立即电话回复。不过当时我还是留了个心眼，新买了一个手机号回复他。结果一听声音，觉得其哭腔是装出来的。谈了几句后他就问我在哪里，是不是在深圳。我的职业直觉告诉我，这不像一名自杀者死前想说的话。我出其不意地反问他：“你是医生吗?”电话对面的声音一下子慌了，说：“是的。”我明白了七八分，但还是不动声色地安慰了他一番再挂机。我把这一情况发短信给举报人。举报人告诉我：“可能是你去广东工伤康复中心的采访，让对方知道了你在调查。这个所谓的自杀电话是来刺探你行踪的。”他建议我第二天就返回广州，然后再用广州的固定电话给这名“自杀者”打个安慰电话，要透出调查没有成功被迫回广州的假信息，使对方放松警惕，再杀一个回马枪返回深圳继续调查。他的建议和我的想法竟然惊人一致，不由生出心有戚戚焉之感。

后来，他帮我找到了最初向深圳市社保中心举报烧伤科对工伤保险的病人乱收医药费的举报人。这位举报人告诉我，他也因为看不惯那些昧着良心的敛财行为而去举报，但害怕被报复，所以至今没有到社保局去领20万元的举报奖金。由此看来，我的那位举报人的建议一点也不是多余之举。

40多天里，这位始终没有现身的“深喉”时时指引我，使我收集到了所需的各类证据。《两起工伤病例多收161万　天价医疗黑洞吞噬社保基金》的报道终于出炉，涉案的医生朱志祥被正式“双开”了。紧接着，央视又曝光了深圳第一人民医院的另一起天价医疗事件。神秘举报人给我发来了一条短信：“在所有人都不敢言的时候，你以良知做了该做的。世上我只感佩你。”后面是连续十个叹号。我立即回复他：“敢言对我来说是职业要求，而你身处其中，却如此勇敢，这才是真相能揭开的核心原因。我向所有富于良知的人致敬!”

他没有再回复，他像一粒沙子消失在大海中那样无迹可循了。

我陷入沉思中。我想起了导致美国总统尼克松下台的水门事件，如果没有中情局局长费尔特暗中提供关键性的线索与证据，华盛顿邮报的两名记者，纵有天大本事，也不可能揭开这一白宫政治黑幕。直到30年后，费尔特才在逝世之际向美国人民说出了真相。他的孙子在一份公开声明中称：“家人都认为我的祖父是一个伟大的美国英雄，他不顾个人安危，将国家从一个极度不公正的状态中挽救出来。”穿越30年的时空，从英雄般的“深喉”费尔特到我的这位芸芸众生里的神秘朋友，我看到了闪耀在不同国度的共同精神——即使身处利益体系之中，也不轻易向利益体系内的不合理潜规则低头，而是守住良知的底线，默默地为公共利益承担起道义与责任。

我在想，或许要在多年以后，我的这位未曾谋面的朋友，才会在午后的阳光里邀请我去喝上一杯咖啡，然后讲述一个关于良知与良心的理由。

（相关报道：《两起工伤病例多收161万　天价医疗黑洞吞噬社保基金》，《南方周末》2006年12月7日）

逃亡的警察，你还好吗

□成　功（南方周末新闻版块）

见面那天，徐健看到两个黑衣壮汉跟着领导夫人。刑警出身的徐健知道如果当时不答应接下“杀人生意”，自己肯定会被灭口。

最早认识徐健，是源于一次在MSN上和一位律师朋友聊天。朋友说，有个叫徐健的警察因为举报上级领导，遭到报复和打击，现在四处逃亡，随时可能有生命危险。你看能不能关注一下？

当时，我心中很纳闷，一个警察有问题可以通过正常渠道申诉。即使得罪上级，也可通过组织来协调解决，何来生命危险？疑惑不解，但我还是让朋友把联系方式留给徐健。

晚上，徐健打来电话。在一阵急促、颤抖的声音中，我能感受到他的紧张和疲累。电话信号也不好，声音断断续续的，飘忽在空气中。从他冗长而复杂的叙述中，我慢慢明白，这是一个听上去荡气回肠的冤屈故事。

事情大抵是这样：据徐健称，他是北方某市一个刑警，因为不愿意掺和领导之间的人事纠纷，而遭致报复，最后因一个“莫须有”的罪名被解职开除。就在徐健向上级部门申诉的过程中，另一个灾难意外地落到他头上。

一名高层领导的夫人因为嫉恨丈夫包“二奶”，破坏了他们原本幸福的家庭，决定出价20万元雇人杀了“二奶”。她找到了徐健。她认为这位“下岗”刑警对领导有怨恨，应该是杀手的最好人选。见面那天，徐健看到两个黑衣壮汉跟着领导夫人。刑警出身的徐健知道如果当时不答应接下“杀人生意”，自己肯定会被灭口。两天后，徐健收到了第一笔预付款17万元和一张事成之后兑现的“3万元白条”。惊骇之下的徐健，带着钱和其他证据，连夜向省里有关部门举报，将自己蒙冤受屈，那名高层领导贪污及其夫人准备雇凶杀人的阴谋统统揭开。然而，事情并没有得到解决。相反，有人在黑白两道放出话来，要整死徐健。屡受威胁的徐健从此被迫踏上逃亡申诉之路。

说着说着，这个汉子禁不住呜咽起来。“电话里说不清楚，我一定要到广州，去你们报社，把录音和‘3万元白条’的证据当面给你们看。”徐健非常执拗，最后他意味深长地说了一句，“南方周末是我最后的希望!”

我始终认为一家报社承载不了如此沉重的厚望和寄托，但我尽自己所能。通话结束后，我和新闻部编辑商量，先和徐健见面，等基本了解背景和相关证据后，再决定是否报道此事。

很快，徐健来到广州。当时我还在贵州出差，他先到报社和一位编辑交流了情况。此后，他便在报社附近的招待所住了下来，非要等我出差回来，见上一面。他孤身一人耐心地呆在招待所房间里，每天给我发一则短信，询问我在贵州的采访情况和行程安排。后来，他告诉我，因为怕打搅我的工作，一直不敢打电话。

三天后，我匆匆结束了在贵州的采访，赶回广州。8月的一天，我终于在招待所见到了徐健。在打开招待所房门的一刹那，徐健探出头来，眼中闪过一丝迟疑和谨慎。也许是职业习惯，他直到看清我的面貌后，才小心地取下门上的保险链扣锁。

没有想象中北方大汉的伟岸和强壮，徐健是个中等个头、皮肤白皙的中年人。他说话语速很快，思维敏捷，表达逻辑严谨，和电话中判若两人。他说，只有在远离北方的广州，他才觉得自己活得像个人，夜里睡得稍微踏实一点。

徐健从枕头下掏出一个白色塑料袋，打开几个包层后，拿出一块电子表和一张边角磨烂的A4纸，上面有几行字。徐健说，八年举报和逃亡的生活，他就靠这两个物件支撑下来。那块带有录音功能的电子表录下了那名领导夫人的全部谈话——出价20万元请他去杀“二奶”；而那张纸上则是“3万元白条”，上面有这名领导夫人的亲笔签名。

徐健把这两件证据看得比自己的命还重要。为了以防万一，他把两件证据分别藏于两个省。这次来广州，为了向记者证明自己的经历，他分别去两省将两个证据聚到一起。

八年中，徐健先后写过3000多封申诉举报信，但大部分石沉大海，杳无音信。他也曾去公安部申诉和举报，公安部领导作了相应批示，但事情一直没有解决。

讲述中，徐健的声音越来越低沉。突然，他沉默不语，把头高高昂起，看着天花板，试图掩饰自己发红的眼眶，但是眼泪还是不争气地流了下来。

八年来，徐健四处逃亡，妻子离他而去。他也从来不敢给家中老母亲打电话，因为怕电话监听暴露行踪。一位好友因执着地帮助徐健而耗尽家资，妻子气得和他离婚，徐健对那位朋友一直心怀歉疚。

绝望的时候，徐健曾想过与迫害他的人同归于尽，自己为自己“平反”。一位朋友甚至帮他找好了枪，但这位昔日的射击标兵还是放弃了。徐健知道，一旦跨出这一步，他一直渴望追寻的清白就会永远离他而去。

不知谈了多久，我们才想起都没有吃饭。于是，我带徐健到报社后面一家饺子馆。一路上，他双手紧抱装着两件证据的挎肩包，眼睛警惕地扫描身边擦肩而过的陌生人。到了饺子馆，他挑了一张背靠墙角的桌子坐下。吃饭的时候，徐健先观察了一下大堂，然后双眼再没有离开过挎肩包。

六个饺子，一杯茶水，徐健说他已经饱了，我不知道他是客气还是真话。但他说，逃亡八年，他的胃已经坏了，吃不下东西，“原来120斤的身体已经瘦成90多斤”。

第二天，徐健准备回北方去，他买了一张最便宜的硬座票，带着几个馒头上车。临走时，我向报社申请，给他报销了在广州的住宿费。

因为种种因素，这个报道没有公开发出来，但报社通过相关渠道，将徐健的材料和情况向有关部门反映上去。

现在的徐健仍然四处逃亡，他变得更加焦躁了。最近，有人放出话来，同样以20万元要徐健的人头。我的手机里不时收到徐健发来的短信，说他现在在河北某个小县城里，每到晚上，他就找个浴室，在躺椅上对付一晚，那儿便宜又暖和，15块钱一晚。他频繁地换着落脚点，一个地方从不呆两个晚上。

最近，徐健发来一则短信，说公安部督导组到了河北，他又看到了一线希望。我一向不惮以最坏结果来揣度这条利好消息，但如果不幸失验，他还能坚持多久呢？

又是一年多过去了，徐健，你过得还好吗？

我是记者，看到爱情

□徐　楠（南方周末新闻版块）

作为记者，每天走在旁观和探访的路上，不断地空降到不同人的生活当中，现实永远为你准备好了意外的发现。

所有发现中，最称得上惊鸿一瞥的，莫过于爱情。

每一次，这样的发现几乎都是突如其来，猛地将你打动。

作为记者，每天走在旁观和探访的路上，不断地空降到不同人的生活当中，现实永远为你准备好了意外的发现。所有发现中，最称得上惊鸿一瞥的，莫过于爱情。

一

初秋的南方小城，已经过了午夜。

与一位采访对象深谈入夜，匆匆往回赶。

小城还没有完全安静，远远地，有嬉笑的吴侬之声飘来，马上归于平静。

一间发廊的玻璃门里透出悠悠的粉红色光芒。一个穿着低胸装、超短裙的女子站在门前，用手机打电话。

她烫着夸张的发型，浓艳刺鼻的香气远远地袭来。

这是她们“工作”的时间，不足为奇。但她纯正的北方口音吸引了我：“我知道，你从来就没爱过我！”

我与她，就在这一句话里擦肩而过。

她气息急促，就快要哭出来了。

我的耳鼓被这句话刺中时，她已经在我身后。想回头多看一眼，但是最终没有——突然的侧目，或许会让她感受到别的意味。与其误解，不如就此别过。

浓艳刺鼻的香气飘尽了，还能听出她在继续打电话，只是声音已经模糊，氤氲不可辨析。

匆忙一瞥的印象告诉我：她在初秋的夜风中瑟瑟地发抖。

二

40 年前，他生在山东农村。

如今，他是个老板，在县城里开着自己的雪铁龙。几百万的生意有手下人打理，他满足了。每天早上出门，到公司转转，下午去找朋友打牌，晚上应酬吃饭。偶尔回村，一打牌就是一夜。

在山东的一个县城采访，因为总要习惯性地结交一些地方上的“人物”，于是认识了他。与别的生意人比起来，他显得太清闲了。

临走时再聚，喝多了酒，于是他打开了话匣子。

从十几岁时开始跑生意，做编织袋，贩茶叶、药材、粮食、服装、土特产、烟草……能想到的都做过，几乎是做一样赔一样。那十年里他整天滚打在火车上，一个星期才敢犒赏自己一顿一块五毛钱的牛肉炒饼。在除夕夜的火车上他丢掉了自己唯一的一套西装，在小旅馆里困窘得只剩下 15 元钱。

小时候他喜欢邻村的一个女孩子，并且认为对方也喜欢自己。他享受着女孩不时传递过来的眼神，期待着瓜熟蒂落的一天。

19 岁那年春节，女孩定亲的消息突然传来，他呆了半晌，觉得就在前一天，女孩还在向他暖暖地笑着。当最终接受了现实，他发现自己只剩下了仇恨。

谁来提亲都无所谓了。20 岁时他就结了婚，相亲时他只看了一眼，唯一的印象就是“觉得长相还行”。

争吵、冲突不可避免地发生，当他决定索性离婚时，他得知妻子怀孕了。

“一个农村女人，她离了我靠谁去?”他对自己说：这一辈子都不能提离婚了。

如今，在这县城的商人里，男人是出了名的清心寡欲——不进发廊不去洗脚城，最大的爱好只是打牌。

旧事，只是不再与人提起。

在外奔波的日子里，他遇到过一个女人，小名叫作“四妹”。

那些年，他三分之二的时间在外奔忙，三分之一的时间回到家，面对妻子和孩子们满怀期待的眼神。他说：“我真的累。”

四妹是一个护士，他们相遇在她生活的小县城。那段日子里他几乎已经赔光了所有借来的钱，出门跑生意连旅店都舍不得住，就住在四妹家里。晚上回去，有四妹烧茶煮饭、端水洗脚。

他说：“我有三个孩子，我没法离婚。”

四妹没有强求，只是像燕子衔泥一样，为他筑起第二个家。县城医院的宿舍院子里，谁都知道没结过婚的四妹收留了一个有家室的落魄男人。

他一来，四妹就烧茶煮饭、端水洗脚。

两年后，男人寄予厚望的一单生意落败了，他再次受到打击，“你说说，除了负担，我能给她点啥?”他心生退意。

也就在这时，他唯一一张四妹的照片被妻子搜出，一甩手撕碎。接下来是更严密的监控和深深的自责。三年时间，他没有踏足四妹所在的县城。

也就在这三年，他终于等来了机会，完成了生意上的第一笔积累。他想找到四妹，最起码，看看有什么困难是自己可以帮助的。

然而小小一个县城，再也打听不到这个女子的消息。

除了“四妹”这个名字，在这个男人的生活中，她似乎什么痕迹也没有留下。

四妹话不多，邻人还记得她说过的，就是一句：“他是个好人，我看不得他挨饿受冻没人操心。”

撕了四妹照片的妻子，第一次看到男人像雷电一样暴怒。从此她再不言及“四妹”这两个字。

在这个小地方，像男人这样的老板身边，总会有年轻女子围拢而来。他对主动示好的女子说：“别在我身上花工夫了，我老了。”

忆起旧事，酒后的男人压低声音低下头：“那时节，能算是咱的初恋了。”

三

入冬，农人开始筹备给儿子娶媳妇。

我在村里采访，每天天一黑，就听到他家大喇叭放着喜庆的戏词。

要办喜事的人家是村里最热闹的地方。经过他家门口，都能看到农人和妻子一边拌着嘴，一边乐呵呵的笑模样。

大喜的日子终于来了。

天刚擦黑，我意外地在田埂上遇到独自游荡的农人。

“怎么没在家陪客人?”

“客人吃罢回去了。”

“嫂子怎么没出来?”

“她还忙哩！她守着我一辈子过穷日子，难为她了。”

与他同路走了一段，他一句话也不说。我提起话头，他只是应付着。天黑，看不到神情。

我觉得自己打搅了他，于是告别，岔上了另一条路。

一天后与他的弟弟谈话，才知道了农人的过去——

他与同村的女孩自小相好，可是家里太穷，拖了好几年也没能提亲。女孩的父母把她嫁给了经商的富户。女孩走了，他拒绝别人提亲。直到30多岁，实在顶不住。

成亲当晚，他不停地哭。幼小的弟弟问：“哥，你咋哩?他们说俺嫂子可好看呢。你哭啥?”

他只是哭得更凶。

我突然想起那天返回住处时，经过他家的后墙，隐隐听到房里女主人在说话——抱怨和训斥之声，还夹着拍拍打打的动静。

没有农人的声音。

妻子的声音渐渐平息，灯灭了。

四

隆冬时节，在一个河南村庄采访。

土坯房里，经年的木床闪着油黑的光，床沿处的木条被磨出一个深深的凹窝。这是诞生了农家男儿的床，如今住着他的妻小。

天阴着，年轻的妻坐在门边，借着惨淡的日光，用一条竹片将一摞锡箔一张张分剥开来，在每张锡箔的背后衬上黄纸——这是镇上的作坊用来加工玩具金元宝的，女人们从作坊里领回整摞的锡箔和黄纸，每做一张，可以获得4分工钱。在她的身边，四岁的男孩和一条叫作“豆豆”的狗在玩耍。

不用问，男人在外，打工。

瘦弱的女人冷得不停哆嗦，嘴唇白煞煞的，头发理得很短，毫无光泽地耷拉在头上。她话少，声音很小。

“我家南方的。”

“自己跑出来，打工。”

“俺们在厂子里认识的。”

她剥着手里的锡箔，只言片语说着自己的过去。房子里没有火炉，借着日光剥一会儿锡箔，她就站起来跳一跳、搓搓手来取暖。

提起过去的过去，她的声音小得几乎听不到了，只是淡淡的一句：“他打得凶呢。”

后来听人说：男人有过一个妻子，留下的儿子已经十几岁。

前妻去世后，这汉子经常喝醉了酒，抱着儿子哭，直到在打工的工厂里遇到现在这个女人。她此前嫁人几年，落下一身伤痕，终于从富足的家乡跑出来，自己打工谋生。她跟着他来到这个陌生的村庄，她原来住楼房，现在住土坯房。他们没有结婚证，因为她与家里的前夫无法离婚。五年了，家人不知道她的去向。

母子俩的床边，就是这个家的灶台。天色将晚，女人停了手里的活儿，开始烧火。四岁的男孩马上凑到火边，伸手取暖。

土坯房的“窗户”，是墙上的一个方洞，没有玻璃，只是掖着半张压平了的旧纤维袋。不透明的红蓝条纹，挡去了方洞口的光亮。只有一角掀起来，透进一丝光线。

问她怎么没掖好，她搓着生冻疮的手笑起来：“透个亮儿。”

接着小声补一句：“他爸给掖得好着呢，可严实了。”

我被那一时刻的她震撼了——一种奇异的神色降临到这个农妇的脸上，她只有二十几岁，眼角却满是皱纹。他们的幼子在隆冬天里拖着鼻涕，跟在她的左右。或许从今以后，她的命运就是在这间土坯房的门口，一张张分剥锡箔纸，换取 4 分钱的酬劳。然而她不允许任何人怀疑丈夫对她的好——哪怕是一个外人。

时过境迁，当我再次回忆起她说那句话的神情时，分明记得她的嘴角没有抬起——她并没有笑，然而那是我所见过的，最富光芒的神情。

几个片断，雪泥鸿爪。

我想找到更好的讲述方式，但失败了。最后将他们粗暴地连缀在一起，如同我自己，由一段段采访连缀起来的生活。

我总是以一个陌生人的身份突然走近别人的生活，又很快走开。这常常是一种幸运，我的陌生、我注定很快离去，还有我的诚意、我朴实的外表，都让他们少有疑虑，让他们会在一个清清淡淡的斜阳午后，敞开心扉。

请原谅我笨拙的讲述，当一个中年人在我面前为曾经的爱情痛哭流涕，当我有幸碰巧触碰到一个老者苍凉的人生，无论他多么平凡，我都肃然起敬。

说他们的故事都是爱情，也许是奢侈的，或者不确切的。男人与女人、人与人之间，最隐秘、最细嫩的情感，又怎能妄想用语言来概括？

但它们总有形迹，你碰巧有机缘在一瞬间看到它，就像潮水漫过脚掌，指缝中不偏不倚地落下一颗金沙。

再轻小，也是电光火石。

崔永元长征：上下不讨好？

□程绮瑾（南方周末文化版块）

接小崔长征这单活时，我还不是很清楚具体是怎么一回事，但是听说会跟着他们一起爬雪山，我就兴奋了，一口答应下来。

快到出发的日子，却接到组织方的通知，说夹金山那边大雪封山，断了路，为了安全着想，把我们记者团的出发延后。

过了一阵子，我以为这事已经黄了，又接到组织方的通知，说记者团要出发了，小崔他们刚过完雪山草地，在遵义跟我们会师。可惜了我的运动欲望，最后只是在某个下午跟着队伍在公路上徒步 20 公里，完全不过瘾。

等到后来见了小崔才知道，没能跟他们一起爬雪山，真正原因不是路况，而是上级正在盯他们。这个节目因为赞助问题，得罪了一个高干子弟，一路给节目找麻烦。

麻烦不仅在于这一点，而且有人说了，这节目怎么老曝光老区苏区多艰苦？应该多说说建设社会主义新农村。

来这里之前，我搜集到一些普通观众对这节目的意见，不少人说小崔是想捞政治资本。没想到，实际情况却是这样。更没想到的是，当我问起时，小崔自

崔永元《我的长征》节目因为赞助问题，得罪了一个高干子弟，一路给节目找麻烦。不仅于此，而且有人说了，这节目怎么老曝光老区苏区多艰苦？我搜集到一些普通观众的意见，不少人说小崔是想捞政治资本。小崔自己竟也一口承认：没想到节目会两头不讨好，本以为至少能讨好上级呢。

己竟也一口承认：没想到节目会两头不讨好，本以为至少能讨好上级呢。

另一件有趣的事情是关于小崔买狗的。到遵义的当天，我打电话回总部，跟编辑商量采访的事情，却听说一个八卦，说小崔在遵义买狗，跟卖狗的人吵起来了，还惊动了 110。

我想跟节目组负责外宣的小胡求证，她正好跟我住一屋。但是那天晚上她没回房。第二天见到她，她说前一晚小崔很晚才回来，他们一起吃宵夜聊天，感觉小崔的内心安静了很多。

正说着，小胡接了一个电话。感觉应该是哪里的记者跟她求证小崔买狗的事情。她斩钉截铁地说：没这事，我们还有好几个记者都在遵义呢，都可以作证，小崔在忙长征，哪有工夫买狗？

过一会儿小胡的老公来了，小胡愤愤不平地跟他抱怨，说现在外面有人造谣说小崔买狗的事情。小胡的老公却十分平静地说："你怎么知道没有？"他们夫妻对视了一会儿，无语。

然后其他记者也都纷纷听说这件事情了，来找小胡打听。小胡只说她也不清楚。接下来，关于这个事情的说法越来越多，说有路人还用手机拍了照片，报纸上都登了。几个记者互相打听，但是大家都说不会去跟小崔求证，觉得打听这事太八卦，是娱记所为。显然，大家都不想被认为是娱记。

最后，几个日报的记者终于还是问了买狗的事情。小崔也给了答复。

"工作人员考虑到食堂每天有剩饭剩菜，他们也不能探亲，所以就买了只狗解闷儿。但我们都认为那只狗不太好看，想换一只，孰料碰上一个欺行霸市的卖家，一口咬定不换，还威胁我们的工作人员说他们是有'组织'的。我当时很气愤，实在看不下去了，就说：'我今天就要捣毁你的组织。'随后引发了一些争吵，不过后来都解决了，不像大家想象中的那么严重。"北京晨报记者的这段报道，基本就是小崔当时的原话。

一个采访过小崔好几次的山东记者对这个解释深信不疑，并且说："小崔就是太直了。"我却不敢肯定，因为毕竟这只是他单方面的说法。

不过那个记者讲的另一个关于小崔的故事，却打动了我：话说小崔在北京时，有天带女儿散步，看到前面有块石头。他想石头底下肯定有蚂蚁虫子之类的东西，就跟女儿说："爸爸给你变个戏法。"于是他就去搬石头，但是搬起来，底下却什么都没有。他的心中突然一阵凄凉。

"北京什么都活不下去，连只鸟，连个虫子都没有了。"山东记者转述小崔的说法。这让我想起，小崔和我们一起吃饭时说的："在北京，人没法开心，因为看不远，前后左右都是楼。"

可是最终，他还是回到北京。他的内心对这真善美的东西真的有坚定的信念吗？如果有的活，他为什么抑郁？现在说长征让他治好了抑郁症，他的内心真的平静了吗？

北京晚报的记者闲聊时说起，小汤山附近有个精神专科医院，小崔是在那里治，好多人得抑郁症都是在那里治好的。他列了一串长长的名单，都是名人，都跟小崔年纪相仿。

他们这一代人怎么了？我曾问过一个和小崔年纪相仿的朋友，问他对小崔这个长征的看法。他说，他们这一代人成长在“阳光灿烂的日子”，革命浪漫主义的情怀埋在心里。到了今天，市场经济，他们在日常生活中找不到“诗意”“英雄”“集体”这样的词语了。所以他们困惑。而这些词语，在长征那里是可以找到的。他猜想小崔在拿25个样本做试验的同时，也在为他自己的困惑寻找答案。

自从代言长征之后，崔永元逢人就夸《我的长征》可以“治病”，而且“疗效很好” 图片由节目组提供

第四天下午，终于安排了我们轮流对小崔进行专访。一个小时很快过去，我的疑问并没有得到很好的解答。

回到北京之后的某一天，我去看话剧《〈人民公敌〉事件》。剧中主人公也是一个信仰真善美的人，为了拯救淮河污染而奔走呼号。当他的朋友一个个为利益而背离他时，他愤愤地说：“你们不做，我自己做。”但最后，他发现自己也不是清白的。他是一个贫闲孤儿，一直以来接济他念书的“好心人”，竟是他最痛恨的制造污染的造纸厂的老板。

我很想找小崔来看这出戏。如果每个人都注定不是清白的，他是否能稍得解脱呢？是否能在绝壁面前重新找到如西西弗一般坚定的信念？

（相关报道：《小崔长征，病情暂缓》，《南方周末》2006年8月24日）

与黑社会有关的男人，与李敖有关的女人

——关于武和平、胡因梦报道的手记

□张　英（南方周末文化版块）

□关于武和平的报道出来后，有人表示这是几年来，内地报纸上首次出现公安部官员直面黑社会犯罪的报道。

□胡因梦也知道，媒体、读者感兴趣的仍然是“李敖前妻”这四个字：您为什么不结婚，一直单身？是因为找不到比李敖更好的男人吗？您为什么说李敖对您影响最大？他哪点比您后面的男人要好？

武和平

武和平是突然冒出来的一个题。8月中旬，我在北京做卡拉OK收费这个题，在网络上混的时候，发现现任公安部新闻发言人武和平原来是一个作家，刚刚出版了长篇小说《掩盖》，而且内容是写矿难与腐败的。

当时就心想，这事有意思，接着在网络上一搜武和平，原来他就是当年一举破获开封博物馆馆藏文物被盗案——震惊全国的“九一八”大案的第一指挥员。此案当时被称为中国文物第一案，震惊全国。当时武和平是上任不到半个月的市公安局局长。他立下军令状：不破案，就辞职。1994年中央电视台拍摄电视剧《九一八大案侦破纪实》，武和平奉公安部命令出演男一号，自己演自己，成了明星。同时，武和平还是一个研究黑社会多年的学者，当过中国人民公安大学教授，对中国黑社会犯罪问题颇有研究。

我当时就想，这个人值得做，可以把一个文学题做成社会题。按照文化版块做新闻的思路，这个题完全可以把文学和社会、现实联系起来。从新闻价值来

看，这个圆的半径相当大。而且武和平的身份太合适了，无论是谈警察文学，还是黑社会犯罪，包括现实中的警民关系，他都是最好的采访对象。

于是我打电话给编辑部，一鸣和向阳在电话里马上就同意做这个选题。放下电话，我马上和《掩盖》的责任编辑黎波联系，希望能够安排这个采访。两小时以后，结果回音是武和平很忙，如果要采访，只能是在第二天中午。我当时就急了，我还没有看书呢，怎么采访呢？

此时已是晚上 11 点，夜深人静，北京大街小巷的书店都已关门，我只能放弃买书的打算，出版社送书也只可能在第二天上午，而我只能是先准备些资料了。当晚在网络上搜索有关武和平的所有资料库，先是看了他作为公安部新闻发言人在近几年的谈话，接着又查到了他的关于黑社会犯罪学的博士论文，再接下来查到了他以前写的两本书的内容介绍，最后终于在《楚天都市报》上找到了关于新书的几段连载以及相关评论和内容简介。等把几万字的资料看完，把采访提纲列好，窗外天色已亮。

中午到了一家餐馆，出版社做东。等了半小时，穿着便装的武和平匆匆赶来，他下午还有一个重要的会议。在采访之前，他就说因为身份敏感，自己只愿意作为一个作家接受本报的采访，所有的问题最好与文学相关。我先是客气几句，谈了谈我对《掩盖》的评价。听完我的读后感和我在网络上看到他的一个老朋友对他本人的评价，他很高兴，也很激动，他的话匣子一下子被打开了。

武和平告诉我，《掩盖》这部作品是根据他 30 多年的从警经验写就的反黑小说，90% 的情节都是由真实的案例浓缩而成的。在谈话中我得知武和平有一本关于黑社会学研究的新书出版，于是在谈完文学话题后，我有意把话题转向打黑、黑社会犯罪上，“中国为什么没有黑社会”“中国黑社会与国外黑社会程度比较”“中国江湖社会、帮会文化与黑社会的关系”等问题，他也很愉快地回答了。

话题继续深入，包括中国警方近几年“打黑”的现状，还有破获的黑帮团体的数据情况，中国黑社会团体发展趋势，警察犯罪涉黑，陕西警察非法入民宅扫黄，警察成了罚款工具等问题。

不知不觉，三个小时过去了。桌上丰盛的菜肴我都顾不上看一眼，一直在缠着问武和平，问题一个接一个。等他开会的时间到了，我们一齐走上大街。握手告别的时候，我的肚子咕咕叫起来，我开始心疼那家高档酒店里没有动的鱼肉虾来。最后只得在街头吃碗拉面了事。

三天后，我把录音发给武和平审。他一看，后悔了。在给我打来的电话里，他像是变了一个人，变成了坐在公安部的新闻发布会上的那个警察官员，他希望只保留文学问题，其他与现实有关的问题一律删掉。而且他再三强调自己的难处，毕竟自己还是新闻发言人、公安部办公厅主任，如果这样的文章出来，他无法承担责任，弄不好就得走人。

在表示理解的同时，我也强忍怒火和不满，耐心地在电话里和他反反复复进行沟通。这其中的十几次电话沟通，稿子一次次地修改，争取最大限度地保留。

后来报纸出来，我接到了几个电话，有人表示这是几年来，内地报纸上第一次出现公安部官员直面黑社会犯罪的报道，而且文章呈现了中国黑社会的历史由来和发展过程、现状，文章能够出来就是一个胜利。

其实，在原来的录音里，还有更精彩的话："有的地方为什么打黑困难重重，是因为掩盖的背后有权力的存在。再亮的灯下都有阴影，怎么才能从根本上解决呢？怎样才能不遮挡呢？党内的监督，老百姓的监督，立法机构的监督，传媒的监督，当各种光源对准一个焦距的时候，就不会有阴影了，这就是'无影灯'的效果。"

武和平见到报纸以后给我电话，对我们的工作表示感谢。原来，他的警察朋友们看了报道以后都表扬他敢说话，认为他的话能让社会更加理解警察的无奈和困难。

后来林楚方希望我能够为新闻版块做一个武和平的访谈，我打电话给他，武和平说，已经帮记者赵蕾安排了一个专访。原来赵蕾要求采访公安部，但他们的总督察一直在犹豫是否接受采访，因此问武和平的意见。武和平对他说，这是一家值得信任的报纸，应该接受南方周末的采访。

胡因梦

最早是在李敖的传记里看到她的，那时候，胡因梦还是个年轻、美丽的电影明星。接下来是在内部网里，看到同事转贴的她的自传片断，后来又看到大陆出版商在新浪博客里为推广新书代她开的博客。看了觉得她的文字真是很好，不愧是李敖的前妻。

没想到这本传记出版人是我以前的好友黄明雨，他在请我吃饭时说，胡因梦不久要来大陆，可以安排我们做两小时的独家专访。我当时还在犹豫，她究竟合适不合适上《南方周末》的文化版呢？

我马上打电话问编辑吴蔚，他很肯定地回答：可以做。李敖在大陆一直是一个放在神坛上的人物，而且文化版不久前发表过夏榆做的李敖，那仍然是一个自我感觉伟大的文化人。如果能够通过他前妻了解一下生活中的这个人，看看这个人的真面目，也未尝不是一件好玩的事。

息影18年，胡因梦当了18年翻译家，她现在最乐意被人称呼“胡老师”

张英/摄

于是就有了在北京的见面，有了上海9月3日下午的采访。在上海一家宾馆的客房里，清瘦、淡妆的胡因梦赤着脚在地毯上走来走去。她穿的橙色长衫是自己亲手做的，头发也是自己剪的，声音清脆，温文尔雅，看上去很像大陆的女中学教师。她的现任男友高大魁梧，长发飘飘，看上去像个摇滚乐手。

一眼看上去，53岁的胡因梦要比她这个年纪的人年轻得多。在出版方为其开设的新浪博客里，贴得更多的还是她美丽、清秀大学女生和当电影明星时的靓丽照片。在这些照片里，她仍然年轻、性感、美丽。这也许是她的博客在不到一个月时间里点击量就超过百万的一个原因。但这个说法并不被她认同。

话题自然从她的自传开始。“我想对大陆的年轻人来说，我就像是一个新人，他们还是喜欢我的文字，所以才会经常来看。”对自己在文字上的才华，曾经出版过散文集和现实集的胡因梦充满了自信。

她的自传在台湾出版时叫作《死亡与童女之舞》，出版已有好几年了。在谈到写书的初衷时，她说：“我想写一个大家心目中的名人真实的生活经验，包括光鲜亮丽的演艺生涯背后的真相。作为一个公众人物，很多媒体对我的报道跟我内在真实世界的区隔是太大了。作为一个公众人物，我也想要跟大家有一个最真实、最深刻的沟通跟交流，而不愿意只是被看到美貌，看到所有这些外在、八卦式的情感生活。”

可是，她也知道，在签名售书和做宣传时，出版方和媒介、读者感兴趣的仍然是“李敖前妻”这四个字。听听那些女记者在北京后海采访现场的问题：您为什么不结婚，一直单身？是因为找不到比李敖更好的男人吗？您为什么说李敖对您影响最大？他哪点比您后面的男人要好？

不能不提到李敖。“李敖是我生命中的第三个男人，却对我影响最大，还改变我的人生和命运。”胡因梦这样对我总结。她与李敖的婚姻只有100天，却打了三年的官司，一辈子都改变不了“李敖前妻”的身份。就连她在新浪的博客，新浪的推荐名也是“李敖前妻胡因梦”。

她的记忆里的李敖确实与公众印象里的不同。

令胡因梦和李敖认识的萧孟能因为有了婚外情，和情人偷偷跑到南美智利，走之前委托李敖处理自己的房产。后来因为没有拿到居留证又回到了台湾。结果发现自己的房产的名字变成胡因梦，气愤地找她要说法。

胡因梦才知道真相：当萧孟能在智利时，李敖领着弟弟李放和她把萧孟能花园新城家里的古董和家具搬到了自己家，还把萧孟能在天母的房子过户在胡因梦名义下。萧孟能手中的唯一证据是以前李敖亲手写的一张长达十八英尺的财物清单复印件。其中有一小块红绢布的乾隆御批是最值钱的东西，而李敖却对胡因梦说那是他十年前以五百元的低价收购的。胡因梦在律师的协助下，将那幢房子归还给了萧孟能。

此事未了，李敖和唱片制作人邱晨发生的纠纷更是让胡因梦吃惊。邱晨在报纸上看到李敖所写的诗《忘了我是谁》，很想把它谱成曲出唱片。邱晨问李敖对歌词的酬劳有什么要求，李敖说没问题，比照一般作者的酬金就行了。唱片上市的第二天，邱晨正准备把酬金送给李敖，李敖却开始避不见面。过了几天，李敖说付款的时间迟了两天没照规矩来，要诉诸法律，不过可以私下和解，索价二百万元。后来唱片公司把所有发出去的唱片全部回收，干脆就不出版了。对李敖失望至极的胡因梦决定离婚，但李敖不同意。在得知她已经把房子还给萧孟能自己竟然毫不知晓后，李敖更气愤，在朋友家闹了一个通宵，大骂胡因梦。

不久，萧孟能召开新闻发布会，公开指责李敖侵占他人财产；接着胡因梦、邱晨与四海唱片公司联合召开新闻发布会，公布与李敖的版权纠纷真相。两天后，李敖举行新闻发布会，宣布与胡因梦离婚。当天下午，李敖与胡因梦签署了离婚协议书，并控告胡因梦犯了伪造文书罪，非法将房子还给萧孟能，还写书面声明给各报记者，说胡因梦是一夜十万元台币的应召女郎。这场官司一打就是三年时间。

（这段文字引自我的报道，后在发表时因版面被删去）

“最后法庭宣判我无罪，李敖自己在那张长达十八英尺的真凭实据之下也因侵占罪成立而锒铛入狱一次。李敖坐牢的时候就想，因为这是一个不名誉的官司，他要想办法让他自己平反。监狱里面给人注射，通常连针头都不换，换屁股不换针。他就揭露了很多监狱里面不人道的对待，然后出来就写了一本书，结果大家的注意力就集中到监牢里头的黑暗，忘了他坐牢的初衷是什么。他就是非常厉害，懂得怎么样护卫自己。在他的回忆录中，他居然把那次不名誉的牢狱之灾形容成‘第二次政治犯入狱’。”

自此，胡因梦和李敖彻底分道扬镳。这三年中的反反复复、爱恨情仇，非旁观者能够了解。时间已经过去26年，曾经的爱和恨已经随着时间消失，现在的胡因梦，说起往事，神情平淡。

“我和李敖除了对他的文字崇拜之外，没有可以真正融合的部分，在现实生活中如果像他现在的太太那样认命了，也许还可以维持。他可以提供你很多安全感，照顾你。你只要乖乖听话，听他掌控，日子就会过得挺好的。我不是这种人，没有办法持续。在家里他太太能够跟他相处这么久，绝对不简单。

“我的传记出版之后，李敖在媒体上发表了很多的意见，说我记性不好。记性不好？我对内在的记忆力是很惊人的，所以在这过程里，他有他的说法，我有我的说法。我觉得人生根本就是一个罗生门，每一个人看问题都有一个角度，我只能呈现我自己的角度，读者自己判断。”

显然李敖不认可前妻的描述。这期的《南方周末》出来以后，也被台湾的李敖看到。据台湾报纸报道，当时胡的自传在台湾出版时，李敖就在接受记者采访时大骂胡因梦。这一次因为看到胡在大陆的电视节目专访里对自己的评价，李敖火冒三丈，在凤凰卫视《李敖有话说》里连骂胡因梦四天，可见胡的言论确实触到了他的痛处。

据不完全统计，李敖在与胡因梦离婚后的26年中，除了在《李敖回忆录》中数落胡因梦的种种不是，在他主持的200多期《李敖有话说》中，就有110多期提到前妻胡因梦且以讥骂她居多。他自己也承认大概有80多次。如果加上其他的电视节目，甚至他在私下的斥骂，恐怕数都数不清了。

到目前为止，胡因梦对李敖的攻击还没有作出回应。她日子过得充实宁静，现在的工作除了翻译、写作、演讲、办读书会，指导人的身心灵内修、疗育，还参与了台湾环保活动。

（相关报道：《掩盖罪恶就是参与犯罪》《小说中的黑，真的黑》，《南方周末》2006年9月7日；《胡因梦也有话说》，《南方周末》2006年10月5日）

柏杨在大陆的封山采访

□师　欣（南方周末新闻版块）

年迈的柏杨要向大陆读者告别了，这位曾经在20世纪80年代风靡中国的符号式人物，剖析中国文化、反思中国人劣根性的斗士，将自己的封山采访交给了南方周末。

台湾作家柏杨

这次对柏杨的专访，实在是一个特殊的人物采访个案。

首先特殊在难得，这是难得一抓的人物。向编辑李小鸣报题时，其当即的反应是：柏杨，哪个柏杨？是台湾的柏杨吗？有些不信地一再确认。其次，拿到了冠名权：柏杨在大陆的封山采访——年迈的柏杨要向大陆读者告别了，选择的媒体是南方周末！这位曾经在20世纪80年代风靡中国的符号式人物，剖析中国文化、反思中国人劣根性的斗士，将自己的告别访问交给了南方周末，选择了他认为在大陆最合适的媒体。

能有这样的机会，主要得益于我认识柏杨大陆出版作品的策划人。最初，策划人打来电话，谈及柏杨打算把个人一些珍贵物品捐赠给大陆。

“这个消息，其他媒体知道吗？”我马上追问。“没有，目前我只告诉了你。”

“那就到我为止吧，能否采访到柏杨本人？”我进一步询问。

得到答复：“当然，尽量安排，只要柏老身体状况许可。”

采访工作确认后，接下来就是准备工作，我的书桌上一下子摞了很高一垛柏杨的书，包括回忆录、杂文、历史书等等。我和策划人见面沟通，采访了他对柏杨的印象，同时搜集柏杨身边重要人选，先打外围战。

原定先跟柏杨的夫人张香华女士打电话联系，沟通我们报道的意图，让柏杨身边最亲近的人来回答大部分问题，留下精华问题再采访柏杨。因为当时情形随时处于变化中，柏杨身体状况不容乐观，经常出入医院急诊，已经不能再接受长时间访问。甚至有时候，我得到的信息都是：能否采访到本人都还悬而未决。

这时候，想起封山采访，做柏杨一生的回顾。因为9月份，柏杨作了一本书的序言之后，宣布封笔。消息传出后，许多媒体都试图联系采访。这时候我与他们沟通，商量后的结果：只接受南方周末采访，对大陆读者做最后的告别。

对方也表现出诚意，张香华女士来大陆办私事，专程飞抵北京。我，张，还有策划人，三个人以一种朋友休闲的状态，得以有一天的相处。我们聊柏杨，聊他的作品，聊他们的婚姻。出门在外，张香华一天之中要给台北打好几通电话。大多数时间，柏杨都处于昏睡状态，夫人就会嘱咐菲佣注意事项。其间，我和柏杨简单在电话里寒暄了几句。在我们讲电话之前，夫人又做了很详细的铺垫："这是南方周末记者师小姐，有丰富报道经验，正在做你的报道，打算采访你，你们先在电话里打个招呼认识一下吧。"我接过电话后，里面传来一位垂垂老者的声音，礼貌而开朗："师小姐你好，谢谢你了，这次辛苦了。"让人一下子有种亲近感。

采访张香华过程中，中信出版社刚刚推出柏杨版本《品三国》，和易中天版本形成 PK 局面，这又使全国很多媒体加入进来，要求采访。策划人以及张本人都简单地介绍了一下柏杨目前的状况，然后告知：9月底，将会有一家全国发行、非常知名而有分量的媒体对柏杨进行最后采访，各媒体到时候可以转载。这个消息已被《京华时报》《法制晚报》以及外地很多媒体公布出来。在此期间，策划人不断将相关链接发给我，这些无形之中都为本报做了宣传，增加了稿件的关注度和期待度。事后，这些媒体得知是南方周末，都表示：这是最佳的选择。

剩下大部分时间是去看书查资料，走访相关人士，例如柏杨在大陆的女儿、柏杨杂文系列的主编、出版社编辑、台湾老友等等。发送采访提纲，这是一个反复的过程。因重视此次人物采访，我和小鸣反复交流沟通，一再补充采访提纲内容，再三斟酌。遗憾的是，柏杨因身体状况已经无法作出一一答复，我也无法亲临台湾，做到面对面地交流。

站在受访人角度，张香华则认为大多数问题，她可以代为回答，或者事先已经谈过。这期间，又需要反复不断地沟通，讲解我们的意图。再次调整采访提纲，萃取精华问题，然后等待柏老精神不错、能够交谈的时机。

采访终于开始。明显地，柏杨思路已经迟缓了许多，需要夫人在一旁提示帮忙。有时候回答一个问题也会走神，跑了很远。20 多分钟后，他就在电话里表示要去休息一下。不过，虽然只是电话中，还是能够感受到他那种反思精神，以及他那代人独有的精神特质。和这个时代相比，他们思考的问题显得有些“曲高和寡”，却又十分难得。

其实，记者面对每个人物采访时，或多或少，都会是一场心灵之旅，有机会得以近距离去最大限度了解一个人，从而观照当下的社会，观照周遭的环境，以及自己的内心。而这样的感受，很多时候，往往尽在不言中。

至于落实到铅字，谈及挖掘人物背后的故事，这实在又是一个特例。我们相隔如此遥远，采访这样难得人物的过程，注定了珍惜与遗憾并存。

（相关报道：《再看一眼这个“丑陋”的中国人》，《南方周末》2006 年 10 月 12 日）

神雕之死

□傅剑锋（南方周末新闻版块）

做调查记者最大的诱人之处，可能就是能从一鳞半爪的信息开始，挖出一个个事关公共利益，甚至牵涉国脉民瘼的真相。在这一过程中，常常要经历对智力和毅力极限运动式的挑战，迷上这种挑战就像一个极限运动员迷上那些危险游戏。

“侦破”神雕之死及其背后的野生动物地下贩卖黑网，就是这样一次对自身力量的挑战和超越。

寻找目击者

“神雕之死”这一新闻线索是由编辑吴晨光转给我的，线索最早出现在北京作家老村的博客上。这篇呼吁“拯救青海金雕”的短文以文学化的笔法描述了一个贩雕者虐杀金雕的过程，读来令人震撼。此文让我决定要调查金雕之死——不只是因为一只大鸟的死亡，更是为了查出这背后巨大的黑网和失范的动物保护状况。我在老村的博客上留下了手机号码。

第二天，老村复电了。他是一位古道热肠的知识分子，答应尽可能帮我联系上见证虐杀金雕全过程的目击者——那位目击者是他的青海朋友。为了保护这位朋友，老村坦承在博文中用了一些移花接木的文学

开车的老司机听说我是南方周末记者，大惊失色，告诉副局长：“局长，你不能接受南方周末记者采访。几年前南方周末调查猎杀藏羚羊的事，披露了一份内部材料，结果局里的老政委检讨了足足半年才过关。”

遮蔽法，但基本事实没有改动。

不料几天后，老村很失落地来电：目击者联系不上，好像失踪了。他担心可能是博客披露杀雕后，目击者害怕遭地下贩卖组织的报复，所以躲了起来。我又与老村反复沟通，要他无论如何都要联系上目击者。

又过了一两天，老村终于联系上了目击者。但目击者不愿直接联系我，害怕报道出来后遭地下黑网的报复。我就让老村转告他我如何一次次严密保护线人的故事，以及南方周末在这方面一贯的传统与操守。末了，我还希望目击者看看我的博客，了解一下我的为人。这样的做法有成功的先例：在湖南郴州调查官场黑幕时，一位神秘的知情人开始时不信任我，后来他在网上搜查我的信息，发现了我的新浪博客，被我的博文深深打动而接受了我的采访。

朱明俊/图

这个办法再次奏效。我想我的博客与诚意打动了这位目击者，他终于开始和我直接联系。然而在交流中，他仍有深深的恐惧，害怕在吐出真相后遭黑手报复——“我在反复地斗争，如果不说出真相，我会良心不安一辈子。如果说了，我可能只有离开生我养我的青海去避难。但离开青海，我将一无所有，甚至不知道靠什么谋生……”

确实，如果为了一篇报道，让一个善良的人后半辈子不得安宁，我会无法承受良心之重。保护好线人应是一个职业调查记者的基本操守。

我和编辑晨光商量怎么办。后来晨光设法帮这位目击者在广州联系上了一份不错的工作，以解其后顾之忧。在再一次电话沟通时，我把我们的努力告诉了目击者。他的反应出乎我意料：“我很感动，但是我不需要你们帮我找工作。如果我接受了这样的帮助，就变成了一场交易。我愿接受你们采访，只是因为良心，而不是利益。”目击者答应在青海西宁与我见面，条件是在调查和报道时，都必须对目击者的身份、性别、年龄，目击地点等信息全面保密。

求证金雕之死

西宁的阳光明亮得刺眼。在一个西餐厅的包厢里，目击者缓缓道出了所看到的全部过程，以及他和猎杀组织之间的关系。

但这种开始时的平静慢慢被叙述打破了，目击者在回忆金雕被钉入钢针仍像王者一样站起来时，泪流满面。他说，在两三个月的日日夜夜，他都会在梦中看到金雕像受伤少年般的绝望眼神……到后来，他几乎痛哭失声，这是一颗有良知的心对那些贪婪与暴虐的控诉，也是对金雕这个高贵生灵的悲惋。当时我也忍不住流泪了，那是我进南方周末后第一次因为采访而流泪。以前，无论采访多么悲惨的事，我都是很克制的。

从目击者处还发现了一个秘密渠道，从这个渠道里，我找到了虐杀金雕者的电话。为了不暴露目击者，我让同事李丹婷以老板秘书的身份和虐杀者联系，声称要购买金雕标本。虐杀者自称是一个金雕标本制作高手，并在数月前拿一只活金雕做了标本（即目击者所说的那只）。他还夸口说他的动物标本在整个西宁市质量最好，表示愿意做这笔生意。这就基本证实了虐杀金雕一事。

但为了侧面印证这并非是个例，我又在互联网上搜索金雕标本的贩卖信息，还真从一些论坛上搜到了两条愿意出卖金雕标本的信息。我已经在调查中获知，买金雕标本的不少是广东商人。于是，我让实习生成希从广州打电话给这些网上贩卖者，自称是广东老板，要求购金雕标本。这些贩卖者果然上钩，说出了他们的贩运渠道和市场价格。其中一伙对两只金雕标本要价50万元！

我还通过各种关系拜访了青海报界、商界、文学界和政界的一些人士。他们向我证实，近几年在青海确实存在虐杀金雕的情况，青海当地一些高级官员甚至在办公室里非法摆放金雕标本。这是下级为了子女的升学和职务的调动而送给他们的。上述人士还向我介绍了金雕在藏区的各种神话传说，以及现今濒临被杀尽的惨况。

各个方面汇集的信息都证明：目击者反映的虐杀金雕的情况是真实的。

让森林公安局接受我

但要挖出金雕之死背后的庞大黑组织，这样的努力还远远不够，当地野生动物管理部门才掌握着最核心的情况。

于是，我到了青海省林业局，找到其下属的青海省野生动植物资源管理局和青海省森林公安局。但他们对我爱理不理，让我空耗了数个小时。

怎么办？如何让他们信任我？

我在一楼大厅边思索边百无聊赖地观察着这个严密的组织机构，突然灵机一动，上了六楼。我发现有一个办公室面积最大，桌上还插着一面小红旗。我猜办公桌后坐着的是这幢大楼的头头——省林业局的局长或副局长——他正在讲电话，于是径直闯了进去。

按经验，在采访中，常常是小鬼难缠阎王好讲。我就赌一把，如果他们的头头同意接受我采访，一切问题就迎刃而解了。

等那位领导放下电话，我介绍了自己的身份，然后就开始了一番关于动物保护的滔滔演讲。当然，演讲是以合乎官员逻辑的方式进行的。我充分肯定了他们近几年在保护藏羚羊方面的出色工作，强调国家高层领导对野生动物保护状况的重视，并列举了领导人的几大批示。这样交流了半小时，局长同意了，他打电话给宣传处，要求下属各单位配合我的采访。

青海省森林公安局的一位副局长由此开始接待我采访。

中午，这位副局长陪送我回宾馆。此时，一件意想不到的事情发生了。在车上闲聊时，开车的老司机听说我是南方周末记者，大惊失色，告诉副局长："局长，你们不能接受南方周末记者采访。几年前南方周末调查猎杀藏羚羊的事，披露了一份内部材料，结果我们局的老政委检讨了足足半年才过关。"

"坏了，好事都要坏在这张乌鸦嘴上了！"我强作镇定，一方面诚恳地说明我们的职业操守，另一方面，我也用他们的官场逻辑来减少那位副局长对我的疑虑："×副局长，我是你们的上级领导介绍过来的人，是上面要求你配合我采访的，这说明我是可以信任的。万一真出了事，也不是你的责任，而是上面的问题啊。"这位副局长微微点了点头，没作明确的表态。

第二天，我再次采访他。他还是带我看了他们缴获的鹰类标本，并派了一位警局官员专门接受我的采访。

也正是这些采访，让我了解到猎杀金雕等野生动物的张恩科和张维科兄弟集团，了解到他们遍布青海、陕西的猎杀网络以及伸向北京和广东的全国性地下黑网。

也正是在他们的介绍中，我得知广东是全国最大的野生动物消费中心。我把这一信息告诉编辑吴晨光，认为要查清整个地下网络，必须先查清广东销售黑网。晨光同意我的看法。他亲自出马，带实习生成希暗访了广东的销售黑网，广州市森林公安局也接受了我们的采访。

开明的广州市森林公安局向本报提供了大量有价值的信息。正因为有了这样的信息补充，遍布西北、中南、华南甚至延及东南亚的猎杀、贩运黑网，在我们的眼前渐次清晰起来。

惊心动魄的暗访

在采访森林公安局的间隙，我还抽空拜访一些研究野生动物的专家。一位专家语出惊人：西宁市野生动物保护协会里的野生动物救助中心，就是一个监守自盗的贼窝！他称，该协会常常以合法的名义猎杀国家一二级保护动物，以此来获利，他并以亲身经历作证。这让我既震惊又难以置信。

当时我想，即使这样的事是真的，要报道也极困难，因为对方不可能认账，也极难取到有杀伤力的证据。猎杀国家一二级保护动物会被判刑，刑期甚至可达十年以上。如果我没有足够证据来证实这一情况，可能被他们指控为诽谤。

但我还是想看看这个野生动物保护协会。通过明访说不定能看到点蛛丝马迹，以印证那位知情人的说法。

查 114 得知，这个野生动物保护协会在西宁市植物园内。植物园依山而建，我打的到植物园，找了一圈竟没找到。其时已是下午 4 点，当时我生出了偷懒的心，找不到就先不找了，逛一逛植物园算了。我就开始爬植物园内的土山。在高原上运动有点吃力，爬到山顶，我觉得肺都快要炸了。坐在山上，静静地看着西落的太阳。我想，如果头顶掠过一只金雕，该多美啊！可是我只在西宁动物园里看到了活金雕，它们被养得像母鸡似的，再也没有了飞翔在高天的壮美气势……

从山上下来后，告诉出租车司机，我想买只金雕标本带回广东，问他哪个黑市有货。司机指着刚好路过的西宁市人民公园哈哈大笑：“黑市就在眼前。”他告诉我，人民公园里的花鸟市场，曾经是贩卖各种野生动物的著名黑市，被警方打击后，贩卖行为只是隐蔽了些而已。我表示不信，司机就急了：“上个月我还帮一个客人从花鸟市场里运出一只金雕标本呢。”

第二天，我来到这个市场瞎逛，看到有动物皮毛卖的店就进去问有没有金雕标本，老板们都神情紧张地告诉我，没有没有，卖这个要坐牢的。我并不气馁，继续瞎逛碰运气。

运气终于来了。当我走到一家藏饰小店询问时，女店主怀疑地看着我。我开始编故事：我到西宁出完公差，广东公司的大老板突然要我帮他带一只金雕标本回去。原因是：“我们老板前段时间去另一家公司谈生意，那家公司的会客厅里摆着一只威武的金雕标本。这家公司的老总告诉我的老板，摆上这种有神性的金雕标本后，公司就转了运，半年后就扭亏为盈了。我的老板听了就相信了，非要我带一只回广东不可……”“你说我这做马仔的惨不惨啊，你说我在西宁人生地不熟，哪里去找金雕标本啊……”我的一番编演让这个小店主开始相信我。

她说：“只要你诚心想买，我可以帮你介绍。但你一定要保密啊，警察查得很紧，贩卖金雕可是要坐牢的。”我连连应诺。她说今天帮我联系“老大”。

第二天她如约电话通知我，到她店里去谈。这里说明一下，为了保护自己，暗访时一定不能留下任何个人的真实信息。例如我告诉她的那个手机就是临时在青海买的。

她说“老大”不想直接和我见面，但让她带了两张金雕标本的照片给我。我说你们“老大”是一个什么人物啊。她说：“我们‘老大’经营的是全青海最大、最正规、最合法的野生动物店面。”我问：“既然你们‘老大’做的是合法的生意，为什么现在却要这样神秘啊？”她笑了：“警察查得紧啊。”突然又问了句：“你不会是警察的密探吧？”我很镇静地反问她：“你看我像吗，你看我有必要吗？”

在和她交谈时，我已悄悄录下了交谈内容，这样的暗访保留好证据是极关键的。

如此往来接触了三四次，女店主终于信任我了。那天下午，她通知我可以去见“老大”。去之前，我做了充分准备，一方面给编辑吴晨光打好招呼，一方面在手机上拨好了青海省森林公安局局长的电话，如果情况危急，我可以直接拨号让他们来保护我。同时，我拿掉了平常随身带着的身份证、名片、记者证等任何会暴露身份的东西，只在一个内袋里放了一支录音笔。

女店主还带了另一个女人，和我一起坐上了出租车。

我问：“‘老大’叫我们在哪里接头？”

“山上。”女店主淡淡地回答。

我的心一下子跳得快起来，山上！千万不要是那些人迹罕至甚至打不通手机的地方啊，千万不能被搜出录音笔啊……

查出监守自盗者的名字

在途中，我看着车窗外的情况，越来越觉得古怪——朝山上走的这条路我怎么好像见过……

啊，我突然想起来了，这是通向西宁市植物园的路，也就是我上次去寻找西宁市野生动物保护协会的路，只是当时没找到。我突然开始怀疑，难道她说的“老大”就在西宁市野生动物保护协会？

进入植物园，女店主带我爬山绕了几个弯，指着“西宁市野生动物保护协会”和“野生动物救助中心”这两块牌子对我说：“‘老大’就在里面等我们。”

那时我的心几乎要跳到嗓子眼上！如果那次我没有偷懒，找到了西宁市野生动物保护协会，那今天的暗访不但会暴露，而且有可能遭到人身攻击，其至还可能惊动牵涉其中的权力者，他们会通过各种关系来压掉我的报道。

看来，是那天偶然的偷懒，成就了这次暗访，这不是天意还能是什么？

“老大”站在野生动物保护协会的门口，脸很黑，胖胖的，长得像香港明星曾志伟。我又把以前编造给女店主听的“故事”重新在这个“老大”面前说了一遍。由于是熟人带来的，他相信了我。他告诉我：“我这里什么标本都有。”然后带我去二楼的仓库看货：只见里面不但有国家一级保护动物金雕的标本，还有国家一级保护动物胡兀鹫、棕熊、藏羚羊的标本……我指着各种标本探问价格，诱使他说出猎杀、制作标本的经过。他滔滔不绝，我则早已悄悄按下录音笔，录下这些他自供的罪证。

看完标本后，我开始和他谈价格，最后谈到一只大金雕标本 8000 元。为了让他相信我，我又当着他的面给编辑吴晨光打电话。这时晨光成了我的广东老板。我们事先已设计好，晨光假装暂时不同意这个价格，这样可以让我在现场有一个脱身的理由，也可以为下一次接触埋下伏笔。一通电话后，我告诉“老大”，老板觉得这个价格贵，我回宾馆再说服他。

过了几天，我再次去找“老大”。这次我还带了相机。

那天是周末，到了西宁市野生动物保护协会，“老大”还没回来，只有一个看门人和一个值班人员。我对这两人说，我是广东过来买金雕标本的，上次和你们那个长得像曾志伟的工作人员谈过。他们就很热情地和我聊起了天，说经常有广东客人来这里买野生动物。

通过和他们的聊天，我不但知道了该野生动物保护协会确实曾大量贩卖各种野生动物牟利，而且还确证了上次接待我的“老大”的确是这里的工作人员，名字叫贾成元。

贾成元回来后，我继续和他谈，并要求对仓库里的标本拍照，原因是：“我的老板没法到现场看货，所以要我拍几张数码照传回去，此前你们给的照片不清晰，他以为是你们的标本质量不够好。”我的实际目的是进一步获取该协会贩卖野生动物的证据。

贾成元对此有点警惕，他要求我提供名片和单位电话。我说，我们老板比较怕事，你知道的，做这种生意，让别人知道得越少越安全。他也拿我没办法，但不同意拍照。

我继续用激将法刺他："现在查这么严，你怎么帮我们把货安全运到广州?"

他说："没有金刚钻，不揽瓷器活。"

我继续激将："你不拿出金刚钻，我怎么知道你能揽瓷器活?"

他终于说出了真相："我们是野生动物保护协会，可以给你弄件合法的外衣。例如，你可以让你们单位传一份你们要搞野生动物研究和展览的函过来，我就可以给你办出合法的批文。你们老板如果还想办个合法的收藏证也可以，只是价格要加倍。"

我仍装得将信将疑。他就亮出一份已经搞定的批文给我看，并得意洋洋地将里面的内容读给我听。这正是我所需要的，我对此全部录了音。

经过长达二十多天的调查，贩卖黑网查清了，《神雕之死》的报道也出来了。社会舆论对《神雕之死》反响强烈，三大门户网站也在重点位置挂出，有的还做了专题。

但令人遗憾的是，国家有关管理部门至今未向本报查询更多的幕后情况，青海当地管理部门没有处罚贾成元等人，也没有追查虐杀金雕的黑手。只有已经在押的黑市大佬张恩科，被判了十年有期徒刑。

报道后，目击者称并没有因为我的报道在生活上受到任何影响。

我想，其一是我的保密措施起了作用，让他们摸不着头脑；其二，我手中还掌握着更多的情况，他们投鼠忌器。

（相关报道：《神雕之死》，《南方周末》2007 年 5 月 10 日）

附

神雕之死

它被秘密运到盗猎者的标本制作中心时，左腿几乎被诱捕它的铁夹夹断了。

但断爪仍像锐利的铁钩，关节有成人的拇指粗细。它因疼痛而展开的翅膀，超过两米。那灰色的喙如同弯刀一角，磨损很少，昭示着它的年轻与力量。最奇特的是脖子上一圈金色的毛，在栗色的羽翅衬托中，尽显王者风范。

它就是日渐罕见的金雕——当阳光照在其羽毛上时，会泛起金色光芒。

它能以300公里的时速凌空直击猎物，使鼠、兔、狐瞬间毙命。它还有“杀破狼”的绝招——一爪扭住狼颈，另一爪直插狼眼。曾有金雕让14匹狼毙命。它是藏民眼中的神灵，是国家一级保护动物，是墨西哥国鸟，也曾是古罗马的权力象征。7500万年以来，它就是以这种姿态君临万物，俯瞰一切。由于日渐稀少，它已被列入世界濒危物种红皮书。

但现在，它的双腿被铁丝捆住了，身体被一块大木板挤到墙上。它只能艰难地把头仰起来喘息，惊疑

被枪杀、拔毛的金雕死不瞑目　李永刚/图

地看着这个人类的世界。它的眼珠很黑很亮，褐红色的瞳仁里没有一点杂质——它是被藏人认为唯一敢直视太阳的神鸟。

它原本会像许多同类一样，悄无声息地死在盗猎者手中。但一个于心不忍的目击者，冒着生命的危险，向南方周末记者讲述了青海盗猎者对这只金雕的屠杀过程。记者在调查中发现，暴利诱惑了盗猎者，一只收购价五六百元的金雕，偷运到广州的酒楼，售价上万元；如果做成了标本，卖到青海本地，至少需五六千元，转运到北京、广州等地，甚至达到了25万元！青海省森林公安称：一些非法买家认为，买下这种有着神性和王者之气的大鸟标本，可以给自己带来“好运”。

盗猎者张恩科就是一个制作金雕标本的高手。他因涉嫌贩卖金雕标本等野生动物制品，将于2007年5月中旬被青海省西宁法院审理。他和陕西的亲兄弟张维科等人，组成了一个贯通全国的猎杀野生动物、销售野生动物制品的黑网络。

青海省森林公安局介绍：在他们的调查中，不但有像张恩科案这样的松散犯罪团伙，一些涉黑、涉枪、涉毒的犯罪团伙也受暴利的诱惑开始涉足野生动物贩卖。这也正是向本报反映情况的目击者不敢举报、不敢暴露身份的原因。

为了求证目击者所言的可信性，记者通过暗访，使那个屠杀金雕的盗猎者承认了贩卖和制作金雕标本的事实。他自称是青海地区最专业、能提供最好标本的人。本报还发现他有张恩科式的地下网络，已干了10年。

10年了，已有无数神鸟死在他们手里。而现在，屠杀又开始了——

那个盗猎者拿出一枚两寸长的钢针，慢慢向金雕走近。“那时，他的脸上竟然还挂着像平常一样的笑。”目击者回忆说。

这个凶手对金雕下手前，已用一只老胡兀鹫“热了身”。胡兀鹫是藏人在天葬时的神鸟。就在老胡兀鹫张嘴喘息的瞬间，盗猎者把几颗毒药塞进了它嘴里。胡兀鹫扑腾几下就不动了，嘴边淌出鲜血。它的最终命运是一个标本。在青海省森林公安局，本报记者看到了在其他案件中被查获的胡兀鹫标本，展开的翅膀比金雕还要大，售价数万元。使用毒药也不是这个盗猎者的发明——张恩科案中，森林公安搜出了数百斤被罪犯用来诱杀野生动物的毒药。

深圳某中间商向本报记者提供的金雕标本图片

但对付这只金雕，盗猎者认为用钢针可让它速死。在目击者的惊愕中，盗猎者抓住了金雕的头，拿起一个榔头，“邦、邦、邦”几下，将钢针从头顶打了进去……

几秒后，他拔出了钢针。针上的血也被擦净了。“不可思议的是，那时他脸上还挂着笑。”目击者回忆。

尽管痛入脑髓，金雕没有一丝悲鸣。盗猎者认为它死了，把它扔到了地上。

但这只神鸟又站了起来，只是全身发抖。“我看到了它瞟过来的目光，那是红宝石一样的光芒。我读懂了它眼睛里的质疑：我怎么了？我为什么站不稳了？你们为什么这样对我?!”目击者回忆。

金雕就这样定定地看了3秒钟，然后扑倒在地。

已有数不清的同类，在经历与它相似的命运。《人民日报》报道：太行山一带的盗猎者，喜欢冬天出手，此时金雕的羽毛最丰满。但由于膘肥，不适合做标本，他们就给金雕断水断食，直到耗尽鸟身体里的养分。为了防止金雕反抗损坏羽毛，他们还用针把它的眼睛扎瞎。

神鸟还牺牲在饕餮之徒的口腹中。2002年11月4日，20只将要被运到广州餐馆的金雕，在该市火车站被警方截获；2003年3月，6只将要运入餐馆的金雕，在广西209国道被警方截获；而在2004年11月，从甘肃运往广州的2只金雕在河南被截获……

天已经黑了，它们的命运也是黑的。这只被钉了钢针的金雕，被盗猎者扔在储藏间。

它毕竟是神鸟，生命仍未消失。偷偷进入储藏间的目击者看到：金雕好像被泼过冰水，每根羽毛都在颤抖，它的身体也是凉的。它发出嘶哑又雄浑的哀号。目击者描述着这只雕的最后时光：“它的声音能让人心都碎掉，它的生命就要消亡了，我想它在呼唤它的亲人，它在绝望地呼唤它的爱人……”

或许只有永恒的爱情，可以温暖它的最后一刻。在全世界的动物园里，没有人工繁殖过一只金雕，因为这种鸟最向往自由与爱情，它们不屑于人工凑合，甚至在动物园里以撞笼而死相抗。

或许只有不变的亲情，可以温暖它的最后一刻。一位瑞典女动物学家，曾记录过这种猛禽极其温柔的一面——一对金雕把巢筑在山崖绝壁的裂缝里，里面还有对毛茸茸的小雕。只要动物学家略微靠近它们的领地，金雕夫妇就会向她发起凶猛进攻。动物学家在望远镜里发现：大雕每天从外面觅食回来，就会把肉撕成一条一条，异乎温柔地喂给“叽叽”乱叫的小雏。

或许，只有曾经的速度、力量、一击必杀的王者之风，能温暖它的最后一刻；或许只有长空中的无限自由，才能温暖它的最后一刻……

但现在，没有人可以探究到它的思想。目击者只能绝望地，抚摸着它渐渐变凉的身体。

黑夜终于消退，阳光射进了储藏间的窗户，金雕的身体却黯淡无光了。酣睡了一夜的盗猎者对目击者说，金雕一定死了。他准备扒下它的皮，做成标本。

盗猎者走近了金雕。这只已经被他认定死亡的神鸟，忽然以不可思议的生命意志站了起来。"我又看到了金雕的眼睛，它的瞳仁反射着像宝石一样的光，眼神纯净得像婴儿。"目击者回忆，"它在流着泪看我，它只企求我能救它，它已经不是草原上的王者，而像一个受伤的少年……"

也在这个瞬间，金雕仰起了头，张开翅膀，准备重新飞回蓝天。窗口射进来的阳光，又把它的双翅染成了金色，就像帝王的袍子罩在了身上……但只有两秒钟，它又倒在了地上。

盗猎者也被震撼了。在他10年的杀戮中，可能很少碰到这样的情况。但很快，他回过神，用铁夹撬开金雕的嘴，像对待那只老胡兀鹫那样塞进了一把毒药。半小时后，金雕的嘴边流出了鲜血。

然后，盗猎者割开了金雕的喉管，把手伸到它的体内掏出了胃。本报记者从森林警察处得知：在黑市，金雕的胃被炒到几千元至上万元一个——买家确信：雕胃是治胃病的奇药。

血一直在往外冒，这年轻的鹰好像有流不完的血和愤怒。盗猎者用了好几块抹布擦血，才剥下它的皮。

血终于尽了，金雕的灵魂也消散了。只有这血糊糊的尸体，像一个无辜的婴儿，被扔在地上。

但在藏民的传说里，神鸟金雕从不会在人间留下尸体。当它知道将死时，会竭力飞向高空，直到被闪电劈碎；或者飞向太阳，直到被热浪融化……

（成希、李丹婷对本文有贡献；线索来源于作家老村的博客，特此致谢！）

（傅剑锋）

午夜列车上，一位妇人的追寻

□夏　榆（南方周末文化版块）

妇人在开动的列车上找我，找不到就给我打电话，从手机里我听到她惊慌失措的声音。

这是一列在午夜时刻由大同开往北京的列车。妇人前来寻我，她要给我她的申诉的状纸，她说要跟我说一说她的冤似大海的男人。

我告诉她我所在的卧铺车厢和铺位，我等待她找寻过来，但是等不到。我按照手机的来电显示，把电话打过去。接电话的一个男人说，那个女人是借他的手机，他不知道女人去了哪里。我只能等待，等待妇人找过来，等待她打电话过来。显然这是个没有旅行经验的妇人，列车的开动使她惊慌失措。她就在我的近前，可是我没有办法接近。我们可能谁也记不清楚对方的面孔，能够熟悉的就是彼此的声音，但这声音总是消弭在切断的电话里，电话停止，声音就无处寻觅。这个夜晚，在我从故乡回北京的列车上，我一直被这个女人仓皇的声音围困。她携带着她的苦难和冤屈，把我——一个新闻记者看成是她绝望生活中的生机，如同溺水中的人看见漂来的树木。

但是不管她怎样努力，她就是没有办法接近那个漂浮的树木。

妇人不顾一切地追寻我，是因为她诉告无门的

妇人在开动的列车上找我，找不到就给我打电话，从手机里我听到她惊慌失措的声音。这是一列在午夜时刻由大同开往北京的列车。妇人前来寻我，她要给我她的申诉的状纸，她说要跟我说一说她的冤似大海的男人。

苦情。

我是在一个落满灰尘的上访接待室看见妇人的，先是听她在跟别人诉说，那是一些跟她境遇相仿的女人和老人，那些人因为各自遭遇的苦情日日早起。在门窗紧锁的办公楼里，他们聚在一间为他们而开的落满灰尘的接待室里，等待着政府的人来接待他们。他们殷切地期待着所遭受的苦能诉告给政府的接待者，期待自己的诉告能被倾听。但是他们等不到，那些老人、妇女拥在那个房间里，每天等来的都是一场空。

那天，我是坐在他们旁边的。我听着他们的言语，他们用我熟悉的方言交流，他们是我的同乡，我所坐的地方是我的故土。那些面目黛黑，神容枯槁，陷在冤屈和苦情之中的老人和妇女就是我的乡人。我到这里是因为办理港澳通行证，因为要赴香港采访一个国际作家笔会，我需要港澳通行证。繁冗的手续和办事人员的怠惰使我的通行证在出访日期来临的时候都难以办妥。为了不延误行程，我赶到我的户籍所在地的公安局。

我在等待办事人员到来之前，听到那些老人和妇女说话。

妻已告诉我他们的故事，在代我办理通行证的两个星期之内，妻天天遇见他们。她已经听过了他们的故事：那个 73 岁的老汉是为他的儿子申诉，那个 71 岁的老太太是为她的女儿申诉，而那个中年妇女是为她的丈夫申诉，他们认为他们的亲人都是死而未能瞑目的。

我并不认为我遇到的就是罕见的。相反，我认为这样的事情随处可见，已经成为我们日常生活的一部分。可能刚好是因为我回到家乡，我在等待办理港澳通行证的时刻稍微有些空隙，我遇见了他们，听到了他们的交谈。妻总是怀有女人的怜悯之心，她把那位头发灰白身形矮小而枯瘦的妇人叫到我面前。老妇坐下来，妻告诉老妇我的新闻记者的职业。妻好心地对她说：你有什么苦水就往出倒吧。

我看见老妇暗淡的眼中在瞬间有泪光闪动，她坐下来，眼泪潸然而下。老妇用粗粝的手从黑色的旧皮包取出用塑料薄膜包起来的一叠 A4 大小的打印纸，那是别人代她打印好的材料。她的当过篮球运动员的女儿因为被刑讯逼供死在审讯室里。那是一次跟爆炸案有关的审讯，老人的女儿所在的工厂发生了一起爆炸案，一间居民住宅因为私藏的炸药而爆炸，除了炸毁门窗的玻璃，并没有人员伤亡。警察依照惯例调查取证，老人的女儿因为是近邻，理所当然地成为调查对象。离婚带着一个独子独自生活的女儿被带到派出所审讯，一去就没有再回。车轮战式的审讯使老妇做过篮球运动员的女儿在当天夜里猝死。

现在老妇的女儿还在市立医院的太平间停着。老妇说，女儿蒙受的冤屈一天不洗清，她就一天不下葬。老妇从黑色提包取出来的那叠纸就是她的申诉材料，那是女儿的健康档案。在死亡之前，女儿从未有过疾病。材料里有医生签字和鉴定的证明，还有医院在女儿猝死之后的解剖检验报告。老人认为女儿是被刑讯逼供惊惧而死。她要求派出所重新调查，但是她的要求没人理睬。

自此，老妇就踏上了漫漫的上访之路，为女儿寻求清白和公道殚精竭虑。

老妇说，上访的路是如铁的雄关漫道。

这个老妇让我想到我的母亲，她的刚强、对事理的不懈追究、打破砂锅问到底的劲头跟母亲很像。这使我生出倾听的愿望。

老妇很高兴遇见我，她形容是遇见了救星。在她心目中，报纸和记者是类于古代路见不平除暴安良伸张正义的侠客和好汉的。她神情惴惴不安，显然她是不知道如何谢我。但是真正能为她做成什么事我对自己并没有信心。

离开接待室的时候，我给那位很像我母亲的老妇留下名片，我请她跟我联系。

我看见我留给那个老妇的名片在那些上访的人中引起了小小的骚动。他们互相传看着，交头接耳。在我匆匆离开接待室之后，有一个年轻女人给我打电话。她几乎是带着哭腔，央求我到她的家里去看一看。她的男人，在一个片石厂采石，被塌落的山石砸断了腰，不能干活儿，片石厂的工头把人给送回来就撒手不管了。妇人拖着一个两岁的幼儿，求街坊把男人送到医院救治，医院要求妇人支付入院治疗的押金方可对她男人进行救治。有人出主意叫妇人去找片石厂的工头。但是她找了，她到了那个采石场，工头又把她撵出来。工头说她的男人是自己不小心负伤的，片石厂不负担医疗费。妇人没办法，就跑回老家跟众亲友借钱支付押金给男人救治。男人咽不下这口气，等他伤势好转能够坐卧的时候，摇着轮椅就去找片石厂的老板。他的轮椅一侧挂着一包他从片石厂带回家来的炸药，他想跟片石厂老板同归于尽。但是他的炸药还没有引爆，就被冲上前去的保安一顿暴打。男人被以爆炸未遂的罪名判处五年徒刑。

听着那个年轻女人的哭诉，我在电话里跟那个绝望中的妇人说，我希望她能给我一份材料。

我跟她约好晚上在火车站见面。我想至少我可以倾听她的苦情，我可以帮她转递她的诉状。

但是等我提前一个小时到达火车站时，我久已不乘坐的火车意外改点，提前一小时开动。我仓促之间踏上列车。按照妇人给我留的电话打过去告诉她我上车的消息，接电话的是一个女孩子，她说她的母亲正在赶往火车站的路上。我想她是错过了见面的机会。但是等我找好我在卧铺车厢的位置，我的手机响了。妇人给我打电话，惊慌失措地询问我在哪里。她说她到了火车站，找不到我，就上了我乘坐的K215次列车。

那个年轻妇女，在仓皇之中踏上了午夜的列车，然而直到走下列车我都没能见到她。

最后一次跟她通话的时候，我听到了她的哭腔。我猜她还是借用别人的手机，她在电话里绝望地对我说她没办法找到我，到处是人群，她不知道怎么办。

列车在那时不停歇地向前行驶，而这个妇人深陷在惶恐和绝望之中。她不知道列车会把她载向哪里，她可能是身无分文，因为没有车票，她无法自由行走，无法接近卧铺车厢。而我即使走出卧铺车厢也难以找到她，因为除了她绝望而悲苦的声音，我并没有确切地记住她的面容。我能记起的只是她面容的苦楚，而具有这种表情的妇女，在我穿过列车车厢通道的时候，满目皆是。

整个夜晚，因为妇人惊慌的声音我难以安睡。我不知道她怎么应对她所无法预期的旅途。

那个时刻，我意识到，那些在苦难中浸泡着的乡亲，他们对我——一个新闻记者所怀有的期待和热望。我意识到他们对这期待和热望的追寻将会使他们本已凄苦的生活雪上加霜。

我害怕“黑户”那双期盼的眼睛

□张　英（南方周末文化版块）

这一年里，我的心不断被一个“黑户”家庭所牵动。我不敢接一个叫李殿洲的老人打来的电话，我害怕面对他那双充满期待的眼睛。

去年，李殿洲的老伴李秀珍去世。因为没有户口和身份证，她的尸体在北京管庄医院冰凉的太平间停放了 4 天之久。最后经过当地媒介的干预，才被火化。李秀珍的死，让一家人的问题再次浮出海面：因为是户口被注销的“黑户”，大人不能正常工作、生活、婚育，孩子不能上学、接受教育。

联系上当事人李殿洲以后，我和实习生乘八通线轻轨在管庄下车，找到了李殿洲在东柳的家。这是个典型的城乡接合带，一半新楼在建，一半是杂乱的平房区。路面坎坷不平，坑坑洼洼，路面浮着一层厚厚的黄土，车一开过，满脸都是灰尘。

李殿洲住在铁路边的一个四合院里，一人高的荒草在风中摇晃。院子入口是一个厕所，垃圾遍地，苍蝇乱飞，臭气熏人。一间狭长形状的屋子，被挡板隔成了里外三间。走进屋内，满眼黑暗，一股潮气扑面而来。李殿洲拉亮了电灯。因为李秀珍的去世，供电部门破例恢复供电——之前，因为有人交不起电费，他们这个院已经很长时间没有电了，平时生活照明靠

我不敢接一个叫李殿洲的老人打来的电话，我害怕面对他那双充满期待的眼睛。

点蜡烛。

李殿洲从床上拿起一个塑料包，一层层打开，递给记者一叠厚厚的材料。1975 年 3 月 8 日，“文化大革命”期间，在“割资本主义尾巴”时，因为得罪了大队书记，黑龙江省双城县公正公社康宁大队 4 小队皮匠李殿洲被扣上“走资本主义道路”的帽子。在没有任何单位接收的情况下，有关部门开了一个迁移证，盖了章把他家的户口给迁出去了。就这样，他们一家人的户口被注销，被停发粮食，还被村里人轰出了村，全家老小从此成为“黑户”。

没有户口，也没有土地，没有住房，没有工作。他们在县城里临时搭的屋子不保暖，冬天的时候，屋里地面会结冰。夏天到处漏雨，只能卷起被子，用木盆接水。比这更加难以忍受的，还是饥饿。没有了口粮，一家人只能偶尔靠姐姐和邻居的接济。可那时候，每家人的口粮都有限额定量，只能偶尔帮助他们。

更多的时候，一家人只能去城外的菜地里挖野菜，捡点被虫咬过农场不要的玉米棍。或者去农场收割过的地里刨些小萝卜、红薯、土豆，捡点黄豆、蚕豆、绿豆，手里拿个小口袋，弯着腰一颗一颗地捡。一个人一天走上十里地，也就能捡上一斤两斤的。运气不好时，也就捡上半斤。

“反正，只要是能吃的东西，遇到什么捡什么。”二儿子李贵仁回忆说。夏天、秋天还好说，捡上一天，一家人总算有吃的东西，虽然吃不饱，但也饿不死。到了天气寒冷的冬天和春天，家里的苦日子才真正来临。天寒地冻，曾经给他们依靠的土地被厚厚的白雪覆盖住，什么也看不见。

这时候就只能吃百家饭了，一家 7 口人分地儿到一条条街上讨饭去。大多数时候，他们把剩饭、饼、馒头和野菜一起煮着吃。在没有粮食的时候，就只能靠冬天里从地里捡来的硬邦邦的白菜叶，再往里放点大盐粒儿。如果这一天运气好，能捡来半张饼或者馒头什么的，那就等于是过节了。

这样的苦日子一直熬到 1979 年。李殿洲从广播里听到党中央开始平反“文革”中的错案、冤案后，领着一家人上了北京，找“中央”解决问题。但在北京，他们的问题在国务院信访局、公安部、商业部、黑龙江省之间跑来串去，可就是得不到解决。

问题得不到解决，但人还得活下去。“北京比黑龙江要好，怎么着也能吃饱肚子。”二儿子李贵仁说。走到北京站附近的饭馆街，不到半小时，就能讨回一大桶饭菜。李殿洲一家人就这样在北京永定河边搭了个帐篷，安了家。

喝的水是从隔壁工厂里拎的，水桶就是大油漆桶。红色的洗脸盆是附近餐馆里淘汰的，脸盆有洞，自己拿个铁块烧红了，一烫，就能用了。后来因为房租便宜，一家人搬到了双桥西柳居住，一住就是 23 年。

在北京整顿市容清理外来人口运动中，在进行人口普查时，李秀珍一家人填写的全是“黑人”。因为没有户口，他们经常被抓；又因为没有户口，经过审查之后，又被放了出来，让他们继续反映问题。

每天天一亮，李殿洲和李秀珍就出门了，到相关的政府机构排队取号上访，到晚上才能回家。孩子们从早到晚负责讨饭，把一家人的肚子问题解决。除了讨饭，5 个孩子也去捡垃圾卖钱。街头拾荒也充满危险：三儿子李贵才在永定门附近的垃圾堆踩在输液瓶上，整个脚心被玻璃切成了几块；二儿子李贵仁在右安门捡废品时，一辆公共汽车将他的右腿轧伤，落下残疾。大儿子在黑龙江叔叔家读完了高一，因没有户口，来北京后从事裁制玻璃工作，因为玻璃意外断裂右手腕被切断落下残疾。

因为没有读书识字少，李家人只能在北京打零工，借他人身份证找工作讨生活。儿子李贵宝曾经拿着大妹夫付胜虎的身份证冒名顶替到东单邮电局给人送信，因为没文化，有些地址、姓名都不认识，后来白干了两天，工资没要李贵宝就回家了。

本来，这家人也有可能靠经济改变命运。三儿子李贵才开了一家室内装修公司，接到了一个大单子，在拿到第一笔预支款时，手下两个工人见财起意，将他杀害。这使得他们靠钱买户口的梦想成为泡影。

李家现在的 5 个孩子，老大老二是单身，讨不到媳妇。两个妹妹目前处于未婚同居状态中，虽然已经到了生儿育女的年龄，可没有户口，她们领不了结婚证，不敢要孩子。他们准备以买户口的方式解决婚姻和生育问题。

老四和媳妇过了 13 年，因为没有户口，领不了结婚证，两个孩子一生下来就成为“黑人”。12 岁的李景龙在双桥小学读六年级，11 岁的小儿子李景奇在双桥小学读五年级，成绩特别好，可读中学必须要户口，这是一个难题。

钱可以以不合法的方式解决他们的户口问题。“第一次普查户口的时候，我就回老家去报了，不给填，要结婚证、生育证。我们家龙龙没生育指标，奇奇根本就不让生。今年我娘家领导跟我要 3 万块钱，说保证帮解决我们孩子的户口。但是我们现在根本就没有钱。”孩子的妈妈史天芹说。

这也是李家人的心愿。“谁可怜可怜我们一家吧！行行好，给我两个孙子上个户口吧！我们一家已经牺牲了两代人，就别让第三代人再牺牲了吧！”站在黑暗的小屋内，李殿洲看不见窗外灿烂的阳光。

这一幕留在我的脑海里，如此清晰。时间一天天过去，我仍然不能忘记。我希望在今年，李殿洲一家人的户口能够得到解决，我的内疚的心能够安稳宁静。

在美国，我人生第一次说出了那四个字

□赵　凌（南方周末新闻版块）

中国为什么这么热？为什么这些美国人对一个他乡的故事那么感兴趣？为什么一些美国年轻人在忙不迭地学习中文？

加州大学伯克利分校以无数亚洲面孔迎接了我的到来。想到过亚裔众多的加州会是这样，但一眼望去尽是和自己相似的脸，不免有些遗憾。三个月后的一天，美国朋友诺亚说："我觉得在这个美国校园里，我更像个外国人。"

在美国几乎尽人皆知，伯克利这个小小的学校对美国历史的影响。20 世纪 60 年代，美国的历史和伯克利紧紧联系在一起，这里是美国学生运动的发源地，言论自由、反对种族歧视和个性解放运动都是从这里最先开始。一些历史学者很确定地说，美国最终从越南撤军，与伯克利的抗议有直接关系。

对当时的加州州长里根来说，伯克利却是他最头疼的地方。在一部名为《伯克利在 60 年代》的纪录片里，一脸怒气的里根用重拳捶击桌面，对伯克利的老师们说："你们必须想办法把问题解决在校园里！"然后愤然离场。然而，里根最终还是向学生开了枪，这成为他政治生涯中不够光彩的一笔，当时的情形被彩绘在伯克利著名的电报街上，至今可见。

这些年，越来越多的声音批评伯克利变得乖巧和中庸，失去了曾经震撼全美的那种谁都不能比的批判气质。关于原因，很多种说法。颇多人认为，是因为学校招收了太多亚洲学生，而他们生来就最不具有反叛精神。因此有人说伯克利的平等性伤害了它的叛逆性。的确，平等一向是伯克利的传统，和离它不远的斯坦福大学比，它更加照顾那些来自贫弱地区的孩子，所以这里的人们说，聪明的穷孩子上伯克利，聪明的有钱人去斯坦福。

抵达伯克利的第二天下午，还带着时差的晕，我独自找到了新闻学院。轻度兴奋中拉开院门，毛泽东的一双眼睛不偏不倚正盯着我，正是天安门城楼上的那个眼神，我不禁有瞬间的慌乱感——原来这是一张当年《人民日报》的头版。紧边上再一幅是批斗会，五花大绑阴阳头，两个人跪在那里；再边上是一个女反革命分子被枪毙倒地的一瞬间。整个走廊完全被“文革”图片环绕。

原来这是一个摄影展，摄影展的作者叫李振声，一位黑龙江日报20世纪60年代的摄影记者，他保留了自己当年拍摄的所有“文革”底片，如今集结成书《红色新闻兵》，正在世界各地热卖。三个月后他将来到伯克利。

我一直很感悲哀，因为中国的研究者包括媒体，不能很充分地研究和评论这个历史劫难。可是当看到这些鲜见的图片高悬于美国时，心头瞬时就紧了起来，那是一种复杂的抗拒。忘记了自己笨拙的英语，连想也没有想，径直走向正在布展的一位老美：“这是过去的历史了。”“我们知道。”他微笑着回答。然后，我就不知道该说些什么。

我的整个伯克利时光就是在这样难以描述的复杂中度过：惊奇，欢喜，沉默，以及如同抑郁症患者般的忧伤和沉重。美国流行“中国热”，一点都不假。校园里无数的课程和讲座海报与中国有关，学术系统之外，“中国”也是个美国日常对话里的高频词。你走着走着，一路会听到接二连三的“China”。“China”——这个词初听到时曾让我万分惊喜，在嘈杂的百人饭堂里也能敏感地一一分辨出来。中国之热的确超乎我的想象，按照以往经验，这样的关注气氛仅适用于对待突发新闻，如当时美国正酣的新奥尔良飓风。但后来我才感受到，至少在伯克利，美国人对于这个世界的持久关注，如今主要有四：布什，伊拉克，橄榄球和中国。

幸运的是，在茫茫课海里见识了一些有特色的教授。政治系的Hong Yung Lee讲授“中国外交”。一度以为他是一名华裔教授，因为他有非常不错的汉语以及坚实的中国背景，更重要的是他有明显的区别于西方学者的特质，那种对中国充满了温和理解的朴素感。他给200多名来自学校各个专业的本科生开课。和美国教授相比，这门课缺少典型的美式课堂笑声。李教授不是那种语不惊人死不休的人，但他以历史的视角娓娓道来，提供的数据史料和分析令人叹服。后来才知道，他原是韩国人。他曾花费宝贵的30分钟单独向我这个来自中国的记者说明一个观点：要理解自己的国家，有今天的局面已经不易。他说韩国和中国不同，韩国20世纪80年代的民主变革动力来自数目庞大的中产阶级，而且韩国也没有中国这么多农民。

智慧优雅的新闻系教授Carolyn，她是访问学者项目的负责人，和我们完整度过这一年。Carolyn 20世纪80年代曾在中国教书，虽然只有四年时光，但这使得她通晓和理解中国社会的复杂性。在我们最近的一次交谈中，她也认为美国社会和学者应该考虑如何看到一个真实正常的中国，如何才能了解普通中国人的所思所想，如何超越惯有的“黑暗”视角更客观地掌握中国。这些思考让我更加尊敬她。

我对西方学者研究中国的激情倍感尊敬。在他们制造的校园氛围下，“20世纪中国历史”和“中国外交”这样的课上，200多人黑压压一片，一半以上是外国学生。外交课上，开讲之前李教授总要照例问学生，上节课给你们的材料看了吗？有什么问题吗？一次，坐在第一排的金发美女大声发问：毛泽东和江青怎么认识的？台下大笑。教授也笑，说：“这个好像不是我材料上的内容。”但他仍悉数讲起，从杨开慧、贺子珍到江青，学生们听得入迷如同无声鸦雀。中国为什么这么热？为什么这些美国人对一个他乡的故事那么感兴趣？为什么一些年轻人在忙不迭地学习中文？不同的人给我不同的回答。

一个常见的经济学回答是：中国经济飞速崛起，正在改变世界格局。从数字上看，2004年全世界20%的经济增长率是由中国贡献的。如此下去，多少年后美国将被中国取代？很多美国人认为这是个严肃的问题。大家都知道中国是世界最大的市场，我的前室友是一个聪明的日本女孩，她说学习汉语的目的是将来要和中国做生意。的确，市场的吸引下，中国已经成为很多世界青年未来职业计划当中的一部分。

另外一个常见的回答是：中国军事力量的崛起未来将威胁世界。前两年的两会，中国宣布军费投入每年增加15%，实际数额增至350亿美元。这一举动让美国媒体又大做了不少文章，不断增加的数字实在让美国人不放心，尽管它不及美国军费4000亿美元的10%，也不及邻国日本的470亿美元。一个美国学生课堂上问：中国的军事力量10年内会超过美国吗？“我不这样认为。”教授回答。“那20年后呢？”另一个美男穷追不舍。

无论从哪方面讲，中国正在成为一个全球性课题，平庸世界里一个有独特学术价值的命题。西方的困惑来自：为什么一个非西方民主式的国家能创造出这样的经济奇迹?“中国必然崩溃!”西方学者曾经预言中国将继苏联的倒掉而倒掉。但事实是，它非但存在，看上去还活得不错。这个政冷经热、面目分裂的社会主义国家到底发生了什么?一个什么样的系统可能制造出这个矛盾场景?正如一个在伯克利中国研究中心图书馆工作的普通工作人员对我说，人人都想看看中国这样一个国家会走向何处?那一刻，我才意识到，中国是一个世界之谜……

中国话题遍及伯克利这个不大的校园：民主，市场，工人，农民，“文革”，法律，能源，媒体管理，环保，台湾，上海，张爱玲，老舍。全都是当下中国最热点的问题，很多甚至是伤口。可是很多次聆听过后，都很难有真正的满足感，总感觉花时间跑去聆听不值。一些优秀的西方知识分子不过是释放了一些很多美国人不知道的中国信息和观点，尽管那些信息是准确的，判断也没问题。举个例子，伯克利亚洲研究的 O'Brien 教授，他是目前美国正在走红的中国专家，少壮派的重要代表，其研究方向是中国的社会冲突。他刚刚出版了新书《中国农村的合理抵抗》，书中大量素材来自中国农村的失地农民，于建嵘教授也为其提供了帮助。当我辗转拿到他即将出版的新书草稿时，发现不少是国内学者的研究案例和框架，创见不多。不过这件事也从另一方面表明，美国学界对中国的研究一点都不落伍，跟进很快。

更让人惊讶的经历来自一个有关中国法律的研讨会，来自美国国会研究机构的金发学者，他的主题发言居然是中国的信访制度。更有趣的是他发言中的大部分内容来自《南方周末》的文章，包括当时我做的报道。混迹老美当中，在这样的场合里突然听到自己过去的报道，我的心情十分奇特，那感觉绝不是暗自得意。坐在那里我情不自禁地走神，一方面叹服美国学界对中国热点问题的洞察，另一方面又对这样的传播感到心情复杂。会后金发青年拿到我名片的瞬间，顿时就惊呼起来，脸色微红……次日，收到他的邮件，说去年他们提交给美国国会的中国报告中有 11 处援引自我的报道。我木然地看完邮件，并没有打开那个他发来的报告链接，我不想知道自己的文字被安排在怎样的语式中。在很多美国学者眼里，他们首先是把中国当作问题来研究，中国就等于中国问题。那种研究的对象感，就如同非典或是禽流感，一个有学术研究价值的问题而不是一个有血有肉，有历史和文化，有人民生息的国家。

很长时间以来，我自己也搞不懂听老外讲中国的那种说不出的沮丧感和无力感从何而来。是因为狭隘的民族主义吗?不会啊，我不觉得自己是一个民族主义者。我常常火气十足地痛骂自己的国家，那种致命的痛苦和愤懑甚至伤害了我的健康。我也不是那种自己可以骂，外人不许说，在老外面前不分青红皂白本能维护自己国家的人。实际上这里每每有人称赞中国经济时，我都要说，他们没有看到经济增长背后社会公平的失落。直到第一个学期即将结束之时，听完一位来自哈佛的中国专家的演讲后，我终于找到了答案，那种失落的根源。

这位名字古怪的美国教授被公认为研究中国“文革”最牛之人，有关“文革”的书出了若干，好像是12卷。他的演讲很正确，但对很多中国听众而言了无新意，无非是说要客观公正地看待毛。虽然“文革”是其最大罪过，但“文革”前毛对中国功不可没，他让这个国家安全地完成了转型，奠定了社会发展的工农业基础。

哈佛教授习惯在演讲台上踱来踱去，说到“中国”时，习惯优雅地竖着食指，这个国家……在他一遍又一遍的“这个国家”之后，我完全受不了他了，被他那种超然客观的话语、那种绝对自信的姿态激怒了。我总以为一个花费半生经历研究另外一个国家的人，总能生出些不同于他人的对这个国家的情感，言谈举止中理应会多出一些和这个国家的人民共通的亲切感。但是很遗憾，在他身上我没有看到。实际上在很多老美中国专家的身上我都没有看到这样的气息。我曾经对Carolyn直言，一些所谓的中国专家，只不过比其他美国人多读了一些关于中国的书而已。可是愤怒过后就是悲哀，谁让我们中国自己的学者不站在那里讲呢，自己的问题为什么自己不去说呢？让一整个礼堂的人对一个老外顶礼膜拜，怪谁呢?!

更大的失落还来自问题被一番研究之后，却没有提供解决方案或者可能的趋势分析。我向一位政治系的博士生、美国人Jonathan倾诉我的遗憾。“这不是我们的角色。”他迅速地回应了我。一句“我们”像一个惊雷在我脑中炸开，让我无言以对。这个有杀伤力的回答惊醒了我——是啊，这里是美国，他们是美国人。

美国的确强大，这种感觉会在我每次乘坐F路公车横穿海湾大桥时加剧。对岸是熠熠生辉的旧金山和远处隐约可见薄雾轻锁的金门桥。一个下午，站在财富岛上隔着一片海湾看对面阳光下的旧金山，那片刻，我突然撕心般地想念中国，那是一种如同恋人般的想念，会心痛。对自己的国家，我从未有过这样的体验。那天在心里我豪迈地想，中国的老百姓总有一天也一定能自由富裕地生活在真实的繁荣之下。

去年3月，我们去看了一部纪录片，名字就叫“中国制造”。片中的主人公是福建一个血汗工厂的女工们。这些年轻的女孩子夜以继日地站在机器面前生产俗气的珠子，一串又一串。她们日复一日地劳作，却不明白“谁会买这些难看的东西”，老板定的任务让她们喘不过气来。一个女工每月生产的珠子数以万计，拿到的最高工资是50美元，也就是400块。在地球的那端，美国新奥尔良，一个一年一度疯狂近乎色情的狂欢节夜晚，无数赤裸着上身的美国女人和男人，脖子上挂着的正是那些颜色鲜艳来自福建工厂的珠子，游戏的规则是他们把珠子抛给那些各自看中的调情对象。在这里一串珠子卖到100美元。

记者将狂欢节的照片展示给女工看，车间里她们挨个儿传阅，全都羞红了脸捂着嘴笑。记者问，她们想对照片上这些买珠子的美国女人说些什么？一个满脸是汗，双手沾满染料的女孩笑着低声地说：“一个女人家，那样不好看，以后别这样了。”那一刻，我和身边的老公都沉沉地吸了一口气。

散场离席一个朋友问观感，我们仓促告辞没心情作答。穿过静寂清凉的校园回家，我们俩一路无语。一个快乐的美国女孩跑过来问Free speech酒吧在哪儿，我指给她。“不管中国有多差，我们都回去。”黑暗中老公突然冒出这样一句。捏了捏他的手，影院里忍住的眼泪还是流了下来。

在伯克利的项目结束时，学校要求写一篇文章，说说这一年的收获和感受。资讯研究室希望我谈谈美国之行的新闻所获，我就拿了这篇不搭界的作业充数。其实关于美国，大家通过各种途径已知晓不少，愿意拿来分享是因为它确是我在伯克利最真实可信的感受。说实话，九个月对我来说很难学到什么新东西，语言刚刚好一些，有点感觉的时候，就该回国了。所以听别人说什么学成归来，一点都不靠谱。这段经历对我而言，是让我比较感性地看到并体验了一个真实的美国和美国生活，以及美国人眼中的中国。更重要的是，它让我体会了不曾有过的某种生命情感，隔着远洋看中国时的那种庄严。在美国，我人生第一次说：“我的祖国”。

政变为何成为“嘉年华”

□郭　力（南方周末新闻版块）

> 这两位华人从事时政报道超过30年，出入泰国“枢密院”大臣官邸，不需要事先通报；他们在政变发生前一个月，就知道了事情的全部计划。这样的资源，被国内几家中央级媒体的驻泰国记者放过了，原因就是他们令当地华人觉得没有受到足够的尊重。

话说2006年9月20日的凌晨，正在写日本换首相的稿子，突然发现一个朋友的MSN的名称改成“政变了”，心中一惊。

难道是台湾？不会的。要不然是南美非洲的什么小国？但这应该不至于引起朋友改MSN的兴趣。莫非是朝鲜？不会吧。赶紧打开酒店房间的窗帘，北京的街头，路灯雪亮，亮到几乎看不见天上和平的星星。

原来是泰国！终于松了一口气。

但我当时并不知道，下一次松一口气，就已经是10天之后的事情了……

必须承认，对于我这个年轻记者来说，泰国政变首先带来的兴奋，是我终于有理由把编辑史哲和李小鸣喊醒了。喊醒他们基本上都用了手机“嘟”8声的时间，然后都有这样的对话：

小鸣/史哲！

嗯。

出大事了！

嗯。

泰国政变了！

嗯。……啊？什么？我靠！

通讯社记者闯祸

同事由珊珊和李虎军做了最艰苦的第一工作：政变后的第二天，靠国际长途，他们居然找到了政变士兵、反对派的核心、当地华人商会的代表。

事实上，他们找到的当地关系，成了我在泰国采访时的最重要的基础：通过商会的代表，我见到了当地两家主要的华文报纸的时政新闻主笔；又通过两位报业前辈，见到了泰国国王的顾问团核心成员，并得以与泰国外交部建立了联系；通过反对派领袖的秘书，我可以进入到他们的总部，与正在那里欢庆胜利的泰国市民聊几句天；通过其中的一位市民，又找到了他的一个公务员朋友，近距离观察文职政府官员在政变后的工作。

出国采访，最大的问题是人生地不熟。在国内采访突发事件，无论如何，我们对中国的一些基本国情是清楚的，找哪个部门，找哪些人，哪里有一些关节需要用哪种方式打通，等等。但是在国外，要立即搞清楚这些事情，是对记者很大的挑战。

我的经验只有一条：找当地的华人。他们对当地情况了解透彻，更重要的是，他们对国内过去的人，有天然的亲切感。

这种亲切感弥足珍贵，几乎可以说是打通所有当地关节的前提。在去巴基斯坦采访南亚大地震时，我和麦圈通过飞机上偶遇的凤凰卫视的同行，结识了两个在当地经营十数年的中国商人，采访终于顺利展开。而此去泰国，有赖珊珊和虎军的前期准备，我也迅速和当地华人搭上了线。

但是，绝不要以为，当地华人的帮忙是他们的义务。他们对我们亲切，我们要对他们更亲切，不然，不要指望他们会帮你。

在泰国的时候，两位老报人都很多次跟我提到，新华社、中新社和人民日报早年的驻泰国记者，经常去找他们聊天，了解当地情况，过年过节也都给以问候，但是这几年的新记者“仗着自己半通不通的泰语，仗着自己会一点英语就可以直接找泰国的高层”，“根本就不理会我们（当地华人）”，“所以我们也什么都不跟他们讲”。

这两位报人从事时政报道超过30年，出入“枢密院”大臣官邸，不需要事先通报；他们在政变发生前一个月，就知道了事情的全部计划。这样的资源，被中央级媒体的驻泰国记者放过了，原因就是他们令当地华人觉得没有受到足够的尊重。

还有一个小例子。最早政变成功之后，泰国军方成立了一个中枢权力机构，中国一家通讯社的记者将其名称翻译为“国王领导下的民主行政改革团”。这样翻译的结果是，泰国外交部正式向中国发出外交照会抗议，并且拒绝了该社记者继续采访。

还是两位老报人告诉我的，按照泰语的意思，这个名称应当是“君主立宪制下的民主行政改革团”。“那个记者自以为对泰语很懂，结果出了问题了。”他们说，“国王怎么可能领导政变呢？这是对国王极大的侮辱！”

“我刚看到那篇稿子时，就知道他们闯祸了，赶紧给他们打电话，跟他们说明情况，希望他们改正。但是他们嗯了啊了几句，就把电话挂了。”其中一位老报人跟我说。

一次嘉年华式的政变

前去曼谷之前，照惯例，我搜集了关于此次政变的已有的报道和分析。几位国内的泰国问题专家侃侃而谈，主要的观点，不出意料地集中在了政变背后的权力斗争上——军队争权的传统，泰国王室的倾向，文官的利益集团，等等。

曼谷市民向政变士兵致意　CFP/图

从传统的思路考察，所有的军事政变都有军人争权的共性，此次泰国政变当然不算例外。他信拉拢王后和王子，介入了国王派和王后派的权力斗争，当然为国王所不容；他信又在军警两界不断安插亲信，传统的军队力量当然也感觉到了很大的威胁。所以国王和军人一拍即合。

但是我始终的一个疑问是：如果仅仅是上层的争权夺利，那么老百姓为什么如此欢迎军人进城？

眼见为实，在曼谷我看见了老百姓发自内心的开心。如我在报道中写到的，小朋友在坦克上爬上爬下，持枪军人成了合影的模特儿，轮岗休息的士兵在玩 PSP。这的确是一场嘉年华式的政变。

在曼谷的采访，是围绕民众为什么欢迎政变这个问题展开的。我得到的答案是：他信把国家当成了自己的产业，以国权谋私利，他出卖的国家利益——比如将军队通信的卫星卖给新加坡，他的家族的贪腐——比如泰国富豪榜前10名有8人是他的家族成员，这些让民众忍无可忍。

民众历时一年的抗议也没能让他信下台，所以不管军人政变的真正出发点是什么，起码推翻他信这件事情合乎民意。这是此次政变不同于泰国历次政变的个性所在。

上层的权力争夺，当然吸引眼球。但是这里有两个问题：第一，关于内部权力争夺的过程，尽管接近核心的人士的说法可信，但算不上是过硬的证据；第二，权力争夺的报道必然涉及泰国王室，中央级媒体可能顶得住外交照会，我们却不见得。

所以在我看来，民意向背更应成为报道的重点。一方面，大家都报道政变的共性时，我们报道这次政变的个性，或许在新闻竞争中更站得住脚，况且也避免了外交上的风险。

而另一方面，民心向背的探讨，某种程度上说，也更具现实意义。他信的故事，恰是一个生动的案例。

编辑提出写写他信从政治明星到落魄流亡的过程。我后来写《他信沉浮》一稿，就落脚在了“权为民所用，利为民所谋”上。当然，可能又有人要说，这些小子又拿《人民日报》的话来撑场面了，呵呵。

不过，具体到泰国的政变历史，有一个情形，倒是屡见不鲜：军人恋权，以致学生运动，人民上街，军队开枪，最后流血收场，甚至收不了场。

这次政变，尽管合乎民意，但是军人恋权的事情，已经发生，正在发酵。

泰国军方领导的“政改团”更名为“国家安全委员会”，有权召集内阁会议以解决政府管理中出现的“问题”，可以免除总理和内阁成员的职务，还能选择国会议长，任命起草新宪法的立法委员会中半数成员。

事实上，从政变第三日起，就陆续发生了小规模的学生抗议活动，他们的口号是“既反他信，也反政变”。现在他信已经被反了，对军人控制的“国家安全委员会”的质疑开始出声。

很多媒体都在关心他信的行踪，但是做时政狗仔的同时，我个人的观点，泰国民间持续发酵的对军人政权的不满情绪，或许也是值得关注的新闻点。

（相关报道：《泰国政变，异样平静　孕育新机会》，《南方周末》2006年9月28日）

才走唐僧路，又行长征路

□鞠　靖（南方周末新闻版块）

在皎平渡金沙江大桥上，重走长征路的高干子弟们已经一个个换乘了四川派来迎接的越野车。出发之后几分钟，我们终于醒悟，他们绝对不是为了摆酷。

先走唐僧路，再走长征路，这是我7、8月生活的写照。

9月初，同事朱红军还在MSN上表达了他的艳羡：爽啊！走了一回长征路。那意思是我身在福中不知福。

想一想吧，有一个月的时间，我先是从郑州"逛"到西安，沿途游览了少林寺、白马寺、龙门石窟、玄奘故里、西华宫、大雁塔、兴教寺；接着又飞到贵阳，从那里开始，坐车走过遵义、仁怀、昆明、禄劝、会理、西昌、冕宁、石棉、宝兴、成都、都江堰、重庆、利川、恩施、宜昌，渡过乌江、赤水、金沙江、大渡河、岷江，其间还在茅台酒厂喝了一顿正宗茅台，在乌江渡口吃了一顿不错的乌江鱼，在夹金山麓人迹罕至的山泉里痛快地泡了一次脚。对于喜欢游山玩水的我来说，这的确是一次好得不能再好的机会。

遵义城下　王轶庶/摄

但是，事实上，我时不时会后悔走了这一趟。相信我此行的同伴们也时不时会冒出这样的念头，比如，当戴旺财坐在凌空蹈虚的汽车上爬过悬崖的时候，当王铁庶依稀听到房间里仿佛有一只老鼠的时候，当司机汪师傅想到他要驾车穿过大半个南中国才能回到广州家中的时候。

唐僧路、长征路，跨越不同的时空界限，但是对我来说，却有着相同的特征：特殊的路上，一群特殊的采访对象。

采访和尚的挑战

从重走唐僧路开始。

当我决定出发的时候，重走唐僧路的队伍正在少林寺。

7月25日，从广州飞到郑州，再坐汽车到登封。这天傍晚，我在少林寺见到了即将西行的两位和尚明贤、慧在，见到了选拔出来的6位行者，见到了两支堪称庞大的摄制队伍，一支来自一个电视台，一支来自北京的一家DV公司。按照事先和同事李红平的约定，我在8月1日要赶到贵州遵义，这样我必须在7月31日离开这个队伍，我有6天的时间采访。

事实上，对于和尚和行者们来说，到达西安之前，所有的路程都是额外的，只是为了满足电视台拍摄的需要。7月30日，从西安出发开始，才是真正的重走唐僧路，但也不是所有的路都步行。组委会说："会选择三四段有代表性的路段作行走。"

根据这样的安排，留给我的采访时间看起来十分充裕，其实也很有限：在到达西安之前，两位和尚还没有真正开始西行，他们也无从知道西行的真正感受，我最多只能在之前的行程中对他们个人加深了解；到西安之后，我最多只能和他们一起走一天的路，这才是真正的"重走唐僧路"，而在走的过程中，要作采访又是很困难的。实际上，真正留给我采访"走"的时间只有一天半。

作为一篇人物报道，如果单单停留在和采访对象对话上，显然无法让人物鲜活，我们需要的是他们的动作，需要的是他们的表情。而如果采访对象是和尚，很多采访内容就必须放弃。

比如，他们的身世、家庭、出家之前的经历就是不能触及的。

比如，观察一个人的日常起居可能帮助展示一个人的秉性和习惯。但是和尚有他们的特殊性，他们的饮食起居近乎秘密，他们总是尽可能地躲起来吃饭、穿衣、睡觉，不让俗人看到。他们穿袜子的时候都不允许拍照，这不是出于礼节，而是宗教规矩。在这种情况下，很多东西，即使我们看到了，也不能写，因为那是有违宗教政策的。

对于摄像机始终跟随着、站在公众面前的和尚，动作和表情恰恰是他们竭力掩饰的东西。比如明贤，他似乎很有表现欲望，身为禅宗“一花五叶”的传人，他处处要维护佛教徒端庄凝重的形象，因此，他自己特有的个性就被有意地抑制了。无论是看动作，还是看表情，都无法了解这个人的真实状况。

而走起来似乎可以在很大程度上弥补这方面的缺陷。走的路程越长，人越累，遇到的困难越多，人就越会放松警惕、丢盔弃甲、原形毕露。而如果走的路程太短，就难以达到这样的效果。

另一个可能弥补这种缺陷的是当他们坐在车上的时候，这时候他们既不用面对摄像机和公众，又不处在私密状态下，而且精神放松。和两位和尚坐在一辆车上聊天，观察他们在车上的言行举止，这是我出发之前就想好的采访策略。

并不成功的采访

不过这个策略从一开始就遇到了障碍。

为我设置这个障碍的人来自方方面面，先是电视台一位导演。他说，由于座位紧张，我不能和两位和尚坐在一辆车上，至于采访，则需要到西安之后再作安排。后来由于和尚对电视台的不满，他们的生活和出行改由另一家公司负责。

这时，组委会一位负责后勤的张老师又成了障碍。和张老师的斗争贯穿了整个采访的全过程，由于担心《南方周末》会做负面报道，他甚至一度拒绝我靠近两位和尚。解决这个问题的办法是“两手都要硬”，一边找到组委会负责人表示抗议，暗示要做批评报道；一边是十分愤怒地表示了要揍这个张老师的意思。还好，最后终于获得允许，在两位和尚的车上呆了3个小时。

这3个小时里，我们从铜川玉华宫回到了西安城，我也死皮赖脸地和两位和尚神侃了2个小时。在车上，两位和尚特别是明贤和尚放下了他白天的一本正经，暴露了他性格的另一方面——33岁青年的血气方刚、有为和尚的自信骄傲、满腔抱负和对现实的不满，这些与禅宗思想并不十分吻合的性格特征，令明贤的形象更加完整。但是这些还不够，因为这段时间恰好是晚上八九点钟，在忙碌一天之后，和尚们已经太累了，他们并不兴奋，所以，他们的动作不多，我也无法趁黑看清他们的面部表情，采访的结果还是太静态。

希望就寄托在行走上。

7月30日早上7：30，2位和尚和6位行者参加了西安大慈恩寺举行的简单的送行仪式，然后就开始了他们真正的行走。真正有趣的故事都发生在这一路上。

按理说，唐僧西行，重走唐僧路的队伍应该出西安西门才对。可奇怪的是，2位和尚和6位行者却出了南门，接着转到东门，然后横向穿过西安城，出了西门。后来我才知道，他们并不认识路，之前并没有做很仔细的准备，他们只知道往前走，这一走就到了中午12点。

这一下可苦了我。我是唯一跟着步行走完这一圈的记者。这4个小时的行走根本不可能和2位和尚做任何对话，因为电视台还全程跟着拍摄，为了防止我走进他们的镜头导致“穿帮”，我基本上不能靠近2位和尚。有时候，甚至还不能走同一边的马路，必须在马路对面跟着他们走。我像一个游魂绕着2位和尚，一会远远地跟在后面，一会远远地在马路对面张望，一会又飞奔到和尚前面，坐在路边边喘气边等着他们。

这样的跟着走还是很有效果的，我看到很多不跟着走就会看不到的细节——

比如：走了20分钟，2位和尚和6位行者就坐在路边休息了，他们休息之中还有娱乐，那就是6位行者轮流背《心经》，背出来的有奖。我发现6个人中唯一背不出来的是那位美国政治学博士。

比如：走了40分钟，明贤就说脚疼了，因为他没有穿袜子，僧鞋太过单薄，而路面又被太阳晒得发烫，脚底经受不了这样的摩擦。

走到钟楼的时候，已经热得让人窒息。事后我才知道，这天是西安今年最热的一天。出了西安的西门，和尚们又面临新一轮折磨，电视台希望能拍一组出城的镜头，但始终拍不好，和尚们无奈地一遍遍沿着城墙走过，引来无数围观的群众，在他们嘴里，2位和尚成了拍戏的演员。

“我们不是演员。”注意形象的明贤也恼了，他和导演在城墙下僵持了很久，神色间透着不满和委屈。后果很严重，2位和尚商量一番之后，决定这天不再走了，回到宾馆休息，明天早上再从西门走起。

明贤（左）和慧在 鞠靖/图

这天晚上，我本来打算采访明

贤，但是等到深夜他也没回来。第二天早上六点半，他正在床上打坐的时候，我终于有机会和他面对面正儿八经地采访。他说，昨天晚上脚上起了泡，找医院处理去了。虽然是重走唐僧路，可他说他并没打算走多少路，因为现在已经有交通工具了，“我们没有必要人为地制造障碍”。边打坐边回答问题的明贤看起来面色庄重，他的对答字斟句酌，滴水不漏，这样的面对面采访是失败的。

饶是体力还算不错的我，经过这半天的行走也累得够呛。但是，只跟着走了半天，我还是担心不够，总觉得还有什么事要发生。我已经订好了7月31日下午1点的飞机去贵阳，但我决定这天上午继续跟着走半天。

可是7月31日这天又发生了变化。和尚们直接上了车，并没有马上开始步行。没有办法，我又挤到了他们的车上，和明贤师傅聊了一阵。车开到户县界内，突然停下了，说是从这里开始步行。我以为机会又来了，可是天公不作美，大片的乌云飘来，狂风骤起。不过上午10点，天色迅速地阴暗下来，眼看大雨将至。在这个前不着村后不挨店的地方，如果不立即拦车赶往机场，我很可能会被大雨阻住，误了航班。

没有办法，只有赶往机场。后来我知道，和尚们这天穿着雨衣、戴着斗笠走到了户县草堂寺。

从采访之初，我就担心静态的东西、坐着空谈的东西太多，而动作和活动细节太少，采访之中也在想办法解决这个问题，但最后还是没有成功。编辑李小鸣的眼光十分毒辣，他一再说静态了点，能不能再补充点？我到遵义之后，他还在提这样的要求。

看起来一路随行，可是却需要苦苦寻找机会采访，什么时候能够找到合适的采访机会心里永远没底，什么时候能够心安理得地结束这次采访、开始下一个任务，心里也没底。这种心里没底引起的烦躁对人的杀伤，远远超过了烈日下走一天路带来的肉体痛苦。这就是重走唐僧路的苦处所在。

面对元勋子弟

飞机离开西安，在贵阳降落。贵阳阳光明媚，天又不热，这对于刚从酷暑中的西安脱身的我来说，近乎天堂了。为了排解一下心里的烦躁，在酒店安顿好，我就去了一趟花溪公园，租了一辆自行车，在公园里优哉游哉地转了一下午。

从这天晚上直到第二天下午3点，我都没有合眼，因为要写稿。当我闭上眼的时候，已经坐在去遵义的大巴上了。我基本上是在昏迷状态之中，一路颠到了遵义，沿途的风景一点也没见着。

对于南方周末的记者来说，在外地遇到同事是十分稀奇而又愉悦的事情。但是会师的喜悦很快被打消了。

重走长征路的主要是开国元勋的子弟们。我们的记者虽然从福建就开始跟上了队伍，但却依然是编外人员，不能随车行动，也没有采访的便利。每天安顿下来，就要找到队伍中负责宣传的老赵，向他打听每个人的房号，然后像狗仔一样闯房间采访。这些老人多半都是将军，架子还很大，就是闯了他们的房间，也未必能够接受采访。有时候，整个队伍从早到晚赶路，六七十岁的老人们急需休息，这时候去闯房间又不人道。当然，还有随队的工作人员，他们也不会允许我们擅闯房间。正是因为这许多的困难，李红平和寿蓓蓓 2 个人才采访了 4 个人。

2 个记者 10 天采访了 4 个人。而交给我的任务是，盯着老赵，跟着队伍，等同事戴敦峰来，然后 2 个记者采访 8 个人，每个人采访时间不能少于两三个小时，8 月 15 日交稿！

我仿佛刚从泥坑里爬出来，又掉进了粪坑，什么时候是个尽头啊！

做这样的采访，远非抓到人坐下来就谈那么简单。我们需要对每一个采访对象和他的父母（也就是那些开国元勋）有足够的了解，才能开始我们的采访，才能保证聊两三个小时，才能保证聊出新鲜而又个性鲜明的东西来，这就需要我们阅读大量的历史资料，做大量的功课。

还有比这更麻烦的。

首先，关于长征、关于那些开国元勋的报道和历史记载已经够多的了，我们如果要做出新的东西，就必然面临如何审查过关的问题。

其次，这些采访对象本身都受多年的正统教育，好几个还是军队中的政委出身，政治意识很强。我们的采访如果有不好的苗头，可能引起他们的警惕和反感，那就不可能指望有好的采访结果。搞得不好，还会影响整个专题。

第三，采访对象各有自己的喜好，知道他们的喜好容易，迎合他们的喜好就难了，比如刘伯承的儿子刘太行、粟裕的儿子粟戎生，他们喜欢谈论行军打仗、军事战略，这是我们无法补课的。刘太行拒绝了很多人的采访，但如果跟他从战略战术谈起，他很容易打开话匣子。

这样的采访真的难伺候啊。

接下来 5 天的行程是向北走到茅台、习水，再回头向南经过遵义回贵阳，这期间基本是早上就出发，晚上才停歇。我们始终无法找到采访的机会，而材料又似乎总也看不完，转眼时间就过去了三分之一。

因为我和老赵混得比较熟了，和他联系采访的事情全部落在了我的头上，这无形中增加了我的心理压力。什么时候能开始第一个采访？能不能按时完成这次采访？我不停地问自己。我不知道同事戴敦峰和王铁庶此时是怎样的心态，但总之，我是有点恼火了。同伴睡懒觉、窝在房间不出门、动作慢等等，这些我自己也有的毛病，现在在我眼里却成了不能忍受的问题。每当戴敦峰催我去找老赵的时候，一股无名火就在胸中燃烧起来。戴敦峰开玩笑说："你个更年期男人。"

我离更年期还早，但我不能忍受这样的煎熬。

四人同房

每天8点出发，6点停车住宿，这还不是问题的全部。

我们需要自己解决食宿问题。要命的是，由于重走长征路的队伍规格非常高，地方上非常重视，因此每到一地，都是包下整个宾馆，我们想要和他们住在一起以便更好地联络和沟通是非常困难的。要么是我们需要另外找一个地方住宿，问好明天几点出发；要么就是死皮赖脸地磨和等，期望他们能额外地给我们挤出个房间。

在禄劝，这种痛苦发展到了顶峰。这天下榻的宾馆距离禄劝县城还很远，基本属于前不着村后不挨店，当他们所有的人都住进房间的时候，我们还在雨中等待组委会帮我们腾房间。等了很久，他们都走进餐厅准备吃大餐了，还没有结果，我们只有悻悻地上车，到宾馆之外解决晚饭问题。这时候我觉得我们真落魄。

这一天也有好事情，我们终于迎来了第一次采访机会，美中不足的是，这一次是让我们猝不及防的"好事成双"。

在离宾馆数公里的一个小饭馆坐下来，老赵来了电话，他说晚上安排了两个采访，8点开始，可是谁会接受采访，他也说不准。没有办法，我们匆匆地吃完饭回到宾馆，组委会终于给我们腾出了一个很小的标准间，我们4个人一个房间。还来不及整理行囊，老赵又来了电话，采访还是8点开始，接受采访的是罗瑞卿的儿子罗箭和张云逸的儿子张光东。

这一下又麻烦了。原先我们计划是采访8个人，我和戴敦峰每人采访4个，因为每个采访对象都有大量的历史资料，分工有助于我们集中精力了解自己的采访对象。不巧的是，罗瑞卿和张云逸两人正好都是我准备的。而如果两个采访同时进行，我分身无术，戴敦峰就要在对采访对象毫不了解的情况下仓促上阵做采访，无论是我还是他，都不能接受这样的事实。但是，反过来想想又没有办法，我们一路死皮赖脸跟着，不就是为了等这一下吗？现在好不容易等着了又要放弃，那实在是对不起自己。计划真是不如变化啊。

这天晚上的采访其实还算顺利。楼下，重走长征路的元勋子女和宾馆的服务员们搞联欢，楼上，采访对象则和我们相谈甚欢。这一方面是因为他们好像都很有倾诉的欲望，另一方面则是因为他们多少对《南方周末》还有好印象。我们的采访都进行到夜里 11 点多，张云逸的儿子张光东说，主要是觉得你们累了，否则还可以再谈点。而罗瑞卿的儿子罗箭是如此配合，以至于我萌生了不回 4 个人挤作一团的房间而改和罗箭同房的念头——他们都是一人住一个标准间，太奢侈了。

因为担心老人休息不好，我最后打消了这个念头。这天晚上，我们终于还是 4 个人住到了一个房间里，两张席梦思床垫拖到地上，我和王轶庶睡木板架子，汪师傅和戴敦峰睡床垫。如此同房，大家激动的心情久久不能平静，在深夜 12 点之后，戴敦峰还拼命玩 PS 游戏，我还在忙着翻罗瑞卿的画册，睡眠易醒的王轶庶起床端起了相机，只有整天开车的汪师傅疲惫不堪地睡着了。王轶庶用他的广角镜头记录下了大家保持着衣不蔽体、惨不忍睹的姿态。

这一晚，其实大家睡得都很香，没有人抱怨打鼾，没有人抱怨脚臭，没有人抱怨虫咬。

女记者

戴敦峰的到来，令我们的生活发生了很大变化。他居然与深圳电视台的一位男记者在复旦住过对门，他们算是他乡遇故知了。这使得我们和深圳电视台车上唯一的美女之间的距离倏忽拉近。

这天下午，车队到金沙江边的皎平渡，这是一路上我们觉得最炎热的时刻。2 个小时以前，我们还在海拔 2000 米左右的高原上，而现在我们已经到了海拔 900 米、四周高山围抱的盆地里，气温 40 摄氏度，形同热锅。想到我们的采访才做了四分之一，我就更觉得自己像热锅上的蚂蚁了。

这还只是这一天苦难的开始。在皎平渡金沙江大桥上，重走长征路的老人们已经一个个换乘了四川派来迎接的越野车。出发之后几分钟，我们终于醒悟，这绝对不是为了摆酷。

我们是完全毫无准备地进入了整个采访中最险恶的魔鬼路段。从海拔 900

米的金沙江边开始，我们要经过连续的拐弯和爬坡，升到海拔1900米的山上，路幅只能容下一辆车，路面是高低不平坑坑洼洼的山石，路的一侧就是陡峭高深的悬崖，临崖的一边甚至没有栏杆。前面的车队都是本地司机，轻车熟路，一溜烟地没了车影，留下我们和深圳电视台落在后面。

只开出去几百米，刚才还唧唧歪歪的一车人都有点沉默了。车只转了四五个弯，感觉我们已经走了很远的路了，突然车就不动了。汪师傅说，车开锅了，只好停下来放气，然后把我们车上所有的矿泉水都倒进了水箱，但是根本无济于事。汪师傅说，这车的冷冻液早该换了，只是这么多年都不必换，倒霉被这次赶上了。

幸好有一对夫妇骑摩托路过，我们拦下他俩，让男的给我们去买冷冻夜，女的则留下做“人质”。我们的坏车停在路上，堵住了整个路面，跟在我们后面的深圳电视台的采访车也被我们挡住了。

深圳电视台的车底盘比我们的低得多，一走上山路就刮了底盘。他们在河谷里犹豫磨蹭了半天，终于让一男一女拦了两辆摩托车先走，这才使得车的载重减少，底盘抬高，可以勉强爬山。美女记者从我们身边经过的时候，我们都很体贴地劝她：“摩托车很危险的，不如等我们车好了，坐我们的车走吧！”可是那女记者并不听我们的。

半个小时之后，冷冻液买来了，我们又继续惊心动魄的爬坡路程。老实说，这一路的风景其实不错，一边是幽深的山谷，虽然不是那么清秀，却显着雄伟。但是所有的人都没有心情欣赏这些风景，甚至连我提醒他们看某一处景致都会招来一阵怒骂：“你丫能不能不说话啊！”至于想要和汪师傅搭讪，那更是不可能了，所有多余的话都被禁止。路虽然窄，可对面还没有车过来，所以倒也省心，不过开到一半路的时候，对面开始有车来了，而且是拉石头的大货车，一律开得飞快。如此窄的路面还要会车，真是吓煞人了。我不知道别人怎么样，反正我是一身汗出来了，干脆脱了上衣靠在车座上。

好不容易走过了最难走的一段山路，进入一个小村子，石榴园里结满了石榴，我们买了一麻袋，还担心不过瘾。半个月后，这些石榴因为无人问津都被汪师傅扔到了路边。

女秘书长

否极泰来。

在会理县城，我们终于可以不用等着给腾房间，这个宾馆房间足够多，唯一的缺点是房间在5楼，没有电梯，不过对于我们来说，这已经很满足了。报社传来消息，交稿的时间往后推延了，我们的采访时间宽裕了很多。

到西昌，戴敦峰说他发烧了，他自己说多半是过皎平渡爬山的时候吓出来的。老赵真会凑趣，这天下午2点，他竟然安排采访徐向前的女婿张元生。徐向前的材料是戴敦峰准备的，他跟了半个月，才约到这一个采访，如果爽约，只怕再约就难了。没有办法，只有我顶了。

我虽然之前看过一些徐向前的资料，但对他的家庭了解极少，我甚至连他有几个女儿，张元生的夫人究竟叫什么、做什么工作、在家排行老几都不知道，这样去采访真是两眼一抹黑了。

好在张元生是个外来的女婿，他对岳丈徐向前的了解并不多，更多的是谈他自己如何走进这个红色家庭，我总算还蒙混过关了。

情况一天一天好起来。我们解开了一个大结。

这一天，我们到了冕宁县。站在当年刘伯承和小叶丹结盟的彝海边，凉风袭人，我们和负责后勤的组委会副秘书长唐莹搭讪，而这一搭讪却解决了大问题。

她知道我们4个男人是南方周末的，觉得很奇怪："你们车上怎么没有女记者呢?"

这让我们觉得很奇怪，因为我们的车上已经很久没有女人了，更不用说女同事了。

"你们的那个女记者很讨厌，在禄劝还骂了我。"唐莹似乎很生气。

搞了半天，我们才弄明白。在禄劝，有一个云南当地的女记者因为要拍照，被唐莹拦住了，那个女记者自称是南方周末的，把唐莹数落了一顿，唐莹就此和南方周末结下了梁子："我当时就下了决心，你们南方周末敢骂我，我就不管你们，让你们自己解决。"

幸亏我们找唐莹搭讪，才解开了误会，她答应从这天开始，帮我们解决好后勤问题。唐莹也是彝族人。看来彝海真的是一个适合结盟的地方。我们一边后悔和唐莹搭讪得太晚了，一边后悔没有早点发现，否则就可以把那个女记者拎出来教训一顿了。

事实证明，解开这个梁子，搞掂这位女秘书长，好处是大大的。这天的晚上，我们在石棉就享受到了自己人的待遇：早已安排好的房间，免费水果，甚至连全套洗漱用品都准备齐整，不需要自己花钱。我们终于明白了，为什么我们一路上这么累，而那些人就那么轻松，有人照顾没人照顾就是不一样啊。

节外生枝

到了石棉，我们算是找到了队伍，结束了无人管的“弃儿”状态。我们发现，原来不少计划中的采访对象已经离开了队伍，不可能再回来了，比如刘伯承的儿子刘太行、贺龙的女儿贺晓明、左权的女儿左太北，还有人明确拒绝了采访，这实际上意味着我们的采访任务又减轻了。

对我来说，一个新的任务已经在等着我。

这天晚上 11 点，我突然接到了李红平的电话，他说最近拍卖狩猎权的事情闹得沸沸扬扬，有消息说四川雅安市宝兴县有个国际狩猎场，运营了很多年了，宝兴离石棉不远，想派人去采访一下，本来打算让成都站的向郢去的，不巧的是，她正好在北京。他问我有没有兴趣。

老实说，我当时兴趣不大。这天已经是周五了，马上就是周六、周日，单位都休息了，周二就必须交稿，时间相当紧张，而事情又未必重要到那个程度。而且，我需要离开还没真正开始享受的队伍，开始一段新的苦差。这真让我依依不舍。

不过，每一个和李红平通过电话的人都可以想见，电话那头李红平的语气是那么的诚恳，拒绝他是非常残忍的。我答应他先看看是怎么回事，晚上 12 点以前做决定。

宾馆里没有宽带，电话被掐断了，想拨号上网也不可能，只好走出宾馆，找一个网吧。这时候，白天还是晴空万里的石棉城已经电闪雷鸣，山雨欲来，穿城而过的大渡河水流湍急，上游已经开始下雨。雅安号称“雨都”，突然下雨是司空见惯的。

冒雨找到一家网吧，这里的规定是网吧晚上 12 点关门，留给我的上网时间只有 20 分钟。我很快地在网上浏览了一遍，终于搞清楚了怎么回事，找到了宝兴的位置。宝兴和石棉同属雅安市，从石棉往东 150 公里到雅安市，从雅安市折向北 70 公里到宝兴县，从宝兴到那个狩猎场还有 30 公里，虽然总共只有不到 300 公里路程，但却全是山路。如果我一个人行动，我需要倒两回车，一整天才能到目的地，而且到当地之后不能保证马上找到采访对象，甚至连找到一个像样的旅馆都很困难。

从网吧回宾馆的时候，已经开始下雨了，大渡河的水流更急，涛声更响，我的脑子里转个不停：

首先，去不去宝兴？如果去了宝兴，不但意味着我不能看到泸定桥和夹金山,更意味着我可能失去这一路上进行采访的机会。这时候我还有罗东进、粟戎生没有采访，任务只完成了一半。而如果我不去宝兴，不知道“可怜”的李红平从哪里去调记者到这样的偏远山区来，南方周末可能会在这次的狩猎权争论中失声。考虑到这几天重走长征路的行程主要是翻山赶路，很难有机会在一个地方停留一天，估计这期间安排采访的可能极小，最后，我决定还是跑一趟宝兴。

其次，怎么去宝兴？从石棉坐公共汽车到雅安，再从雅安坐公共汽车到宝兴，到宝兴之后包辆车去狩猎场，这是我设计的路线。但是就凭那个狩猎场在夹金山麓，就可以想见当地的交通状况肯定很差，而且在采访结束之后，我还必须赶去和重走长征路的队伍会合，继续那个采访，如果没有交通工具，将会非常麻烦。我能想到的最好的办法是让汪师傅开车跟我走，让戴敦峰和王轶庶挤上重走长征路的面包车。

午夜12：30，我把我的决定告诉了李红平，决定去一趟宝兴。回到宾馆，我又把这个决定告诉了戴敦峰。大家一致决定分头行动。

最“简单”的采访

8月12日早晨8点，我们在石棉分手。我和汪师傅出发去宝兴。雅安号称“雨都”，一路细雨绵绵，山路也是蜿蜒崎岖，鲜有村镇，给人走不到头的感觉。不过对于汪师傅来说，自从翻过皎平渡和会理之间的高山之后，这样的道路已经不算什么了。下午1：30，我们才赶到雅安市。吃过午饭，我们边问路边赶路，下午4点多，我们终于到了宝兴县城。

关于这次采访，我最先想到的采访对象是狩猎场工作人员、林业局分管工作人员、狩猎场所在乡的有关负责人。如果能够按照狩猎场留在网上的招商电话找到这个狩猎场的场部所在地或者负责人，并且以正面宣传的名义得到他们的信任，这样的采访可能会比较顺利。我存有一丝侥幸的心理，那就是我的采访对象极可能是个工作狂，这样他就有可能在周六这天仍滞留办公室加班或者上网。

不过，几个电话一打，我大失所望。网上所留的那个电话打通了，对方说根本不知道什么狩猎场；打林业局野生动物保护股的电话，没有人接；打林业局办公室电话，有人接，但那人说他是装修的小工；打通了狩猎场所在乡政府办公室的电话，对方说狩猎场跟他们没有关系，也没有所谓的场部，他们也不知道这个狩猎场谁负责，实在要找就去问林业局。

我决定不管三七二十一，先去林业局踩个点看看。宝兴县城极小，城南到城北不过一两公里。林业局由两栋楼组成，旧一点的楼有3层，挂着办公室、野保股、林政股、局长办公室等牌子，新一点的楼则挂着醒目的警徽，看起来像是派出所，估计是森林公安办公的地方。

旧楼所有的办公室都锁着门，一个个窗户看进去，办公室里大多十分狼藉，好像许久没人来过一样。一楼的过道里有个宣传栏，里面贴着每个工作人员的照片，标注着职务，我注意到了其中的局长佐琳、野保股股长二级警督高华康（后来知道，对于高来说这已经是过去时了，他现在是一级警督）。新楼的办公室也一律锁着门，不同的是它们都是防盗门，而且办公室里比较整洁。

看到没有人，我准备离开，走到门口，想想又觉得不甘心。回头再看看旧楼，突然发现二楼野保股旁边一间办公室的门开了一条小缝，而这个门刚才还是锁着的，这说明里面有人。我赶紧上楼，敲门，过了很久，门里才有人怯生生地问："谁啊?"开门的是个中学生模样的小男孩。原来，他正一个人关在办公室里玩电脑游戏，极有可能是林业局某个工作人员的小孩，而他以为自己来玩电脑被发现了，显得十分胆小和心虚，这让我有了心理优势。我问清楚没有大人在办公室里之后，就对这个小孩说："你忙你的吧，我来找个材料。"说着就进了办公室。

这个办公室其实是里外两间，小孩所在的是外间，挂着林政股的牌子，里间也有个对外的门，挂的正是野保股的牌子。办公室里相对放着两张桌子，桌面上堆着报纸和文件，看来有人在这里上班。墙上贴着一张林业局和各乡林业站工作人员的联系方法，而这正是我所要的。我掏出本子记下了佐琳和高华康的家庭电话和手机，想想又不放心，又掏出相机把整个通讯录拍了下来。

走出林业局大门，我立即给佐琳打了个电话。我告诉他，这次来主要是了解狩猎场的运营情况，让大家了解狩猎场，消除大家对狩猎的误解，同时也宣传一下宝兴狩猎场。佐琳似乎非常开明，他说他正在雅安，不在宝兴，而且本身对狩猎场的情况也不清楚，让我5分钟后直接找高华康，他会给高华康打个招呼。

5分钟后，我给高华康打了电话，他果然已经收到了佐琳的招呼。又过了5分钟，他出现在林业局的门口。我终于见到了这个宝兴国际狩猎场唯一的运营者和全程亲历者。

这是一次典型的找人过程。这个采访还算顺利，因为这个采访对象很简单，他希望的是日后发稿的时候能带上他的名字，这样他就不仅可以得到本报的稿费，而且可以凭样报和汇款单，去上级部门那里领到相当于稿费 3 倍的奖金。

如果和尚和元勋子弟们也这样想就好了。

结束了宝兴的采访，我们赶到了成都，在那里完成了重走长征路的全部采访，戴敦峰和王铁庶陆续飞离成都。汪师傅需要把车开回广州，其中必经的路段是重庆—宜昌，而这一段路全是山路，不仅道路条件差，而且据说民风剽悍，饶是当过兵的汪师傅也觉得害怕。他担心路上万一出了交通事故或者车辆故障之后无人照应，我只能陪同他走过这段山路。

从成都到宜昌，我们整整开了两天。路难走，人也累，不过很轻松。

（相关报道：《高僧再度西行：文化交流不是作秀》，《南方周末》2006 年 8 月 3 日；《元勋子弟集体亮相　长征路上口述历史》，《南方周末》2006 年 9 月 14 日）

9岁儿子指导我写稿

□刘鉴强（南方周末新闻版块）

我收拾好行李，与儿子道别时，9岁的牛牛问："爸爸，你要是写出来，那个小女孩儿会不会看到？"这让我一惊，是啊，如果让她看到，不就戳穿一切了吗？

《一个囚犯的"伪研究生"生涯》发表后，我收到一位朋友的短信："给你发个父亲奖。"

我怔了一下——居然如此看透我！我做这篇报道的前前后后，一直想着一个问题：我们怎样做父亲？

编辑张捷告诉我，重庆监狱里一名犯人，为了不伤女儿的心，谎称自己在读研究生。狱警也帮他圆谎，并冒充学校老师和同学去看那个8岁的女儿。

"这稿子有意思吗？"张捷问。当然，这打动了我，我很想见见那个父亲，那个女儿。当我读研究生的时候，也与儿子南北分离，唯一的区别是我没骗他。

我立即联系重庆市监狱局。我有位小友，恰与监狱局的人是朋友。若不是有他帮忙，我做不成这次采访。那个三合监狱在大山里封闭了20年，从未接待过政法系统外的记者，后来他们6个警官陪着我在监狱里采访，接待我时之小心谨慎、战战兢兢，令我印象极深。

我收拾好行李，与儿子道别时，9岁的牛牛问："爸爸，你要是写出来，那个小女孩儿会不会看到？"

这让我一惊，是啊，如果让她看到，不就戳穿一切了吗？

我抱住儿子的肩，说："不会的，她不看《南方周末》，她的家里人也不会看，他们一家人也不上网。”

儿子放心地点点头，我自己却不像他那样相信我的话，一边去机场，一边想着儿子的问题，如果《南方周末》的报道把事情放大，我怎么能肯定不会伤害那个孩子？

当天晚上赶到长江边的万州，两个女狱警陪我吃饭。其中那位母金玲警官，曾冒充老师去看望囚犯的女儿，她说第二天带我去监狱，见那名服刑人员。说完，她就不再怎么说话，后来知道，她对我充满疑虑。

我说的关于采访的第一句话，就是转述我儿子的担心：我们会不会伤害那个小女孩儿？

这句话得到母金玲强烈反响，她大声说：“你说得太好了！我最担心的就是这个，我们千万不能伤害这个小孩子。她的父亲失去自由，做爸爸的能为女儿做的唯一一件事，就是保守秘密。”

儿子的提醒为我获得了这位关键人士的信任。当然，这不是什么采访技巧，而是从心里流出来的。很快，我决定放弃采访那个孩子，因为采访有可能让孩子起疑心，而且，我有强烈的心理障碍：我不想以一个偷窥式的记者眼光，来面对一个纯洁无瑕的孩子。如果换了是我，我愿意儿子来面对一个记者吗？我宁愿让我的报道留一个瑕疵，也不想让自己的心里再添不安。我已经在怀疑我是否应该做这个报道。

第二天去了监狱，虽然监狱里充满了我感兴趣的东西，而且见到了那名父亲，但都无助于令那个单线条的故事变得丰满深厚。父亲爱护女儿，这是天经地义，别说是撒谎，就是为儿女死，世上又有多少父母犹豫不决？

最后我将注意力放到那些狱警身上，想探究那几个对囚犯铁着脸呼来喝去的狱警，为什么甘愿帮助囚犯。其中一位狱警张成俊负责批改小女孩寄给爸爸的试卷，并代替囚犯给孩子出题。

在报道中，我这样写：

张成俊批改小乐乐的试卷时会想到自己的女儿。他的女儿与王龙的女儿差不多大，他在监狱一值班就是一个星期，很少有机会给女儿批改作业。刚调入这里时，他的妻子也在监狱工作，夫妻俩同时值班时，远在两小时车程外的万州家里，就只留下小女儿一人。这一天，张成俊想让女儿自己呆在家里，他打电话鼓励女儿：“自己在家住一晚好不好？晚上把灯全打开，勇敢些！”

女儿答应了，到下午6点钟，天越来越黑，女儿终于忍不住，打通爸爸电话:“爸爸，我害怕。”说罢大哭。

2月3日，张成俊讲到此处，突然呜咽，落下泪来。

这是一个与我和那囚犯一模一样的父亲。我似乎找到了此文的核心。

当我结束采访，艰难地写作时，我才知道我是多么不适合这份工作。我喜欢硬硬的故事，就像一把大斧，可以尽情挥舞。可这个温情的故事，就像我儿子刚出生抱在我怀里时，软软的，令我手足无措。我很羡慕那些才华横溢的同事，为什么他们可以自由地驾驭文字?

沮丧之中我给儿子打电话，儿子也正不开心，我想转移他注意力，就说我在写稿子，想听听他的建议，怎么样才能不伤害那个女孩儿。儿子说：“你不要用她的真名字，也不要用她爸爸的真名字。最好哪个地方的人也不说。”

我说：“好的，就是这样。”

儿子说：“也不要说她爸爸的真实年龄。”

嗯，我儿子真厉害，我立即在稿子上删去了囚犯的年龄。

儿子继续问：“你写了那监狱什么样子吗?”我说是的，他说：“那女孩儿不是去过吗?她要是看到报纸，会认出来的，你不要写得太像，改变一下，当然写得太不像了，人家监狱的人也觉得不好，反正，你要写得有分寸。”

真的，这是我儿子的原话，以前我不知道他懂“分寸”这个词。

我把带有监狱特征的描写，删去了一大半。父子两人对话完毕，俱各欢喜，我静下心来完成稿子，最后一段是：

今年4月，王龙又可以减一次刑，如果不出意外，两年后，他就可以离开这里见到女儿。他出狱的那一年，这个大山里的监狱可能已废弃，许多狱警，就像张成俊一样，可以每天见到孩子，不必再担心孩子一个人关在家里。

发完稿子，我合上电脑，站起来就走。回家吧回家吧，大家都回家吧，孩子们等着爸爸回家。

（相关报道：《一个囚犯的“伪研究生”生涯》，《南方周末》2007年2月8日）

差点被日本遣返

——访日三题

□朱红军（南方周末新闻版块）

关于“歌舞伎町”。关于“游就馆”。关于“新闻自由”。

关于“歌舞伎町”

访日期间，我们抽空去了大名鼎鼎的歌舞伎町，冒雨前往。同行的访问团成员对于行程及采访提纲，多有异见，印象里只有两件事空前一致，一是靖国神社，另一就是这歌舞伎町，而且表现出了超乎寻常的积极性和克服艰难险阻的耐心。

第一次去，是到达东京的当天，我们在蜘蛛网的地铁线路里打转，辨别“歌舞”的汉字，居然摸到了地方。第一感觉是繁华，乍看上去和上海南京路有点像，看不出暧昧的迹象，因为雨天，人丁寥落。

一位同行，固执地喜欢在腋下夹一皮包，类似于中国乡镇干部专用的那种，而且大腹便便，结果我们一进街区，就有一年轻的黑人上来招呼，“Chinese Chinese”。我们很是尴尬，颇觉有辱国体，事后，大家一致认为，是那个该死的皮包露了馅。

我们一路“Thank you”过来，佯装无心闯入状。有一年轻的小伙子一直跟着我们，主动给我们撑伞，热情地问候，我们就把“皮包”推到前台，嘻嘻哈哈说，这是我们处长，来日本考察民情的。

小伙子是东北人，右耳有一耳钉，长相英俊，自称是留学生，晚上来这里拉客打工，月收入 20 万日元，完成任务量后再提成。

和别人不一样，他闭口不提生意，像是导游一样给我们介绍情况，此种耐心的营销方式颇得我们好感。

大街上冷清，许多店面在打烊，各种色情海报公然张贴着，还有一些小店面，店招上是 Free 的字样，我们想不通，这种地方什么会是免费的呢？

原先想象中的纸醉金迷、红男绿女的情形并没有，悻悻而归。有一中国皮条客追着我们的背影，浪声喊道："来啊，给咱中国人报仇。"

过了两天，遇到当地一位华文媒体的朋友，闲聊起我们的失望后，他很不以为然，提醒说，你们应该周末去。

离开东京的前夜，恰是周末，我们再度奔往这资本主义的繁荣所在。

此景非彼象，人流如潮，霓虹绽放，我们前次去的只是很小的局部，整个歌舞伎町，据说色情店足有 500 家，这还不包括楼上那种没有店面的。我平生第一次进成人用品商店，竟是在异国。当街一电视内，正播放着最新的日本 A 片，女主角娇喘连连，路人则兀自赶路，视若无睹。几位制服装的 OL（办公室女郎）正在挑选东西，边拨弄，边议论，神闲气定，似在超市买化妆品一般。倒是我们这些陌生人，脸红脖粗，屏气凝神，像是进了大观园。具体物品在此就不一一细表，以免有教唆嫌疑。

那些 Free 店，也终于鼓足勇气进去观摩，原是类似房屋中介的服务中介店，四面尽是服务小姐的照片和简要资料，或装订成册，或做成卡片，可免费取阅，甚至还有书店里常见的热烈推荐榜单和新书栏，三围、国籍、工作时间、擅长项目一一列明，若顾客有意，可向店家咨询，由店家帮你联系，不过这些就是收费服务了。

来往人流，穿梭不息，街道两侧多有驻足女子，不事张扬，安静地在原地抽烟或静默，断不见轻浮拉拢之姿态。我们刻意近旁观察，大多化妆得体，穿着亦不暴露，不少甚至一身职业装扮。我只能说，若不是在歌舞伎町，又和银座的 OL 有甚区别？

居然又碰到那个东北小伙，照样热情招呼，看似心情不错，愿与我们攀谈，讲了一番山口组之类的黑帮争斗，还有中国的潮州、东北派的势力，黑人的不讲规矩，扰乱市场秩序的乱象，说起中国游客常有光顾，总是花费冤枉钱，得到的却是中国小姐的服务，还说，日本小姐一般不会接待中国客人，"因为民族自尊"……

告别的时候，我们给了他 1000 日元小费，他很是意外，说了几句体己话："大哥，这里看个新鲜就好了，要玩和国内没什么区别，何必花冤枉钱?”

我们互致哈哈，竟不知道该接什么话。

关于“游就馆”

傍晚的时候，翻译陪我们去了靖国神社。此前的行程，但凡提到参拜问题，外务省的官员多半会一脸正经地解释，神道是日本很正常的信仰，右翼在日本民间其实影响很小，日本并没有脱离和平宪法，等等。

但是真的到了靖国神社，真的留心察看一切，即便如我这样自认为绝非愤青，也会心中陡生不快，然后是郁郁的厌恶，再到挥之不去的忧虑。眼前的日本究竟是个什么样的日本？它正在往哪个方向去？

游就馆在靖国神社旁边，是日本新建的军事历史博物馆，大抵回顾了日本由古及今的战斗历史，无所不包，但及至20世纪，内容开始简略，待到所谓的大东亚战争部分，几乎可堪寥寥几语了，语词也极尽模糊，只有熟知这段历史的中国人才能从表面的介绍之里，努力获悉当时的战争，而倘若是一个外国人，一个日本的小孩，恐怕是很难了解，那场战争曾经是个什么样子，曾经带来了什么样的后果，无论是对日本民族还是对东亚国家。

甚至，战后东京审判一系列试图恢复国际秩序的内容竟只字全无，我问一旁的日本翻译，她都只能抱以尴尬的微笑。

想来，那样的内容，是无论如何也找不到讨巧的表述进行虚化的，所以干脆只字不提。

倒是馆外，有了一点相关的提示，一尊当时参与东京审判的印度大法官帕尔的塑像，新立不久。日本翻译告诉我们，这是当时审判中，11位大法官中唯一对审判结论提出不同意见的法官。他当时认为，东京审判有战胜国强加意志的企图，并坚持认为28名甲级战犯无罪，其中一个狗屁论断是：按照刑法原理，犯罪必须有犯罪者的“犯罪意识”，个人参加战争是不可能有犯罪的意识的。

印度法官塑像的另一侧是神风敢死队的塑像，高高在上，以英雄的姿态矗立，不时有人低头致意。还有日本当时的战马，甚至战犬都被做成塑像，供人参拜。

在这里战争更多是被视为塑造英雄的所在而被纪念的。

外务省一官员和我们交流时曾提及中国人对靖国神社的一处误解：神社里其实并无甲级战犯的牌位，只是个名字被合祀而已。

但是在游就馆，我分明看到一排排当年在侵华战争中的日本士兵的遗像，被整齐划一地供奉在四周的墙上，可以找到东条英机等28名甲级战犯的照片，甚至还穿着那令人愤懑的军装。

在游就馆为游客留言准备的小册子上，我只是随意翻阅，就看到了太多“狰狞”的字眼。“日本帝国万岁！”“修改和平宪法”“向国家的英雄敬礼”等口号，显然不是很少的部分。

日本人和中国人不一样。中国人参拜神灵时，喜欢把心愿念在心里，佛会知道。而日本人喜欢写在纸条或木板上，并且留在神社两侧的木架子上。我又随机查看了靖国神社两侧的这些心愿记录，很遗憾甚至气愤的是，“日本帝国万岁！”“修改和平宪法”“向国家的英雄敬礼”等口号再度出现。我还能确定，并不是少数。

靖国神社的环境很好，绿树成荫，甚至还有象征着和平的白色鸽子在四处分飞。我也看到不少日本游客耐心地在喂着鸟食，甚至许多青年就躺在树林里的条凳上看书、休息，这理应是多么和谐和静谧的场所，而我看到的却是，那些潜伏在幽静中的幽灵，鬼使神差地阴魂不散。

而且我还坚持认为，我的这些感受已经足够礼让和谦逊。

关于“新闻自由”

面对中国的记者，日本人喜欢宣称自己的新闻自由，外务省的一官员甚至不无戏谑地问我们，“你们是不是政府的公务员啊？”

有两件事也的确让我觉得在此方面的好处。一是，逗留东京的第二天，当地一居民家中的热水器因为产品质量发生燃气泄漏，致人死亡。当天晚上，几乎所有的电视台和报纸都在显著位置报道此消息，并且批评严厉。我在想，这发达国家看来昌明已久，这点破事发生在中国，最多是报纸的边角料。更意外的是，次日便在电视上看到了，该热水器厂商的高层，在新闻发布会上一字排开，低头谢罪，并且有人引咎辞职了。乱哄哄的场面里，可以听得见新闻记者咄咄逼人的质问，那些肇事者低头敛目，一言不发，不停地说着“对不起，对不起”，像是犯了错的小孩，正受家长呵斥。

第二件事，是在外务省的大厅，我们从中国课出来，便见一大群长枪短炮围着两个西装革履的官员，同样是低头敛目的模样，很温顺地回答着各路抛来的问题，脸上看不出一丝跋扈或倨傲的神情。翻译告诉我，这两个地方长官因为出台一项有争议的措施，被外务省专门拎来，回应媒体的质疑。

基于这样的初步印象，我对自己正在筹备中的采访，颇觉信心。因为外务省的行程安排索然无味，我在国内联系了前首相羽田孜、日本共产党党首、民主党党首采访，并得到应允。

和羽田确认具体时间后，我发现此时间与第二天行程有冲突，基于在国内的惯例，我完全可以届时以病推掉外务省的行程。

但小鸣提醒我，既然受邀前去，理应本着坦诚的心态和对方直接交流，记得他和我的判断一样，外务省会答应的。

结果却出乎意料，我和中国课的田中直接说明后，电话那头的她显然不悦，带有抱怨的语气说，“你们怎么都这样，中国的记者怎么都这样”云云。

我理解她的苦衷，她说，外务省和各单位协调安排活动不容易，而且安排之细已经落实到记者人数，不去会令对方不快，外务省以后再安排类似活动就有困难。

这说法，我相信，连日来，日本人的仔细和对程序的要求苛刻，令我深有感触，在我们到来的一个月前，就已经把行程细分到几点几分、车到哪儿接的地步。

我还颇觉内疚，但还是选择了坚持采访的请求，她说要请示领导。我还在想，为难归为难，想来还是会同意的，毕竟我们算是受邀请的客人，而且其他同行都还在坚持岗位呢。

晚上，中国课请我们吃饭。落座完毕，濑野先生直截了当地对我的要求表示了拒绝。我以为他会以商量的口吻再重复田中的苦衷，没想到的是口气之强硬令我措手不及。

我有点被激怒了。他说：“这是我们课长的意思。”我回敬道：“我的采访是我们报社的任务，我只听我们报社的安排。”他感觉到我的不满，终于说出了让我极其失望并气愤的话：“你们是我们邀请的，应该听我们的安排。如果你执意要采访，我们第二天就会送你回中国。”我记得他说了遣返的词，旁边的同行按住了我，示意我忍一忍，替僵持的局面打圆场。

整个宴席上，我不作言笑，就是要把我的不满写在脸上。

小鸣得知后显然也很意外，在请示了报社后，对我说：“坚持采，大不了我们自己花钱在日本。”

我很是鼓舞，当天晚上甚至收拾了一下行李，以便真的自寻住处。

更讨厌的事情发生了。第二天，田中给我电话，说：“外务省和羽田办公室联系了，羽田先生表示此行已经不方便接受采访。”

事已至此，别无选择。后来编辑部给我电话，嘱托我，以大局为重，避免正面冲突。我给田中去了电话，故作缓和地表示，既然如此，只能放弃采访，后续行程还是照常参加。

但我还是委婉地表示了抗议，对中国课所谓的遣返一说，表示了不满，我问她："如果我真的去采访了，外务省以什么理由送我回国呢?"

这位可爱的女外交官，还算识时务地表示了歉意，希望我能理解。一场风波算是暂时停息。

后来我知道，小鸣和报社，为了这事，专门和日本大使馆进行了接触。日本的公使井出也表示，对自己外务省同事如此言行"不理解，有些小题大做"。

后面的几天，中国课的外交官有意安抚我的情绪，我很明确地和他们说："既然如此，行程之外的时间，我希望不受贵国干预。"

所谓吃一堑长一智，后来见报的日本共产党党首的采访，就是我在中国课不知情的情况下，私自行动的。原本的安排是观赏歌舞伎表演，我中途以有事为由，推了。他们大概也识趣了很多，没有多问，也没有再设障碍。

两天后，我看似情绪平复了，又和日本的工作人员嘻嘻哈哈起来，他们才对我说了真实的苦衷：国内正在大选，自民党和民主党正斗得厉害，而我要采访的羽田恰是在野党的重要人物，外务省不愿意我们的报道增添对自民党不利的因素。

我顺势感慨了一句："贵国的新闻自由也是有限制的自由啊。"他又有些尴尬。

（相关报道：《走访日共中央党部》《我们要保卫自己的阵地》《"日共"关键词》，《南方周末》2006 年 8 月 24 日）

城管“英雄”，小贩“凶手”？

□赵　凌（南方周末新闻版块）

想改变不对等的报道

接到编辑的题目是在此事发生近两周后。而两周前，我是在北京728路公交车的移动电视中知道此事，北京海淀区城管副队长李志强在强行执法时被小贩崔英杰刺死。当时很麻木，和大多数人一样。电视节目通过短信向观众征集你如何看待城管的工作，直到我下车，主持人阅读的短信都在说城管该管、小贩可恶。

我觉得恶心但又没脾气，相信这个美女主播一定是过滤了新闻，要么北京市民就全都是弱智或者官僚，或者短信来自全京城管之手。

全城都在赞颂那个被杀的城管。当时我为那个小贩只想过一下下，这个世界又有谁理睬他呢？念头仅止于此，没有想到我要去理睬——事后想想，记者的新闻敏感何尝不是这样衰退的。

后来接到编辑李小鸣电话时，我是排斥的——事情都过去那么久了。小鸣在北京出差时看到了这个新闻。（我很惭愧，难道是只缘身在此山中？）但他的思路让我感兴趣：看两个身份对立的小人物是如何走到一起的，描述一下两个人一星期前或者一个月前

不料他来了一句：都是杀人犯了，这样的人不帮也罢！我当时就火了——崔英杰把你当老大哥，你对自己的兄弟就这么无情无义！——我不想在他身上浪费时间了，我痛恨这样的男人。他突然低声开口了：那你想问什么嘛？

的各自生活。(后来把它回溯到了更远。)

这个想法打动了我也拓宽了我，因为，此前我只关心那个小贩崔英杰，同情他甚至支持他。我想改变不对等的报道——一边大张旗鼓，一边静寂无声。我个人不愿意看到城管李志强瞬间变成英雄，尽管从结局看，他也是个受害者，但我本能地反对他们这群人。看到和听到过太多他们野蛮兽性的执法，那场面愤怒到让人发指，所以我对李志强毫无好感，连他的名字都讨厌。

采访

我和实习生郑焰进行了简单分工，她做李志强，我做崔英杰。郑焰的采访十分顺利，因为海淀城管方面设立了报道组，专人负责安排媒体采访，记者想见谁见谁，多数行程由他们的宣传处长陪同。

寻找崔英杰的信息并不算顺利，因为公开信息非常有限，只有名字、籍贯以及曾做过保安。我通过内部关系希望帮忙查找崔个人信息、老家住址电话等等，但未果。后来想起几年前采访认识的一个保定律师，告诉他崔的姓名，让他在保定公安局户籍科查找信息。半天后，律师告诉我查到三个崔英杰，一个女的，一个40多岁男的，剩下一个很接近我的描述。心里非常高兴，终于知道他是保定哪县哪村人了——找到这个再找到他们家就非常容易了。

去了现场，和周围摆摊设点的小贩询问当时情况，所有人几乎都知道那天的事情，但对崔的其他情况却一概不知。转了半天后，碰到一个收墨盒的，他告诉我崔就在身后科贸商城上面的KTV做保安。得到这个消息，我高兴坏了!

KTV占据了大楼整个8层，下午时分空旷萧条。我看到两个站在侧门口的年轻小伙，认定他们是保安。他们一直吞吞吐吐，知道崔的事情却不愿多谈。其中一个说，故意杀人，再说也没有用了。我马上以自己浅薄的法律知识胡诌:“还不能肯定是故意杀人，要看情况，也可能是故意伤害，或者妨碍公务。”这两个年轻人和崔一样痛恨自己的老板，四个月没有拿到工资，心里火气很大。我就从这一点突破，说服他们配合，为了崔也为了他们的工资。

两个人答应帮我去保安处查崔的入职底档，上面会有崔家里的联系方式。后来发现底档已撤，白搭。让他们回忆前同事，他们仍有顾虑说不熟，推我去找另外一个已经离职的同事。

但其中一个小伙告诉我，崔在卖烤肠后，就在大楼后面租了个小平房。

我提出带我去看看，他犹豫了一下答应了，说等他下班。这个时间我打车去找他们推荐的那位同事，此人刚刚到另一个夜总会工作，当年是他介绍崔英杰来那家KTV做保安。电话上他拒绝，说了几分钟后答应了。

在电话中神秘地变化了两个见面地点后，我们终于见面了。他是和崔认识时间最长的朋友，是崔的老大哥。我预想他会告诉我很多崔的事情，但他事不关己的样子让我意外。他说，不想跟崔有什么关系，也害怕记者找他，现在这份工作很好，不想被影响。我说，你是最有可能帮助崔英杰的人了。不料他来了一句：都是杀人犯了，这样的人不帮也罢！我当时就火了——崔英杰把你当老大哥，你对自己的兄弟就这么无情无义！——我不想在他身上浪费时间了，我痛恨这样的男人。

他突然低声开口了，那你想问什么嘛？

这个肌肉结实但心眼极小的男人说了一些，但仍留了一手，他没有告诉我崔英杰老家的电话，说真的不知道。（事后证明他在撒谎。）

我回到KTV等那个保安下班，看这些一米八以上的帅小伙说笑着交班，他们已经四个月没有拿到工资了。那个带我去看崔英杰小屋的保安是他们中间最帅的，话很少，眼睛像费翔，但眼神又是梁朝伟的。他推着自行车，我在路上问了问他的经历。这个人后来就是我文章中的胡天（化名），因为他是湖南人，天蝎座，我就给他起了这个名。他是对我帮助最大的人。

我蹲在地上和崔英杰的邻居们聊天，除了房东，其余都是外来打工者，在中关村做小买卖，和崔一样。聊了很长时间，天已经快黑了，我才发现胡天一直扶着车子陪着我。我连说抱歉，说你先回家吧。他却从裤兜里掏出手机来说，你记一下崔英杰他爸的电话吧。很酷的一个瞬间。我没有问为什么现在才给我，你知道我一直在找。我心照不宣微笑记下来。

结束了，一起去吃饭吧，我请你。胡天说不用。我说我也要吃，算是陪我。在路上他告诉我，他和崔曾经是同屋，是好哥们，崔英杰每天是怎么过的，他都知道。

那天晚上，我特地请他吃一顿最好的湖南菜。看到眼前这个仪表堂堂，几个月没有拿到工资，每天就吃一顿饭的男孩子，心里特别特别难过，那感觉好像父母突然看到正在受苦却默不作声的孩子。

我们在天外天烤鸭店里点了剁椒鱼头、红烧肉和肉末酸豆角，两瓶啤酒。喝了两口啤酒后，他突然说：我见了崔英杰最后一面。天哪，这个“梁朝伟”总是那么酷那么能给我惊喜。我当时在感慨，获得一个人的最终信任对记者来说，真是一个有点长也有点奇妙的过程。

在这个晚饭中，胡天说了比我想要的多得多的有关崔英杰的话，他理解他的兄弟，为他难过，也为自己难过。

我马上跟崔父通了一个多小时的电话。准备周六去崔老家，但颈椎缘故，头晕，路都走不直，去医院。后来只好让郑焰代我去出差。这个稿子，她很努力也很辛苦，真的很感谢。

写作

动笔之前，就构思好走两条线，背景和现实穿插，两人故事穿插，最后在相遇冲突那一刻达到高潮。这是我理想的设计，但从后来的结果看，目的基本达到，但未能完全实现，有遗憾。主要的原因是：一、不少地方转切仍显生硬，可以更流畅一些。二、时间紧，周二中午开始写作，加之颈椎痛苦，当时真希望电脑能置于天花板上，一直仰头写字，晚上突然腹泻，文章的最后部分是在马桶上完成（见笑）。总之当时坐立不安，苦不堪言。三、后期编辑对一些关键时间点的处理和一两个重要背景的删除，给阅读造成坎坷和突兀感。

文章为了顺利发出来，经过了较大删改。特别感谢同事向郢，在第一时间给我打来电话，坦诚讨论这个稿子。她很仔细地看了文章，看懂了我的用心，看到了我的用力，也看出了我的力所不及。有这样推心置腹的讨论真好！

文章出来的当天晚上，接到了三个电话要为崔英杰做无偿辩护，这正是我想要的结果。更奇妙的是，三个律师都是圈子里的朋友，都是公益律师，也都是我的朋友。不谋而合，那种志同道合感觉兴奋得让人直想喝酒。

10 月 31 日，法律圈为此案开了专门研讨会，探讨城管执法的合法性问题以及城市到底如何治理。

（相关报道：《城管副队长之死》，《南方周末》2006 年 9 月 14 日）

附

城管副队长之死

一个工作认真、为人和善的城管干部，倒在血泊中，倒在执行公务的路途中……

时隔一月之久，胡天仍然难忘8月11日那个混乱下午人群散尽后的两个镜头：路边积水已被染成黯黑，那是城管李志强咽喉喷射出的鲜血；还有崔英杰含泪的眼睛，脸色苍白的他跑回公司楼下，躲在角落小声对胡天说，“我杀人了。”

胡天是崔英杰的同事，都在北京海淀区科贸大厦8层的“名柜”KTV做保安。

当天下午6点，白色的被单覆盖了37岁的李志强。医生说，他的大动脉和气管破裂，一段刀刃还留在里面。老同事金玲当晚赶到医院，看到死后的李志强还睁着眼睛。

在同事们的记忆里，身材魁梧、圆脸、戴副眼镜的李队长是个性情开朗、处事周全的人。他爱看《中国国家地理》，平日里常跟同事商量着节假日出去旅游。但因为城管工作忙，节假日总轮班，这个愿望总也没实现。

李志强的同事忙着为他准备追悼会 CFP/图

改变

凶杀案发生前一小时，崔英杰的父亲帮儿子在竹签上穿好肉肠，看着他推车出去。儿子的这辆三轮新得扎眼，这是他从同事那里借钱买来的。崔英杰也曾想把这新车卖掉，换辆旧三轮，可没人想要，大家都知道，新车若被城管收去，不划算。

在10天前，崔英杰已经损失了一辆三轮车。和三轮车一起消失的，是他刚发的5月份工资和钱包——崔英杰自己也搞不清楚，钱包是他和城管争执的时候被小偷摸走了，还是搁在三轮车上被一起收掉了。

李志强是北京海淀监察大队的副队长，三个月前正式到任。他的职责就是治理摆摊设点的小商小贩。中关村人来人往，是他工作的重点，也是难点。

2005年底，李从北京万寿路监察分队借调至海淀城管监察总队，2006年5月正式担任海淀城管副队长一职。在成为城管之前，李志强做过宾馆服务员，还在一家公司做过宣传干事。1996年，他在中央党校拿到大专文凭。第二年，通过公务员考试才进入北京万寿路街道办市容所。

2006年8月11日下午4点20分，小雨中，海淀城管的车队来回在中关村海龙电子城前兜着圈子寻找目标。这是北京联合整治行动的第三天，李志强习惯性地坐在副驾驶位。

崔英杰出事，让崔家陷入了极度的悲痛之中。崔父面对崔英杰从前的优秀士兵证书，掩面而哭泣

郑焰/图

此时，崔英杰刚刚停好三轮车，准备开始他一天的生意。周围摆摊的渐渐知道，这个新来的是科贸大厦楼上“名柜”KTV的保安。崔英杰体格强健，身穿白衫黑裤时，和出入科贸大厦的白领没有区别。他在“名柜”KTV工作了半年，却已经连续两个月没有拿到工资。老板总是说生意不好，崔英杰也没办法。

李志强一步步走来，同事说他工作认真努力。崔英杰同样也是靠拼命努力谋生，只是他的路没那么顺利。“名柜”KTV是崔英杰在北京的第五或者第六份保安工作。2003年崔英杰以一个优秀士兵的身份光荣退伍，从山东济南回到了家乡。

那年年底，崔家收到了一封来自部队连长的信，信中说，崔在部队表现良好，还说他给部队广播电台写了几十篇稿子。崔父很惊讶，他一直觉得小儿子是个沉默寡言的人。2004年初，崔英杰在北京开始了他的第一份保安工作。每月500块的工资，管吃管住。每逢节假日崔英杰就帮人扛包挣加班费。之后辗转几个地方当保安，崔英杰期待能有所改善，但不知何故，每个地方他都呆不长久。

单调的生活

下午4点25分，天上还在飘雨，崔英杰和来自老家的帮工女孩支好摊子，油锅已经上炉。这是科贸大厦西北侧的马路边，自从上回被抄了后，崔英杰选择了这个看似安全的地方。这是这个女孩第一天“上班”，也是中关村又一个即将到来的周末。

8月初，崔英杰跟家里说烤肠生意不错，想找个帮手。崔父于是在前面村子里找到了一个正在放暑假的小姑娘。8月10日，崔父领着女孩坐长途车来到北京。崔英杰当时兴致很高，骑着那辆新三轮拉着两人在圆明园外面转悠了一圈。

4点30分，城管车向科贸大厦方向驶来。李志强职业性地左顾右盼。9年的城管生涯，李志强就是这样看似单调无聊地在这个城市里兜着圈子。

2004年崔英杰初来北京时，李志强已经在北京万寿路上来来回回跑了6年。万寿路街道是中央部委聚集地，李志强负责巡查西翠路段，是万寿路城管监察分队门前“三包组”组长。城管工作一般简单分成“三包组”与“巡查组”。“三包组”主要针对店铺，管理门前卫生、小广告、违章建筑、居民投诉等。而“巡查组”则更多对付无证商贩。和李志强接触过的西翠路“红番茄”餐厅老板李美玲说：“他很和善，即使要罚款，也是笑眯眯的，很有耐性。”听说李志强的不幸后，她和店员特地买了花篮去李家悼念。

每天8点，李志强骑着标志性的小摩托准时上班。八点半，当同事们来时，李志强已把办公室打扫干净，召集组员们开个会，分配一下当天的任务，便各自出发巡街去了。李志强父母的家也在他管理的区域。李父上下班，偶尔会遇见正在巡街的儿子，有时他会停下来看几眼。“只要他喜欢，我们就支持。”李父说。

事后谈起城管的工作，李志强生前的同事金玲满腹委屈：“我们管的是其他部门不愿管或是管不住的事情。有些事情，比如如何安置进京农民，这都不是我们城管可以解决的。”金玲至今记得，从1998年至2005年，每个清晨，朝她迎面走来的是笑眯眯的“李组长”。“城管总是被人骂，有时实在难受了，志强总对我说，姐姐，别人不理解就算了，您自己可别放心上。”

城管人员每日巡查街道的工作有些枯燥，KTV保安的工作也是单调无聊，每天从凌晨2点到白天10点，崔英杰的工作就是在八楼观光电梯口上坐一夜。胡天说，他们在这里实际上是被用来防止打架的，可是说实话，这个KTV开业一年来还没怎么遇上客人捣乱的事情。如果工资发放准时，每个月1100块钱的收入其实相当轻松。可是冲着工资而来的崔英杰干了四个月却只拿到了一个月的钱，仅有的那些工资还随着第一辆三轮车丢了。

尽管生活沮丧，崔英杰却从不哭穷，能说会道的他人缘极佳。一位同事说，只要大家坐在一起，他总是说话的中心。也许正因为此，在他走投无路的情况下，同样拿不到工资的同事们愿意借钱给他。实际上，连续三个月拿不到工资的崔英杰生活几乎难以支撑。胡天说，崔英杰每天就只吃方便面，后来连方便面也吃不起了，就去院子里的小卖部赊。

同伴们各自靠微薄的积蓄度日，期望着用乖巧的工作态度换回老板的奖赏，把工资发给他们。崔英杰没有可以依赖的资本，但他的脑子比别人活，于是就有了烤肠的主意。下午烤肠，晚上上班，崔英杰很兴奋这样的“人生设计”与“商业规划”。

相遇

这是北京市联合整治行动的第三天。距离联合整治活动结束的时间还剩下1小时15分钟，这意味着一个多小时后，城管队员可以松上口气，三天下来的倦怠也将随着周末的到来而缓解。

就在这时，崔英杰被发现了。城管车停在一个合适的距离，李志强第一个跳下车，向崔英杰径直走去……

37岁的李志强出生于一个优越的家庭。母亲是高级会计师，父亲是信息产业部的干部。李志强是家中独子，由于父母工作忙碌，李志强很小就学会挂着钥匙，照顾自己。798厂区的邻居们，很多记得那个小名“京京”、大眼睛、圆脑袋、性情开朗的孩子。

1983年，李志强念完了高中，却没有考上大学。他很爱看书，而且有绘画特长。那一年，崔英杰才刚刚出生，父母是河北保定阜平县平阳镇各老村的农民。崔英杰的出生并没有给这个贫困的家庭带来太多欢乐。家中四个孩子，最小的女儿是聋哑人。全家的收入都维系在三亩地上。由于家境贫困，崔英杰念完初中就辍学了。

李志强和同事走过来的时候，崔英杰正在专注地烤肠。城管人员说，这个地带，正常情况下一天赚两三百是很自然的事情。两天前城管人员刚在这里清理了一批新疆小贩。

也许是因为生意不错，崔英杰对凡事都乐观起来。“他说，妈不要着急，等过年我就能攒上钱了。到时候我们翻新一下房子。”崔母这样回忆儿子的打算。崔英杰家里的两间砖房是30年前盖的，屋顶不时往下落土。父亲要给他介绍对象让他早点结婚，崔英杰说，现在不行，等攒了钱，要大大方方地结婚。崔英杰喜欢过一个女孩，但没有表白，两人逛过一次朝阳公园。他只是向好朋友透露过心底的这段记忆。

李志强和同事来到摊前，面对忽然出现的城管队员，崔英杰措手不及。李志强封堵了崔英杰的去路，崔英杰不断挥舞着双手。“车子留给我，别的都给你们。”崔英杰喊道。一位长期在中关村收墨盒的摊贩看到了这个过程。崔英杰开始一直在央求，“求你们把车子留给我，就靠这个吃饭”。连说两遍都没有用，他的口气就变了——“我再说一遍，把车留下，其余你们拿走!”然而仍然无用。10多分钟后，崔英杰放弃了努力。

此时李志强正在队友的协助下，把三轮车抬到城管的卡车上。帮工的小姑娘还一直死死拽着车把。城管队员开始准备收队，这是三天整治行动中最后的战果。忽然，崔英杰再次从人群中走出来，他走过李志强，走向北京城管海淀分队副队长宋成栋。李志强看见了刀:“老宋，小心后面!”几乎是在刹那，崔英杰忽然转身，将刀子扎在了李志强锁骨与咽喉之间，血柱立刻喷射出来。

那一刻，崔英杰为何会行凶？没有人知道。

烈士和凶犯

手握刀柄，崔英杰向胡同深处跑去。11厘米长的刀片深深地嵌在李志强的身体里。宋成栋一把抱住李志强，按住伤口，但毫无用处，鲜血从指缝间汩汩涌出。宋成栋发疯地拦下一辆面包车，往海淀医院赶去。时值下班时分，交通拥堵，浑身是血的宋成栋跳下车，分散人群，开出一条道来。“我看到志强的脸色变了。”李志强模糊地喊了句“宋队”，一口血就从他口里喷了出来。与此同时，宋成栋感觉到李志强蹬了一下腿，瞳孔慢慢放大了。

在牺牲前的几个月，北京城管海淀分队副队长宋成栋一直和李志强住一个宿舍。“有时候午休，都不知道李志强什么时候进的宿舍。他不发出一点声音，分外心细。”李志强以前一直管的是门前三包工作，对无证摊贩不是很有经验，宋成栋便带着他巡街，熟悉情况。“坐商大多好管理些，无证小贩比较混乱，暴力事件也更多。李志强对这些人还不是很有经验。”宋成栋说。

此时，崔英杰的父亲呆在儿子租住的8平方米小屋里，却等来了满脸泪水的帮工女孩。那个晚上，老人忐忑不安地在北京火车站过了一夜，第二天回到了老家。他当时并不清楚情况的严重性，他觉得儿子是个讲义气的人，伤了别人一定会陪人家把病看好。然而，谁都没有想到，李志强死了。

位于翠微路社区的李家为儿子设了灵堂。悼念的人群中，李父见到很多老同事。老同事捶着他的背说：“老李，以你的条件，怎么能让孩子干这个。”“我没办法回答，真没办法。”言至此处，老人潸然泪下。

行凶杀人的消息很快传到各老村，突然的打击让崔英杰的父母双双旧病复发，卧床不起。2004年，崔英杰在北京林业部门找到了一份保安的工作。崔家人为此还吃了顿团圆饭，母亲觉得，儿子要去北京了，一定会有好的前程。眼下，崔英杰仍在海淀公安接受预审，因案件涉嫌故意杀人，按照法律规定此案将由北京市第一分院提起公诉。有律师介绍，等待崔英杰的很可能就是死刑或者死缓，无期徒刑就算是最好的结果了。“我听人说，那户人家是独子，我睡不着。想到北京看看，跟他们道歉。”崔父说，“英杰是正道人，他不会故意杀人的。如果他能活，我愿意让他给那户人家做儿子，照顾老人。”“我看到报纸上说，他（崔英杰）逃跑是想回家看父母，他怎么不想想李志强也有父母?”李志强的母亲眼里满是泪水。

9月16日，北京市政府第127次市长办公会议决定：批准李志强为革命烈士。有人为他建立了一个网上悼念馆，有不少人为他点上蜡烛。

崔英杰出事后没几日，他在科贸大厦附近摆摊留下的空当，已经被新的小贩占下了。但那一带的小贩又很快被清空了。海淀城管的工作人员说，他们已经在事发地附近设了专岗。

（赵　凌　郑　焰）

提问高强

□寿蓓蓓（南方周末新闻版块）

暴帆/图

见报当周的周日，高强在中央电视台直播节目“中国发展高层论坛”上，针对经济学家张维迎的提问说：“宿迁的问题，最近在南方周末，我有一个很长的记者访谈，这个问题我已经回答过了。”强悍一如既往。

3月7日晚上6点，接到卫生部新闻办来电：“请于明早8：45之前到卫生部，采访高强部长。”我看看表，此时距早上出发的时间只有13个小时。放下电话旋即开始联系出租车和摄影记者，搞定后凑合吃了晚饭，赶紧趴在电脑前狂写采访提纲，直到11点在老公的督促下休息。

采访前传

联系专访高强的难度远超过于幼军。高强，在医改焦点中炙手可热的卫生部部长，七年来未曾接受本报任何采访。去年10月李红平跟我念叨能不能访高强，我也只能说试试。

11月中开始着手尝试。简言之是双管齐下：先拜托高强认识的人带话过去，请他接受采访，然后另外托人邀请卫生部有关人士欢聚一堂，尽（可能）释前嫌，并答应按公事公办的渠道把我的采访申请递到高强秘书手里。

从呈上采访申请到秘书收到，历时两周，然后高强批复同意接受专访，只用了一天，时间定在2007年初卫生工作会议之后。当确认是独家专访，连人民日报也没有安排，我心情堪称欣喜。

准备采访同样需要双管齐下。一方面我和新闻助理马宁宁分头搜罗了数百页资料，阅读海量信息，与此同时，我走访了发改委、劳动部、卫生部诸位只肯当外脑而不接受采访的司长，从体制内了解争议的症结所在以及他们对医改的思考，颇为受益。

未曾想，高强批复之后，剩下的工作战线更长，需要极为耐心地催问，最终的采访时间推迟了两个月。这期间，秘书在春节前提出书面采访，理由是时间难以安排，且平面媒体不用出图像。而“高端访谈”创立之初即提出一定要当面采访，杜绝书面采访，这是有理由的。

首先，书面采访排除了现场追问，而现场提问和采访申请上的提纲不会完全相同，一些尖锐问题问得出口，但写成白纸黑字，恐怕连被高官看到的机会都没有。况且书面回答都是工作人员替访谈对象起草的答案，脱不了已有的官话套话，内容了无新意。以我们采访于幼军的经验来看，对方事先准备好的回答与现场碰撞的结果完全是两回事。

我只得好说歹说，继续绝望地争取，并打预防针：春节过后即开两会，高强在两会期间肯定是媒体争抢的香饽饽，届时卫生部不可能一家媒体都不安排，早已答应的专访就在两会期间兑现吧。回答是：高强未必在两会期间接受采访，去年两会也没有安排；对于我的采访要求，依然是老调调：争取吧。

此时的心情，早已由争取独家专访的喜悦陷入被放鸽子的忧虑，全世界都知道我要采访高强，要是被别的媒体抢了先，我可怎么跟报社交代。

机会突如其来，却使我陷入两难。新闻办告知，他们和中青报有长期合作的报道项目，已经发了多期稿子，中青报成为两会期间卫生部唯一安排采访高强的平面媒体，主题谈医患关系，问我是否一起参加。如果我放弃，部长早已答应的专访机会依然争取安排，但时间也依然难以确定；如果这回一起采访，主题就不能谈医改，其他媒体就医改申请采访的，部长一概拒绝了。

采访卫生部部长却不问医改，如同战士不带子弹就上战场，无地自容。想来想去还是常识占了上风，我决定把握这次机会，搏一把，顿时有一种临战前的兴奋。

交 锋

三八妇女节，早上 8 点之前就到了卫生部新闻办（由于北京恶劣的交通状况，为了不迟到只能大幅度提前），静候 9 点入场。事先打好招呼，让中青先谈，走了之后我再谈，新闻办和秘书都同意了。

9 点，我与摄影记者、中青报二记者、办公厅三人鱼贯走进部长办公室，高强说："嚯，这么多人啊。"我暗吃了一惊，高强居然是一个黑瘦、慈祥的老头，全无电视上聚光灯下的威严。

新闻办主任向高强介绍了两家媒体，告知谈医患关系等两个主题。高强说："我看谈一个主题就行了。"我的心一沉，揪着心且听他们的上半场。结果上半场持续两个小时才结束，我不仅担心采访时间所剩无几，还担心高强讲话耗费精力，无力支撑下面一役，如坐针毡，以抬腕看表的方式暗示身旁的记者抓紧时间。

两位同行终于起身告辞，高强见我没走，有些奇怪，得知还有下半场，说："刚才那些内容就行了。"我打开报社礼品——仿古竹简《孙子兵法》相赠，高强饶有兴趣地拿起来看。重新落座后，我说一位朋友问您好，高强一点头，忽而聊起早年报考外语系而不遂的求学往事，告一段落时我抛出一个提问，采访方正式开始。

我先问了个高强不会一下子拒绝的问题："有人说中国的医改怎么改都不行，因为真要起到保障作用，一个是国家补不起，再一个是个人也掏不起，你同不同意这种说法呢？"

卫生部部长不会公开同意这种说法，否则医改工作可以坐以待毙了，但很多管卫生的政府官员基于国情有这样的判断，客观上也是为问责医改解套的观点，以此开题相当于释放善意，我希望激发他以足够的耐心完成访谈。

高强语速较慢，这个问题回答得比较实在，然后我问了采访提纲上的第一个问题："你能不能尽可能具体地给我描述一下，未来的医改可能会改成什么样？能在多大程度上解决看病难看病贵的问题？"

因方案未定，高强不可能讲得太具体，他开始引述十六届六中全会文件，语调低沉了无生趣，我想加快节奏。当他说到"第二，要按照公益性质为群众提供基本医疗"时，我插话说："这正是我想问您的下一个问题，'人人享有基本医疗保健服务'，没说是免费、按成本价还是加利，或通过医保，您倾向哪种意见？"这是医改思路的争议焦点之一。

就这样，我打乱采访提纲的提问顺序，根据话锋切入某一个小议题，谈差不多了就转换一串提问，感觉像在实战中根据敌情重新排兵布阵，谈笑间攻克一个个问题堡垒，樯橹灰飞烟灭。

由公立医院转制的问题，引到对宿迁"卖光式医改"的评价，高强没有立刻回答，目光转向长条桌的另一端，对办公厅人士说："这个问题上次对人民日报记者我都没回答"，转回头侃侃而谈："我到宿迁去之前，有很多同志劝我不要去……"

回答了几个本报可独家披露的问题之后，时间已过12点了，我抓紧拣重要的问，当然，最刺激的留在最后。我看看表说："我舍弃一个问题，那个问题我觉得不是太好，但是很多人关心，就是您正式就任卫生部长的2005年，有一个调查报告下结论说，医改基本不成功，经常见到引用这个结论。您对这个结论同意不同意？这个比较棘手，您也不用回答了。"

手里的采访提纲正在翻篇，高强迅速作出反应："我也可以回答这个，"他一贯凌厉泼辣的姿态近在眼前，"我不赞成这个结论……"回答完这个问题高强笑了："我不回避任何问题。哈哈。"

这个问题的提问方式并非虚伪，我确实有些许犹豫，但扫一眼余下的问题，这又是最不该漏问的基本问题，念给他听还是希望得到回答。终于不得不结束采访了，仍然有些问题没来得及问，高强说："你整理的时候把没问的问题都写上，回答也编上，我一块看。"

"可我不知道您的回答呀。"我很为难。"你知道我的语言风格了，你先编吧。"我还是放弃了这一"特权"，因为我要问的，都不是能查出答案的。

共进午餐时原以为还能继续采访，发现氛围不对，难以为继。

后续报道可以一笔带过了：秘书告诉我，高强前前后后改稿子的时间加在一起足有一整天，远远多于接受我采访的一个半小时。稿子改回来的时间已是周三下午5点，我发现他重写了自己的回答，可惜了李红平编辑更为专业的前期工作。

见报当周的周日，高强在中央电视台直播节目"中国发展高层论坛"上，针对经济学家张维迎的提问说："宿迁的问题，最近在南方周末，我有一个很长的记者访谈，这个问题我已经回答过了。"强悍一如既往。

（相关报道：《高强：医改绝不能市场化》，《南方周末》2007年3月15日）

电话那端的命运

□朱红军（南方周末新闻版块）

我有快两个月没接到她的电话了，这是个坏征兆。按照当初的约定，案子审判有了眉目，她会第一时间通知我的。

抑或她觉得，给一个只能在言语上给予安慰，却再无实际帮助的记者反复诉说，已经无甚意义了。

我没办法找到她。快春节了，她应该正大包小包地搬运着内衣、围巾和手套，辗转在四川盆地的乡间赶场摆摊吧，为了节约话费，她一定是关着漫游的手机的。

前两年的一个冬天，我在四川什邡见到这位名叫尹邦琼的母亲。那时她女儿已经去世一年，在女儿的遗像旁边，她曾说出一个迄今我以为最悲恸的比喻，她说自己的孩子就像窗台上打蔫的盆栽植物，浇了水就活了，不浇水就死了。

她身体里有病，一种遗传自上代的基因缺陷，最先肆无忌惮地报复了她的女儿。医学上说，先天患有地中海贫血症的婴儿，只能靠外在输血延续生命，或者依赖脐血移植根治。尹邦琼常常在夜里惊醒，泪湿一片，多懂事的女儿，临终前还对妈妈说："别哭，还有弟弟。"

可是弟弟也有病，因为四川计划生育科研所受利

我有快两个月没接到她的电话了，这是个坏征兆。按照当初的约定，案子审判有了眉目，她会第一时间通知我的。

益驱动，尚处实验阶段的产前诊断被仓促地用于临床，不该出生的小生命，未及以脐血救助姐姐，自己的生命又设定了终点。

母亲的命运因之而轮回。她请了律师，把科研所告上了法庭，可是迟迟没有立案。她曾问我，有什么办法吗？让他们尽快审理。我说："中国的现实就是这样。你要有准备，这是一场持久的斗争。"

最后见报的稿子，因为一些无奈的因素，报社隐去了肇事机构的名字，一篇没有批评对象的批评报道，令她失望。第二天，她在电话里几乎哭着质问："我那么相信你。"

我以为她不会再跟一个出尔反尔的记者联系了。那时，我管她叫"尹姐"，她和我的姐姐年纪相仿。

可是，后来，她还是给我打了无数次电话，有时在深夜，有时在我出差行走在某个乡间的路上。

她告诉我，四川省有关部门干预了，不允许当地媒体再炒作这事了，当地的一些记者接到她的电话就挂了，她该怎么办？我说："新闻媒体也有苦衷啊，你要体谅。"

可是谁去体谅她的苦难。现在光给儿子每月输血、除铁就要一千多块，更不用说以后还要数十万元的脐血移植手术。

她一次次去找科研机构的上级部门和领导，无一不被拒之门外。对方的答复是，那是科研人员私下干的，和单位没关系。

她曾问我要采访录音，见我犹豫，再没强求。我是整个事件中唯一采访到肇事科研人员的记者。那个落魄的中年男子，曾一五一十地告诉我，科研所管理混乱，领导默许，还有某某医院从中收取介绍费的真相后，几乎跪着求我保密，别交给法院，我答应了。

我把真相写在了报纸上，甚至想，如果以司法途径来调取，我是没有理由拒绝的。可是法院没有采纳他们的请求。

这一年，我常会突然想起自己那次的犹豫，总是愧疚得厉害。

8月中旬，她告诉我，法院迟迟不开庭，她等不及了，要去上访。她咨询了很多方法，最后觉得穿上伸冤的衣服，就到省政府门口静静坐着，总会有领导看到，可以吗？我叮嘱她，千万不要言行过激。

9月份，和她一般遭遇的另一个家庭，终于等到了开庭。庭审后，她在回家的路上，给我电话，听得出来绝望："法官向着他们，还有指望吗？"

她的丈夫，一个瘦弱的下岗工人，孤苦无助，只能在法庭上激动地辱骂被告，被法官多次劝阻。她说很担心丈夫，丈夫常神神叨叨地一觉醒来，就问："女儿昨晚是不是和你睡在一起了？"

10 月份的时候，她在电话里告诉我，为了救儿子又怀孕了，下个月得去广西南宁做产前检测，希望是个健康的宝宝，这样婴儿的脐血才能移植到哥哥体内。

我为她揪心，她已经 36 岁了，这是她的第四次怀孕。如果证明是个病胎，她还会不会第五次、第六次怀孕？她有得选择吗？

有几次，似乎什么事情也没有，她会在电话里一口气说上半小时。大意是，和丈夫吵架了，因为做生意他脾气不好，顶撞了客人，只因为她埋怨了一句，"这样做生意，怎么挣钱给儿子看病"，丈夫就号啕开了，"活着有什么意思啊"；还有一次送儿子去输血，护士阿姨问，"小耀科哪儿打针啊"，儿子就扑腾扑腾地把手和脚伸出来，她看到满是针眼，跑到走廊里，狠狠地哭了一回；还有几次，陌生的医生一看儿子的病历，下意识地就说，"这样的孩子，为什么要生，你们这些家长不知道自己有病啊……" 她听得委屈极了。

我什么都做不了，只能静静听着，只能说一些"一切都会好起来的"的苍白的话，只能等她终于说完了想"再见"的时候，跟上一句："再给我打电话啊。"

记得有一次在高原，电话在雪夜里响起，信号不好，我分辨得出她的声音，"喂、喂"，就断线了。

我回过去："尹姐，有什么事吗？"

她也许是听到电话里呼呼的风声了，说："没事，没事"，又突然没来由地说起来："朱记者，你人不错，现在就你和刘瑶（成都商报记者）还客气地接我电话，别人都嫌我烦了。"

我倏地内疚起来，当时我正在采访回宾馆的路上，冻得直哆嗦，为了接与不接，犹豫了那么片刻。

但是，这的确是一个温暖的夜晚，我愿视它——来自一个母亲的电话为今年我作为记者最好的奖赏。

总不能警察强拆警察吧

□南香红（南方周末新闻版块）

在一条条胡同里这种意识表现在一扇扇紧闭的大门上。如果一个院子的大门是开敞着的，这所院子一定是所大杂院，产权一定是公产；如果一个院子的大门紧闭，那一定是私产。

今年，我家有了自己的房子。这是从遥远的边疆到北京后奋斗8年、在人生进入40多岁的时候，才得来的房子。当“房奴”这个词在中国盛行的时候，我和丈夫满怀人生艰辛的体味幸福地当上了一对“老房奴”。

“春风拂面送来温暖如许，阳光灿烂映照陋室几间”，乔迁的时候贴在门上的一对楹联，如今残红尚未褪尽。每当回想儿子在没有一丝阳光的地下室的8年成长时光，我们总是感叹：“这房子买得真及时，真好啊！”当每月到银行付7000元的房贷时，又灰暗地想：人生一世，一所房，一瓢饮而已！

前几天，我被银行唤去，在一张表上签了字，第一次看到了红彤彤的私有房产权证。只看了一眼，这宝贝儿就被收了回去，放在银行的保险柜里做了“人质”，我们只有还完所有贷款，才能将它领回家。但是，但是，我们毕竟有了自己的私宅啊！

就在我被高额房子“忽悠”的时候，一名82岁的老太太失去了自己的私宅，一名58岁的男人因为失去房子而自杀了。这些都发生在身边。这个城市在飞速地发展，高楼大厦每天都在生长，一些低矮老旧的房子被碾成粉末。在去银行看了一眼我的私有房产证的这天下午，作为一名记者，我的工作是采访这名自杀者的亲属。

自杀者叫藏瑞群，58 岁，住在北河胡同 25 号。从今年 7 月起，周围的房子一片片倒下，他家的小院像多米诺骨牌的最后一块。可能是他觉得个人没有办法阻止汹涌而来的“大势”吧，12 月初的一个晚上，在妻儿唤他吃饭的前一刻，他在自家的房梁上悬梁自尽了。死前，他在身边的墙上立了一块牌子，上面是他毛笔手抄的国务院办公厅《关于认真做好城镇房屋拆迁工作 维护社会稳定的紧急通知》的条款。

藏瑞群的弟弟藏瑞国说，房子是祖上的私产，共 15 间半，其中 11 间半为经租房（58 年历史遗留问题）。因为不愿意接受开发商 8800 元一平方米的出让条件，他们受到了封路、禁止购进冬季取暖煤球、半夜骚扰恐吓等待遇。

这可能是一个非常极端的例子，但我听了这样的事故心里非常地难受。在这个极端的例子后面，是这几年不断地听到类似事件的累加，有时候这类事多得让听的人感到麻木，除非有类似这样尖锐的东西刺激一下。

《出了前门，到哪安家?》，这是我 10 月份《南方周末》上的一篇报道。在前门地区的改造工程中，将有成千上万的人被涉及。追着市场高昂的房价，那些出了前门的人，能买得起房吗？他们在离开祖辈繁衍生长的家的庇护之后，在哪里可以找到一方安静的屋檐?

事实上，很多人经历了极大的艰难。前门老百姓将失去祖屋又无法买新房安家的人叫“打游飞”。“打游飞”，一个多么形象而又黑色幽默的词。漂泊，身体和心灵的；漂泊，一个家庭无以为家，在一个现代化的巨型城市里，在高楼的夹缝中。

住在前门北晓顺胡同 42 号的 82 岁的包璋老太太在今年 7 月被强行赶出了自己的私宅。家居用品悉数被搬走，大门被强行封闭。关键是之前没有任何通知和说明，事后，被解释为“程序出现了错误”。无处可去的包璋“擅自”回到自己空无一物的家居住了 5 个月，不久前包璋再一次被“程序完备”地迁出了家门，这一次，在不到两个小时之内，她所有的房子被挑了屋顶，大梁被卸了下来，木料当即装车拉走。天寒地冻无处可去的包璋这一次住进了拆迁办公室，睡在办公桌上，她说拼死也要保卫自己的私宅。在我写这篇稿子的时候，这个倔强的 82 岁老人还睡在拆迁办的办公桌上，头边摆着许多药。

家，什么才叫作家？古代中国人造字的时候已经对“家”有了精确的、理性的了解。宝盖头是一个遮风避雨的地方，但仅有此是不够的，光秃秃的一个人住在宝盖头下只能是“穴”，一个动物也可以呆的地方。只有当“家”有了猪，有了私有财产的时候，才能称其为家，人类才告别穴居过上文明生活。一家定而天下平，这是上下中国五千年精炼出来的人文思想，当一个又一个家庭不得已而“打游飞”的时候，家不安，国亦不宁，包璋老太保卫自己家的行为值得称为“勇敢”。

《车警官出前门记》是我写的一个叫车金鼎的警官被拆迁出前门的故事。在他曲曲折折的抗争故事中，最让我动容的是他最终要离开祖宅的那一刻。从白天开始搬家，平时性情非常温和的车警官就开始暴躁，甚至差点动手打了已经上高中的儿子。搬着搬着爱人就开始哭，在妻子的哭声中，儿子上房顶把上面的吉星高照的小牌坊砸了，然后又用棍子把房子的玻璃全捣碎了。就在这天夜里，一家三口人黑着灯，静静地坐着，度过了在老房子的最后一夜。

车金鼎想起买下这房子的父母，觉得应该告诉他们一声。他在院子里点着纸钱，跪下对着天上冥冥中的父母亡灵说：“爸爸妈妈，儿子对不起你们，我没守住这房子。”

“总不能警察强拆警察吧。”负责拆迁的警官这样劝慰车金鼎。为了避免这样的局面出现，车金鼎没等着别人来强拆，自己搬出了位于小江胡同9号的家。

如今，车警官花1600元为妻子和儿子租了一间房居住，自己以50多岁的“高龄”和小年轻挤在单位的警察公寓里。

就在车警官搬离前门的同时，我被一位姓张的前门居民领着去看一个燕窝。燕子筑窝在一只日光灯的木架座下，日光灯被安在一所临街房子的屋檐下。张姓居民说，是他帮助燕子搬的家，当时燕窝架在那边的屋梁上，他用手往马路对面一指，那里已经是一片废墟。

深秋时节，燕去窝空。这已经是一对燕子今年筑的第二个窝了，第一个筑在房梁上的窝被拆了之后，它们又将窝筑在相邻的一所房的日光灯座下，燕子的精力和时间通常只能允许它们每年筑一个窝，而且绝不会筑在光亮之下。当这个“权宜之窝”也要被拆的时候，这位姓张的居民挡在推土机前面，将日光灯连木座小心地拆下，安在了马路这一侧的屋檐下，两只小黑燕就在这个“拆迁”的新址生了来，从窝里探出了小脑袋。

燕尚如此，人何以堪。在面临失去居所的境况下，有人采取激烈的行为，有人隐忍而沉默。我看到过离去的黯然神伤眼神，也看到在废墟里坚持的佝偻背影，感受到沉默与坚持中的力量。

在我了解的信息中，国家和政府严禁种种强制拆迁行为，尤其是在“构建和谐社会”的大势之下。北京市政府7月10日公布的《北京市房屋拆迁现场管理办法》中明确规定："在拆迁当事人未达成拆迁补偿安置协议的情况下，任何单位和个人不得先行拆除拆迁人的房屋。"和谐社会的一个要素，何尝不是"私"得到神圣的保护？物权的安稳，才是社会稳定的基石。在如今越来越多的人成为"产权人"的时候，我也看到了逐渐在中国公民中成长起来的可贵的私有财产保护意识，在一条条胡同里这种意识表现在一扇扇紧闭的大门上。如果一个院子的大门是开敞着的，这所院子一定是所大杂院，产权一定是公产；如果一个院子的大门紧闭，那一定是私产。

"进门请敲门，小心狗咬人"。这是我在一条胡同里的一扇紧闭的大门上看到的，门旁的墙上，一个大大的画了圈的白色"拆"字和这句警告相映成趣。这是一所被拆迁的废墟包围的房子，这10个大字划出私有财产的领地，这个领地有一种凛然尊严，不可以随意侵犯，不管你以任何理由。

想一想，这10个字不可能出现在二三十年前的中国，而今私权力和公权力的对垒，是一种进步。

（相关报道：《出了前门，到哪安家？》《车警官出前门记》，《南方周末》2006年10月12日）

他，和他们的世界

□吕明合（南方周末新闻版块）

他也曾和人凑钱一起嫖过娼，煤矿二里外的庄子里，就有或明或暗的婊子。贫困让大家抛弃了一切，他的身体、尊严和耻辱。他说他明白这世界，“一切都是假的，只有钱是真的”。你可以说“这是血的蒸气，醒过来的人的真声音”。可这又能怎么样呢？生活还得继续，他还得继续干下去。

他住在矿山岙，山坡上寸草不生。红砖砌成的平房里，四面是墙，没有窗户，很暗。

是5月。夏天。煤尘和黄土浮在空中，飘来飘去。他把门洞开着，被子打成卷就搁在地里。过几天他就要离开这里，矿上的老板逃了，他只能换个新地方。

他的脸褶皱、黝黑，指甲缝里有明显的煤渣，手掌裂成一道道黑色的网纹。你看得出，这是行业留给他的印记。

他背井离乡，来到此地三年。他也拿社会主义的工资，按劳分配。在地球腹腔的地方，他挖煤，每天的活计以它的产量计算。

他辛苦一年，积余不过两万。但他还是不能放弃。一旦开始，就不能停止，这是生活教给他的全部。他又惧怕又勇敢，佝偻着身子用血汗换取一年的生计。即使医生说他脊梁有病，他还得继续挖下去。

他从甘肃武威来，这些年他吃过不少苦。他在山东打过工，在陕西割过麦。他拉起被镰刀划伤的腿肚，他的愤怒，还有他的酸楚。他说他明白这世界，“一切都是假的，只有钱是真的”。

你可以说“这是血的蒸气，醒过来的人的真声音”。可这又能怎么样呢？生活还得继续，他还得继续干下去。

平日里，老板吃大龙虾，他们吃玉米；老板住瓷砖铺成的干净小洋楼，他住红砖砌的平房，睡红砖垫的床，交60元租金；窑主家开宝马、奔驰，他的娃只能在泥地扑棱着黄土。他们挖煤，烧饭时还得每筐15元向老板买。

可这又能怎么样呢？生活还得继续，他说，他还得继续忍下去。

他也曾和人凑钱一起嫖过娼，煤矿二里外的庄子里，就有或明或暗的婊子。贫困让大家抛弃了一切，他的身体、尊严和耻辱。

他们也好赌，他输了赢，赢了会再输。像现在这样，连命也不能自主。

他们还能怎样呢？他们一无所有，除了出卖力气，没有别的选择。老板嫌这煤层质量差，他们就得重新炸开采煤层。老板让他们向前挖，他们就得一直向前，一直。直到挖通隔壁透水的煤层，把自己送进煤水建造的坟墓里。

56条。这些被抛入绝望的黑暗中的汉子。他认识的和不认识的，昨天还鲜活的生灵都被淹没在地底。

他还能怎样呢？第一天，他告诉老板。老板仓皇逃离，先是虚报消息，然后失去了踪迹。

第二天有人搭起了抽水机。半夜里，他躺在砖头砌成的床上，还能听得到机器的轰鸣。他看到黑而泛黄的煤水不停从井下被抽出，被甩到山坳里。

可这又能怎样呢？第一天他还有点希望，第二天，第三天，……到第八天，20多万立方米的水，还只能排出五分之一。

他一遍又一遍，有时大骂有时又哭，不停向你重复。他说了那么多，一点都没有停下来的意思。

可这又能怎样呢？周围的人于是都笑了，他们嘲笑的是他的胆子。他们都已习惯于这样的生活。再无常的变故，在这里都只是寻常的事。

光秃的山梁上，还是和以前一样挤满旁观的人。各处煤矿都已停工，他们无事可干，只能选择继续等。每次都是这样，有人会夸耀自己的死里逃生，有人会起哄，更多的人仍然无动于衷。

“不会超过三个月”，一切都会恢复原样。替你开车的司机说，有的人会离开这里，更多的人还会涌向这里。即使这原野有这般的黑暗、荒芜、破败和贫瘠。

你还能说什么呢？在矿井的副坑道里，你却曾假惺惺地呆过10多分钟。你身处其中，在100多米的深处，感受这里的潮湿阴冷。你打着冷战，瑟瑟发抖。

你闭眼，尝试着体验他们的温度和处境，如同呼吸，如同睡眠。你也默想，在死亡来临的瞬间，这些接近死亡的人，都在想什么呢？

一定有人在黑暗中哭喊着祈祷上苍。但这一天，上帝只能向大地垂首，默默无言。

你还能说什么呢？他们从未和你相识，却进入了你的身体。然而你能怎样呢？你写他们的遭遇、他们的冷漠和寒意，可你还是感到无力。

在归路上，你仍能看到霓虹灯闪烁不停，这个明朝皇帝被俘虏过的城市，如此怪诞。

你看到到处是衰败的房子，坑坑洼洼的道路。可你却又见到了比你出生的温州更多的洗浴池、餐厅和更豪华的宾馆，一路上劲跑着的中国最豪华的汽车。

你坐在荒凉的北方。你的上司给了你200元的住宿费，你找了那么久，还是找不到像样的宾馆。

你还能说什么呢？你只有默默，数着那些来来去去的人。你也匆匆而过，不能进入他们的世界。

这一切对你总是周而复始。你还能说什么呢？你只有默默。

之前的一个月，你也曾在山西忻州市轩岗镇空旷的道上，细数过160多家饭店、13家加油站、130多辆超重卡车，每小时被运出的7800吨煤，被牺牲了的31条人命。

你走之后两个月，一切又重新开始。

你听到的，8月4日，忻州市宁武县大灰窑煤矿，有害气体涌出，18人遇难。

给“最牛钉子户事件”收官

□张　悦（南方周末新闻版块）

蹊跷的禁令

“钉子户”事件作为一场媒体狂欢，我在重庆目睹并参与了这场上百家媒体的同题竞争。自上世纪的保路运动以来，在巴蜀大地上，恐怕还很少有一场民众对物权的坚守能引得国内外如此瞩目。

一场普通的拆迁在《物权法》出台的背景中演变得轰轰烈烈，完全可以理解众多对中国拆迁问题长期审丑疲劳的媒体和以网民为代表的公众期冀将之赋予与保路运动同样效应和影响的冲动。

于是，在这样的瞩目和媒体狂欢中，无疑还添加了某种社会情绪的催化剂。事件图景被一再放大，甚至一度被放大到呈现马赛克的程度，尤其是事件初期，吴苹、杨武夫妇和开发商的背景在网络上众说纷纭，其中不乏以讹传讹的。男同学们都有体会，这些关键点的“马赛克”多么令渴望获得真相的受众恼火。

因此，第一篇稿子《重庆“钉子户”事件内幕调查》的主要精力放在了还原事件本来面目方面。事件远比想象的要复杂，13 年中，枝节横生，几经演变。第一篇头版除了必须交代事件的来龙去脉，还要将吴

下午完成所有采访的时候，我给编辑发了一条短信：喜辛交加，这会是我到南方周末后最好的稿子。我知道，在上百家媒体的同题竞争中，我们拿到了所有记者都想获得却未果的“料”，南方周末由于这篇文章，会为这一事件收官。

苹从早期媒体所塑造的英雄人物还原为一个有勇气但也有瑕疵，懂得用法律话语包装和保护自己又自以为能够利用媒体糊弄媒体的双面人；同时，揭示开发商和政府或隐或显的关系。

就像一些同事和外界评论的那样，这个稿子顶多和同行打了个平手。那时最担心的事情是会不会下禁令。在写稿前，已经有地方宣传部的工作人员在现场和记者说不要采了，禁令马上就下了，居然先前还暗暗拍了有关记者的照片。一些报纸收到了要“理性报道”的通知。

周三发完稿件，传说了很多天的禁令也终于下了。多数守在重庆的媒体被要求撤回记者不再发稿，蹊跷的是，本报不在此列。一开始以为，禁的是事前发过稿的媒体，而我们由于是周报，一直是悄悄地进村，打枪的不要（除了与吴苹的合影登上了央视、凤凰卫视和无数纸媒），暗自庆幸头版无虞。后来京华时报寸稿未发的哥们也说他们收到了禁令，我就紧张起来了。我们判断，这是重庆方面通过记者每次进现场所须提供的名片编制封杀令的，而我还是少有的跑了九龙坡区委宣传部的记者。于是，赶紧给红平老师打电话，他说我们还没收到禁令，但他也开始紧张起来，打电话催印，到晚上 11 点，他发来短信说印完了。

其后，问过九龙坡区的一些官员，他们说区里从来没有封杀媒体，也不主张拒绝采访，这是其他部门干的。当时为什么不封杀南方周末，始终是件蹊跷的事情。

3 月 24 日，现场的保安在请示三次之后仍然没有放吴苹入内。这激起了吴苹的不满，众多支持者齐力冲击铁门，小指粗的铁链竟然应声而断。本来封闭的工地一下拥进数百人。我当时最怕局势无法控制，有关部门随时可以弄一个“群体性事件”的理由来名正言顺地封杀媒体报道。

一些细节比较有意思。连日来，在该地段没有派驻警察，也未采取强硬措施激化矛盾。当群众破门时，我边上凤凰周刊的记者给 110 打电话，试探警方的态度，对方回答说，知道那个地方在拆迁，已经注意了，不用出警。

周一晚上发生了什么？

从那个时候起，我就试图弄明白，事件发端以来，政府到底做了什么，这一事件中的官场逻辑是怎么样的，而这些“马赛克”始终不为外界所知。

政府到底在那万众瞩目的 15 天干了些什么？这个追问对记者来说太诱人了。当后来我在湖北黄石吴幼明家中采访时，编辑打电话来表示希望我能再去次重庆做“钉子户”事件背后的政府推手调查，尽管这可能是我最没有把握的选题之一，我还是欣然领命去杀个回马枪。

2007年3月24日，重庆市九龙坡区杨家坪步行街，正升百老汇二期工地现场。图中为被称作“中国最牛的钉子户”的小楼　CCP/图

重回重庆，从周四到下一个周一，几乎一无所获。一开始的设想是，不惊动市里头，先做九龙坡区方面的工作，通过几重关系诸多朋友去帮忙，回话均是九龙坡区委书记郑洪和其他负责人都不愿意出面说话。周日的时候，获得消息，《重庆晨报》会发表一个官方对“钉子户”事件的总结，马上去联系他们写这个稿子的首席记者，对方坦言相告，他们只是摘编文件的一部分，晨报和日报以及新华社都试图采访书记郑洪，但都被拒绝了。几天来，甚至连吴苹也彻底消失，不接受任何媒体的采访，尽管我和吴苹之间的联系除了她那个公开的小灵通还有其他渠道，但始终无法如愿。

无数努力均告失败。我跟编辑林楚方商量说，稿子做不下去了，必须冒着稿子被公关掉的风险联系市一级的官员了。除了被公关，仅就采访层面讲，一旦拒绝，就很难再有机会了。

时间紧迫，就在快要放弃当周发稿的希望时，从周一傍晚开始，峰回路转，运气突然好得有点令人不敢相信。借用一个让某同学深感厌烦的小标题——周一晚上发生了什么？

周一傍晚，吴苹给我主动打来电话。她是来兴师问罪的，责怪我怎么可以拿她档案揭她隐私，并很明确地告诉我她恨我。

不期然而然，我还怕她不跟我联系呢，打来电话了就好办。前一篇文章公布的仅是她档案中与该事件有关的很小一部分，我手上有她十几份材料呢。我跟她说了下个人隐私和涉及是非的公共人物信息的区别，告诉她，她二婚的事情我在报道中不着一字就是保护她的隐私（很遗憾，吴苹二婚的事实成了后来一家周刊的稿子中几乎唯一的增量信息，该稿大量不说明消息源地引用我和李艳的原文，媒体伦理的问题另文叙述）。简单点了下，以吴苹的精明很快就明白了我的善意，接着电话里她很配合地就把当时在法院主持下的谈判经过和盘托出了。

跟吴苹通完话，我拨通了郑洪的手机。郑是个比较低调的官员，他是事件中的核心人物，一线指挥官，却又一直身处幕后，在记者招待会上抛头露面的是区法院院长张立和区长黄云。

就像他跟吴苹见面时倾听了40分钟再发言一样，他在电话那端始终很沉默，不怎么搭话，我只好抓住机会滔滔不绝地说了一刻钟。一刻钟后他说：可以谈一谈。但他没有确定时间，只说让我把我的联系方式给他秘书——按以往经验，基本上是个无效承诺。

那一刻钟我说了什么到后来我也记不详细了。但套路是这样的：我已经和市长王鸿举联系过了，王市长对南方周末的报道还是持欢迎的态度，只是希望我先采访第一线的做了最多工作的官员，然后再联系王本人（事先和王的秘书通了电话，对方说出差在外）；我从北京来，中央部委的朋友对重庆处理此事的结局是赞赏的，重庆方面在这个事上是得分的，作为在现场守了一个星期的记者，我深知其中的复杂和难度，处理起来定不易，你作为九龙坡区的一把手一定有很多感想。

第二天一早，原计划是去约好的九龙坡区委宣传部接洽，吃早餐的时候，接到郑洪秘书的电话，说郑洪已经在等我了。我知道只要接上头了，一切都好应付了。郑洪一气说了三个小时，基本上没有套话，只须把官场语言转换成新闻语言就可以了。经过郑洪的亲自联系，只在发布会念通稿的参与了事件整个过程的另一核心人物——区法院院长张立接受了我的采访，谈得投机之下，还把原定的法院会议一再推迟。

下午完成所有采访的时候，我给楚方和红平老师发了一条短信，内容我还记得：喜辛交加，这会是我到周末后最好的稿子。

我知道，在上百家媒体的同题竞争中，我们拿到了所有记者都想获得却未果的“料”，南方周末由于这篇文章，会为这一事件收官。

我们年轻，但从不愤青

第二个头版《那十五天发生了什么》见报后引起了一些争议。就像陈敏老师指出的一样，一些读者觉得我的文章美化了重庆当局。

我得承认，这类读者的反应是我始料未及的。作为一个从事过几年调查性报道的记者，骨子里就有质疑和不信任的基因，有的揭黑报道上过新浪等门户网站的头条或者点击率第一，有报道还曾经惊动过省委书记召开会议商量对策，由该省省报总编辑亲自撰文反击。如果写美化当局的报道，我不会降低级别和薪水来南方周末做真正的新闻，留在新华社那本周刊恐怕更能起到美化当局的作用。

我还得承认，这些指摘中有的是有道理的，比如大公报总编助理蒋兆勇。

蒋作为深谙当地官场的重庆人，与经历了大部分事件过程的我的判断基本一致。在与他的交流中，他指出虽然在文中看到很多有价值的细节，但我对政府的质疑和追问没能体现出来，可能读者不会像他那样能体味其中的细节。

但是，一方面，这篇文章的作用不在于揭黑；再则，整个事件中的政府作为和教训需要用适当的语态描述。

就像编辑林楚方说的那样，这样的选题是可遇不可求的，一部大片被我写成了小剧场。除了政府这条主线和吴苹这条辅线，一些有价值的辅线缺失了，比如媒体在这一事件中的作用，一些和政府说法对应的重要背景。

由于长期没有调整好状态，加之带病熬夜写稿，体力和心力都已不济。在咳嗽和头痛的作用下，写得很艰难，直到周三下午 2 点才交稿。这些只能抱憾了。

在重庆的这些天，我从各地赶来的拆迁户那里听到了许多野蛮拆迁的故事。听他们描述那些占据了拆迁户的家园的富丽堂皇的建筑，不禁让人想起库布里克的《闪灵》中那个印第安人墓地上建起的飘荡着鬼魂幽灵的瞭望大酒店。

当一个盛产革命螺丝钉的国度像吴苹那样的“钉子”多起来的时候，我们可以期冀，在这个国度飘荡的不仅是马克思所说的“共产主义的幽灵”，还有尊重物权和人权的宝贵灵魂存乎其间。

重庆“最牛钉子户”的意义在于让中国到达这一期冀的临界点。在此情形下，无论是杨武、吴苹夫妇的“刁民”之名，还是有关部门假公益之名行侵占之实的嫌疑，都可以在既定的法律程序和专家媒体的互动中验证和挣脱。无论如何，在此事件中，以强力或蛮缠解决问题，都已经成为公众最不愿看到的结局。而新闻记者的作用在于揭示和还原这一过程，供人作价值判断（而不是自行判断，立场至少是隐藏的）。

多少恶行假“公共利益”之名而行！在这一点上，当地并不例外。But this is not the point，真正的新闻在于政府对这一公共治理危机是如何处理的，让读者知道其中的中国特色的官方逻辑是什么。

按照诺依曼的观点，舆论与其说是一种公众意见，还不如说是一种公开意见。

和我一起采访的何三畏老师事后发来短信：你这是所有报道中最有价值的一篇，揭示了官场在牛钉事件中的所谓理性是啥模样。我觉得能看到一些官员和体制的僵化。

小菜同学给我发来的有关论坛的讨论也都是这个观点，觉得南周做了南周应该做的事情。还是那句老话，永远不要高估读者的知识，永远不要低估读者的智慧。

大多数的指责我觉得是没道理的，像蒋兆勇那样还能理性探讨的意见太少了。尤其是那些骂南周无耻给当地政府捧臭脚的。我一直很狐疑，为什么这样的无端指责会来自一些所谓的资深媒体人？

直到这次去皮肤科看病我才明白了。我在重庆和湖北的时候脖子上长了很多痘痘，多日不见好，我生怕蔓延到脸上，而我是早已到晚婚晚育年龄的未婚男青年，不得已去看看这种怪病。排了很久的队后，医生诊断说这就是由于劳累和水土不服长出的青春痘。我说我都这把年纪了，怎么还会长青春痘。正在写病例的医生头也没抬，说，这很正常。

尽管这种病很正常，也可能很普遍，我们还是要防微杜渐。就像一位同事说的，我们年轻，但我们从不愤青。

（相关报道：《重庆"钉子户"事件内幕调查》，《南方周末》2007年3月29日；《那十五天发生了什么》，《南方周末》2007年4月12日）

陈晓旭和那些出家的人

□赵　凌（南方周末新闻版块）

陈晓旭

林黛玉是《红楼梦》中我最喜欢的人物，无论是小学时读红楼，还是长大之后，一直没有变。

1987 年播红楼时，我小学四年级，看电视的时间是心急火燎赶完作业挤出来的。中午躲在被窝里看原著，晚上迫不及待等电视。黛玉之死让我痛心了很长一段时间，我觉得自己开始对人生的悲剧性有所认识就是从林黛玉开始的。

电视剧之后，我天天翻报纸希望看到陈晓旭的新闻，具体讲是希望看到她和欧阳奋强传出恋情。对我来说，这是对伤痛最好的慰藉。就像《上海滩》之后，希望周润发和赵雅芝从此能生活在一起。

一直牵挂着陈晓旭，但有关她的消息实在太少。红楼剧组后来全国走穴，兰州一站，陈晓旭也没有来。我当时特别想见到她，可又觉得她不该出现在五光十色的粗鄙的体育馆舞台上。

红楼梦 20 周年聚会，陈晓旭给了我很大失望，一种复杂的感觉。我觉得她比我想象的要冷漠，众人因重逢落泪时，她显得很淡。她的声音也是很硬的那种。

一个高大的身影走了进来，我当时竟有点措手不及。郝彤——陈晓旭的丈夫——的形象非常完美，有偶像明星的气质。很阳光，长袖 T 恤、牛仔裤和旅游鞋。有人不理解一个男人为何要放下自己如日中天的事业。他笑着说，投身佛学也是事业，是更大的事业。

只有她的幽默感仍是最出众的。后来我又想通了，这就是她的性格，即便成功，内心仍是紧张，不善交际，不善表达。

长到今天为止，我觉得执着追过的星就两个，一个是王菲，一个就是陈晓旭。她们有相似之处，在世俗里活得成功又超然，内心丰富勇敢，外表内敛寡言的样子，被认为是清高孤傲。

陈晓旭出家的消息给我震动太大，我能够理解，但不能接受。好多天都说不出那是一种什么感觉。有一天，我问小时工对此的看法，她手放在胸口说，觉得特别痛心。她一下说出了我的感觉。

我想到几年前北大法律系的一位女教授，也是很平静地去了五台山。几天前和一位官员朋友喝茶，他官至司级，官场一直得意，诗词绘画也样样精通。他跟我说，去年一度想要出家，辞职报告交给部长被拒绝了。

这些现实中的人以他们超现实的行为触动着我，我能想明白一些，却也不能完全明白。我理解这是一种生命情绪，而且它在人生的某个阶段会异常强烈。世界这么大，很多人天生就离宗教更近。然而，当情绪上升为决定时，那种对外人的震撼还是难以形容的。

于是给编辑张捷打电话，做做这些人吧。

网上的报道立刻蜂拥而来，我也方才知道陈晓旭信佛多年。剃度后的她露出了难得一见的笑容。我特别想几年之后跟她聊聊，而不是现在。但记者职业让我必须服从于当下而不是未来。

在这次采访中，我再次强烈地感觉到作为记者的我和作为个人的我在气质上的强烈冲突。分裂的为难和痛苦在我被陈身边的朋友拒绝时加剧，此前我很不情愿地打听他们的号码，拿起电话又迟迟拨不出号码——我讨厌报出记者身份，挤在大大小小娱乐媒体中间，无论你如何措辞想表达得脱俗和与众不同，仍然逃不掉刺探内情的目的。一听说是记者，无论你来自南方还是北方，对方厌烦的口气让我比他们更厌烦我自己。

郝　彤

后来我去了陈晓旭在现代城的公司，没有约就去了，想碰碰运气看能不能见到她的丈夫郝彤。此前，他已经召开了一个小型记者发布会通报情况。前台说郝总很忙，今天是他在公司最后一天，要处理很多事。我拿了名片让她转给郝彤，说不勉强，请他自己决定要不要见。

我坐在前台等，看到一个又一个员工被叫到楼上谈话，猜想郝彤正在做最后的交代。前台小姐突然走过来说：郝总请你上去。

坐在会议室里等，一个高大的身影走了进来，我当时竟有点措手不及。他的形象非常完美，有偶像明星的气质，很阳光，长袖 T 恤、牛仔裤和旅游鞋。刚坐定，他发现我身后的窗户开着，起身帮我关好。还说，背后吹风对身体不好。

我们谈了半个小时，直到他被下属敲门提醒时间。他很真诚，虽然很多话说了很多遍，之前在媒体上看到采访他的文字时会半信半疑，觉得他说得好宏大，但面对他时，这些话自然地从他嘴里说出来时，你会觉得这是真实的，会发现他的确在用自己深信不疑的智慧告诉你答案。

他说，自己的生活和事业一直都很顺，但精神上的迷茫一直是有的——我是谁，从哪儿来，到哪儿去，生命的意义何在，这样的问题在最近几年反复出现。有人不理解一个男人为何要放下自己如日中天的事业。他笑着说，投身佛学也是事业，是更大的事业。

如果有孩子，还影响这个决定吗？他说，有没有孩子也靠机缘，现在这样的假设没有意义。我问：很多人把你的出家理解为追随，是爱情的终极表现吗？他说：这是外界的误解，出家是我自己理性的选择。

仅仅通过 30 分钟的谈话去评价一个人很不客观，但他的确给我留下了非常好的印象，不光是因为帅，更是一种综合的气质——谦逊优雅，宽厚善良，这从他跟下属谈话时的样子就能感觉到。

两天后，我在网上看到了他一身袈裟剃度后的照片，想起两天前他的样子，无限感慨。

史国良

本来是带着偏见去见史国良的，之前外界对他出家几乎全是持负面评价，说是作秀，又说是个应酬和尚。看写他的文章，也觉得无情。在加拿大，老婆辛苦打工，他在家构思诗歌；老婆在台湾饭馆打工，一个一个泔水桶把腿磕青，他并不察觉。老婆白天连打几份工，晚上仅睡几个小时，还要被史国良推醒，听他朗诵新作。生活刚刚稳定下来，他又提出出家。真不知道怎样强壮的神经才能承受这样一个男人。

史国良住在一个高档小区，在北京西三环立交桥畔，窗外就是紫竹院公园的大湖。这里的房价应该很早就上万了。一个所谓的和尚住在这样一个地方，很自然又在内心质疑了一下。

但是和他谈了一个多小时后，我开始觉得这个人好真实啊。你批评他的，他都接受，不争辩也不往脸上贴金。他承认自己信仰之初是出于性情，对佛教了解少。之前，新京报一位记者说，他就是个假和尚，你看他书架上就没几本佛教书。还未等我核实，史国良自己就先说了：我对佛教了解依然很少，读的书也少。

和他交谈的三个小时，他不是在做解释，不是在给我讲道理，而是在讲他的困惑，他曾经的怕和心虚，他的痛苦和他努力克服人性弱点的挣扎和无奈。

史国良的表达能力非常好，很有感染力，这从见报文章可以看得出。我特别感动和感谢的是，他对我的采访表现得真诚——一个人真诚不真诚是可以体察的。他坦荡荡地说，自己仍被动物本性折磨，难受的时候就在屋里号叫几声。

我慢慢放下了此前怀有的暗访心态——戳穿你的假象，把真相告诉大家——这总是我们要求记者最本质的东西，质疑，质疑，不断质疑。采访到最后，我根本就忘记了要到房间的角角落落寻找所谓的蛛丝马迹。即将结束，我开始不安起来，因为我怕他要求看稿，然后收回他今天说过的所有的话，修改成他认为妥善光明的那种。但事情并没有那样发展，史国良大剌剌地什么都没有交代，送了本画册就放我走了。

文章出来后，他打电话感谢我。接电话前我却惶惶，以为他要质问——我们私下说的很多话，你怎么什么都写出来了?!——作为记者，这种事情我们碰到的还少吗?

这次采访我也在反思，我们是不是常常在利用受访者的真诚？其实我们是带着很强的目的性和预设去的，待对方把真诚散尽（这通常被我们视为采访技巧高明所致），我们马上恢复功利本性——手握话语权一副指点江山看破虚伪的高明姿态。

我相信有些受访人是出尔反尔，说过了又怕承担，找记者滋事。但我也越来越理解很多时候受访者有被媒体欺骗的感觉——当时大家谈得很好，很真诚，怎么出来之后变成这样？我们习惯把对方这样的反应统称为被曝光后的愤怒——我一直认为不尽然，我们有没有按己所需来组织我们的逻辑呢?

崔永元曾骂央视的同行，台上无比真诚地煽情让嘉宾落泪，台下转回头就说，这帮傻帽还挺配合。这样的情况我们有没有呢?

华方田

这是社科院佛教研究中心的一位研究员。他住在社科院分的老房子里，虽是高楼但楼内破旧得厉害，门铃用胶布固定在墙上。他住一楼，屋里很暗，他的皮肤也很暗。

华老师是个非常朴实随和的人。他以“冻顶乌龙”茶招待我。我们品茶相谈甚欢，整个下午是在愉快的感觉中度过的。

他并不是佛教徒，对佛教中的一些原则也保持自己的看法。他说，在整个世界60亿人口中，没有宗教信仰的人是少数，按照西方对文明的说法，没有信仰的人是邪恶的或者说容易走向邪恶，因为没有信仰就没有标准。这段话给我印象很深。

我问他他的信仰是什么。他说他信奉中国儒家文化，相信道德和伦理，说这些是他的原则。我说我很多时候都找不出工作的价值和意义来，人很颓废，问他是否经历过。他呵呵笑：别说你了，我40多岁了，也只是在这个春节找到点价值。他说自己一直也很茫然——不知道自己研究佛经是为什么？就是为了研究吗？就是为了评职称吗？就是为了成为学问家吗？成了学问家又能怎么样呢？

今年春节，一个遇到感情危机的女士向他打电话诉苦。他以他哲学和佛学的知识背景，加之自己人生的见识给这位女士讲了些看法。似乎一语惊醒梦中人，对方豁然开朗，纠缠了很久的问题突然想通了。这件事极大地鼓舞了华方田，他觉得自己的一点智慧能够对平凡人的人生有所帮助时，还算是有价值的人生。

我们很自然地聊了很多私人话题。他和太太没有要孩子，他说人生这么苦，自己都要求解脱，何必让其他生命再来受苦。他说现在的自己好像一个心理医生，经常有人来向他诉苦，希望指点迷津。我问：那你有苦跟谁去说？他迟疑了一下，说：跟理解我的人。他说，相信男女之间有那种纯粹精神上的朋友关系。

遵从还是逃避？

这组文章最后以史国良作为主稿的处理方式是编辑张捷当机立断的结果，我非常赞同这样的处理方式，这样的处理弥补了我采访上的不足和歧途，应该说是当时情况下最理想的形式。原因一是，其他两人因未见到本人及核心当事人，故事做不到精彩；二是，史国良的表达非常精彩。本来计划三篇故事不分主次的，但鉴于我采访的情况，不能硬搞平均主义，编辑最后的决策是对的。

在交稿前一天，我和编辑发生了很大分歧。首先是题目的方向，她期望做出这些出家的人的故事，重点是他们走后身后社会关系的变化，和周围人的情感冲突以及留给旁人的影响，如亲人、朋友和同事——他们在这个过程中如何承受，如何改变。如果做好，一定会很好看。

但我显然是做“偏”了——我一直的想法是想搞清楚这些人信仰的起源是什么，又为什么作出出家的决定，以及他们的信仰是否帮助他们解决了困惑。

编辑因为我没有去采访他们的家人感到有点不理解，比如说陈晓旭的父母和北大女教授的丈夫，这是故事的核心。但我从一开始就压根没有想过要去找他们。我的外围采访都是他们的朋友和同事，我特意绕开了家人。

我觉得那是一个家庭的隐私或者是可以想象得到的痛苦，为什么要去碰他们的伤口呢？为什么要去刺痛别人？我当时就跟编辑表达了这个意思，也许我这样的想法不够职业，但是我就是说服不了自己。甚至北大女教授的一位好友希望我们为了她的儿子和丈夫，不要再提此事时，我个人答应了她的要求。

北大女教授出家的消息并不为很多人知道，法学院的师生都很默契地保守了这个秘密。她的同事说，这是他们感到欣慰的事，这些年就这么平静地过去了。可是没想到四年后我们突然要提起这件事，她的口吻那么恳切，让我本来就动摇的心更加动摇。

2003 年，北大女教授出家的消息刚刚透出来时，编辑郭光东就让我去做。当时听到这个消息非常震惊，我以前见过这位老师，非常和蔼善良，后来在《今日说法》常常露面。消息通过私人渠道证实后，我鼓足勇气拨通了她家里的电话。是她儿子接的，我问：你妈妈在吗？儿子回答：我妈妈出国了。声音非常礼貌。我不忍心再继续，从他那里要到了他爸爸的电话——北大女教授的丈夫也是北大的教授。电话打过去，一下不知道该如何开口，就说：我们听说了她的事情，不知道能不能跟你聊聊？他很平静地说：什么事情啊？她出差了。我立刻不想再追问——为什么一定要捅破这样的谎言呢？

这次采访得知，北大女教授的前夫刚刚有了新生活，儿子曾经大受影响学习下降厉害，经过四年慢慢接受了，今年即将高考。她的朋友说，北大女教授的父母一直很痛苦，想不通。

我坚定地不去碰他们，我也知道这组报道注定不好看，但我没有办法。编辑说我太善良了，我说这不是个人的心地问题，应该是新闻伦理吧。但事后我也在怀疑，我到底是在遵从职业伦理呢还是在逃避职业记者必须面对的心理挑战？

（相关报道：《画僧史国良的自白》，《南方周末》2007年3月22日）

探访西半球最后一个神秘国度

——古巴采访记

□史　哲（南方周末新闻版块）

与其他社会主义国家相比，只有古巴体验过资本主义的繁荣，却最终搞起了社会主义；而更为吊诡的是，以刻板著称的苏联社会主义居然就能在天性不受拘束的古巴生根发芽。这两个疑问或许才是我内心的原始冲动所在。

“如果要带 DV（数码摄像机）、长镜头相机、胶片相机，你们得事先提出申请……”古巴一秘的这番话，在我们与古巴使馆打交道的一个多月时间里，唯一一次让我们立刻就能联想到“社会主义”，联想到“宣传纪律”。

其实，古巴使馆的工作人员绝少想象中的“意识形态面孔”，他们大多兼具西方外交官的风度以及拉美人热情洒脱的天性。这样的接触让人很容易就变得乐观起来，甚至会忘了这个国家还有个管意识形态的“思想教育部”。事实证明，这种感觉并不靠谱。从办签证开始到古巴采访，盲目乐观实在制造了太多的麻烦。

办签证前，我们曾反复询问办理记者签证的各种注意事项。一秘告诉我们：“什么都不用，只要带着护照来就行了……”然而，真正到了领事部才发现申请表、照片、签证费、往返机票一样都不能少。至于在安排便宜酒店、翻译以及部分采访对象上，一秘承诺的“完全没有问题”，最终证明也不过是一说而已（古巴规定，外国记者在古巴的采访行程，包括采访对象的安排，必须经过古巴官方的确认和协调）。其实，拉美的民族性情大体如是，本不应冀望过多，但中国社会主义的“纯真”年代在我童年记忆中留下的印迹过深，让我不由自主地把它移情到了古巴身上。如果简单用中国社会主义去描摹，那可真是个大错误。

作为西半球唯一的社会主义国家，“社会主义”四字对我足具诱惑。这个曾被称为“美国后花园”的加勒比明珠，有人曾说这里最不可能发生社会主义革命，但它不但发生了，而且社会主义古巴在美国怨毒的目光中还一直存在至今。不过，这尚在其次。与其他社会主义国家相比，只有古巴体验过资本主义的繁荣，却最终搞起了社会主义；而更为吊诡的是，以刻板著称的苏联社会主义居然就能在天性不受拘束的古巴生根发芽。这两个疑问或许才是我内心的原始冲动所在。

事实证明，“社会主义古巴”这个词在此后的十天中，的确时常让我们陷入一种不知所措的彷徨状态。

从机场到酒店一路的感觉是一种说不出的清爽。30 多分钟车程仿佛一直是在田园中穿行，并不宽敞的道路上没什么车，即便是在眼前出现了第一盏红绿灯之后很久。在看到街道边一栋栋充斥着欧洲古典风情的小楼时（直到第二天，我们才搞清楚那些让人赏心悦目的小楼是使馆，它们曾是殖民时期富人的别墅），司机突然说我们快到了。一路上，很少见到菲德尔·卡斯特罗的像，也几乎没什么语录式的标语，当然，广告、招牌、霓虹灯更加少。

在古巴的第一个工作日是被鸟吵醒的，接着是冒着黑烟、在尾部焊着扶梯、由卡车改造而成的公共汽车的咆哮声……这些断续的印象，刚产生时光倒流 20 年的感觉，西半球的第一缕阳光便随即将之颠覆，漂亮的酒店和商务中心，商业气十足的 23 街（哈瓦那最主要的一条街道），酒吧，餐厅，数码冲印店，还有古巴风情的乐队演奏……

在最初的几天里，古巴在我们的脑海中仿佛是在时光隧道的两头摇摆，忽而是污水横流、房屋破败的小街，用绳子吊着的红绿灯在风中摇摆，阴暗的民居、简陋的家具……忽而是红色屋顶的花园洋房在加勒比海的波光中跳动……我们的目光划过一幅幅闪烁在眼前的图景，常常不知道究竟哪一幅才属于今天的古巴。

直到有一天，远远地看着自由哈瓦那酒店，在哈瓦那大学读书的小韩告诉我们：“以前，只要有钱都能进去，现在只对外国人开放。”那一刻，我才突然意识到两个割裂的世界竟是缘于我们“外国人”的身份，还有我们的急功近利。

涉外酒店，CUC（可兑换比索、类似外汇券），涉外出租车，CUC 的商店、酒吧、餐厅，等等，分割出了一个不完全属于古巴民众的世界。我们游走在这两个世界的边缘，行色匆匆，偏偏又希望借着这电光火石般的一瞬，来理解这个国家数十年的沧桑。而对于这里的大多数人来说，所有的历史与现实早已经被分割固定在这个城市的每一个角落，每一个人心中。在我们眼前闪现的那几格，对于这里的某些人来说，也许就是他们生活的全部。

有人告诉我们，我们住地附近（使馆区）的酒店和商务中心，集中了古巴革命后不多的新建筑。然而，第一次走进哈瓦那，我却一度怀疑这话的真实性。古巴国家大酒店、自由哈瓦那酒店、第一人民医院……哈瓦那市内这些鳞次栉比的楼宇即便放在北京、广州也绝不显得落伍。

五星级的自由哈瓦那酒店超过30层，已有70年历史。除了解放广场的何塞·马蒂纪念碑，哈瓦那市至今依然很少有建筑能超过它，其外表“超现代”的玻璃幕墙，这在广州大道也只是近三四年才流行开来的时尚。至于坐落在21街尽头，紧邻墨西哥湾的国家大酒店（民族大酒店），更被说成是这个国家资本主义高峰的标志。酒店建于上个世纪（20世纪）30年代，外表上丝毫不逊色于上海外滩的汇丰银行老楼。它曾是有钱人——主要是美国富豪、古巴独裁者行乐的地方。上个世纪，横行一时的美国黑帮在这里休养聚会；今天，像好莱坞著名影星道格拉斯、迪卡普里奥等是这里的常客；而两位曾访问古巴的中国国家元首江泽民与胡锦涛也同样下榻于此……

“直至今天，它们依然是哈瓦那最好的建筑，由此你们不难想象，古巴曾经经历了怎样的资本主义。”王政，卡斯特罗的中文翻译，他一句话对此作了盖棺定论。

70年，物是人非。街道、房屋、街上行驶的汽车……一切的一切看在眼中的似乎只有岁月的刻痕。

看过那些年久失修的老房子，斑驳的罗林柱、彩色的玻璃、残碎的雕花……每一栋似乎都有一段历史，而现在它们属于普通人，晾晒的衣服、堆放的杂物……早已遮盖了它们往昔的荣耀。站在街边，哪怕只一上午、一小时，也许就顶得上参观一个汽车博物馆。上个世纪30、40、50年代的福特、雪佛兰、凯迪拉克……60、70年代的拉达、莫斯科人、波尔乃兹……，都曾是它们那个时代工业文明的见证。如今，它们冒着黑烟，拖着喘息，却依然顽强地、欢快地奔跑在哈瓦那的大街小巷。

走在街上，常常会突然冒出一个穿着体面的人，或是一个孩子，一位妇女，向你伸着一个手指，问你要一个CUC（1CUC＝24CUC，CUC即古巴比索），那大约相当于古巴月平均工资的1/12。然而，在古巴人脸上却很少能够看得见

"愁容"。倚门而立的姑娘、孩子、老人，也许会目光空洞地看着远方，但这种注视只要被什么打断，笑容就会重新浮现出来。

似乎古巴人早已习惯了等待，用哈瓦那大学博士研究生胡里奥的话说就是："这是一个排队的国家。"公共汽车站总是挤满了人，因为公共汽车要一个小时才有一趟；卖冷饮的小店前总是挤满了人，因为1比索一个的冰激凌总是不够；兑换CUC的地方也总是挤满了人，人们忙着把各种渠道获得的美元换成CUC，因为只有外汇商店才能买到洗涤剂、家电，甚至好一些的卫生纸……

时间，对一些哈瓦那人来说似乎早已停滞。他们住着祖父辈、父辈传下来的或者政府分配的房子，开着祖父辈、父辈传下来的或者国家批给指标购买的车子，凭本到指定地方购买生活必需品，领着差别不大的工资，享受着免费的医疗教育，或认真或慵懒地呆在工厂的车间里……几十年如是。

没错，古巴的确曾经历过资本主义的繁荣，但那时的繁荣并不属于这里的大部分人；古巴也经历过社会主义的艰难，习惯使得他们不去为将来发愁。

"不尽如人意总是有的，比如凭本供应肯定不够吃的，公共医疗偶尔也要走走关系，学校只发一套免费校服，另外购置就要花掉本个月工资……"但是，连卡斯特罗都无法都满意，他说要消灭黑帮、娼妓、赌博、腐败和市场。现在看来，他也只做到了大半。十年前，古巴面临严重困难，娼妓一夜之间公然出现在哈瓦那的大街小巷。古巴小心翼翼地推动了一点改革，但是仅仅是这一小步，连卡斯特罗的亲密战友也没能抵御住诱惑，于是古巴又小心地退回去了一点。

不过，口子已经打开，就很难彻底关上。古巴人渴望享受繁荣，但他们依然无法掌控自己的命运。他们被迫一个月分四次领工资，因为如果一下子都发下来，他们就会很快把它花得精光。但他们也终于有了充分的耐性随着时间挪移。十年前，他们的生活中有了农贸市场，农民被允许在这里出售剩余产品。慢慢地，人们被允许去外汇商店购买商品，有办法的人也可以去外汇酒吧、餐厅消费……他们自己甚至培育起了一个规模不小的"黑市"，在那里他们能用相对少一些的钱，买到需要的东西。他们的生活中有了手机、互联网（古巴普通人不允许使用手机和上网，不过总是能突破这些规定），他们的身边开始有了各种各样的外国人，而不只是西班牙人、美国人或者苏联人。几十年或许漫长，不过古巴人终于又一次不知不觉间开始在一个变革的门槛边徘徊。

当然会有人怀念过去。卖肉的小贩说，过去人们买肉时给的小费更多。

不过,卖橙子的少年马尔罗可不这么看，毕竟他可以从关塔那摩来到哈瓦那，运气好的时候，一天就能收入 200 多比索。

满头银发的佩德罗老人，每天会去 21 街的一个国有餐厅弹钢琴，向客人收取小费。他一生与音乐相伴，他的面容也总是充满祥和。问起革命前后的区别。对他来说，几十年来最大的变化，只是革命前他是独立音乐人，革命后他隶属于一个音乐公司，由公司给他发工资。“不过，不管谁上台，总是会喜欢音乐的”，说这话时的他面带笑容。

南方周末

后台

深思成就深度

南方周末历史上的三道招牌菜

「叫魂」试验

为邱兴华而哭

《时代》正变成另一个《经济学人》？

这是让娱乐制度恐怖的故事

「我」懂得他们伤悲

南方周末历史上的三道招牌菜

——怎样才算一名好记者

□李红平（南方周末新闻版块）

在老周末人聚会时，江艺平老师说她任主编期间对周末印象深刻的三篇稿子，第一篇是陈菊红的《文湘莉在1997年的最后三天》，第二篇是余刘文、长平的《昆明在呼喊——铲除孙小果》，第三篇是鄢烈山的头版国庆评论《从臣民社会到公民社会》。下来细想，发现江老师选择的这三篇稿子居然分别代表了新闻的三个不同风格。

书架上那本王尔山著的《提问是记者的天职——与英美报刊主编对话》一放已经有两三年历史了，一直没有仔细地去看。近两天一时兴起，仔细读了读，发觉还是有不少有意思的东西在里面，比如关于怎样才是一个好记者、主编如何考核记者、主编的职能是什么、如何把握读者感兴趣的东西，以及各个不同媒体的内部架构与运作机制等等，由此产生久违的一些关于新闻的杂感。

什么样的记者才算一个好记者，或者说一名好记者所应具备的基本素质是什么？照说这是新闻最基本的ABC，不过，可能也并不是说所有的传媒人都想清楚了。因为，它实际上还牵涉到对什么才是新闻这一本质问题的判断。

对于这一点，英美各大著名报刊的几个主编都作出了自己的回答，兹摘录如下：

《泰晤士报》主编罗伯特·汤姆森说："想出富有独创性的点子，并以漂亮的文笔写出来。"

在回答另一个问题时，他还说："假如你（主编）是记者出身，你就懂得怎样很快地在与人打交道的时候了解对方，特别是了解对方有没有成为一个好记者的潜力。比如看一篇文章，你总能马上看出作者是不是适合当记者，是不是应该劝他永远放弃成为记者的念头，因为他根本不知道怎么写文章，或者说他能写文章，但不知道怎么写才能让读者觉得有趣。还有些人是永远找不到新鲜的东西。新闻工作的主题就是收集信息，假如你发现对方没有这个本事，那就干脆劝他放弃吧。”

《卫报》主编阿兰·鲁斯布里杰说：“追求准确性，这是第一位的。再就是聪明、敏捷、能写文章，这是最起码的条件，你非得能写文章不可，而且要写得机智、容易理解，让大家有兴趣读下去，文笔不能糟糕。”

《经济学人》杂志主编比尔·艾默特说：“思路必须清晰，表达必须清晰，也就是高质量的思考，然后是高质量的写作，再有就是非常好奇，总想知道这是怎么一回事，为什么会这样，这样会有什么后果。”

《金融时报》主编在回答怎么招到人时说：“你只要见了他们就能看出来。不仅要有激情，还要有完成任务的能力、好奇心、积极性和聪明才智，这就是我们要找的最基本的素质。”

《财富》杂志执行主编里克·科克兰谈到用人哲学时说：“我们相信‘你不仅要说得确切，还要说得好’。亨利·鲁斯（1930 年《财富》的创办者）由于招聘作家担任财经杂志记者而受到质疑，因为当时的普遍看法是他应该从华尔街寻找财经专家，他却说‘我可以教诗人学会计，却没法教会计师写文章’。这句话奠定了《财富》杂志的基础。”

纵观这几位主编的观点可以发现，他们认为一名好记者的一个共同要素是文笔要好，写的文章要生动有趣，容易理解。这，或许是令国内传媒人多少有些出乎意料的。看国内媒体界，包括我自己，这些年来由于反感宣传模式，所以对记者能够采访硬新闻、能够突破封锁从而拿到料的能力特别地强调。当然，拿到第一手的、最核心的材料的能力，永远是一个优秀记者的根本点和基础。但是，由于环境收紧，记者单纯拿猛料的空间其实是有限的，而且，大部分人即使拿到了料，也很难对料进行非常好的文本整合与创造，在叙述的方式方法、词语的选择以及材料的选择处理等方面仍是非常简单的一些套路和模式，只能是机械地把料铺陈开来，于是，国内媒体界新闻文章质量之粗糙便可见一斑了。

在这方面，1997—2000 年高速发展时期的南方周末倒是做了些很不错的尝试。南方周末的一些老记者在拿到材料后，在新闻写作和文本架构方面也花了不少心思，使南周当时在新闻品质上大幅走在了国内媒体的前列。

前段时间在老南方周末人聚会时，江艺平老师说她任主编期间对南方周末印象深刻的三篇稿子，第一篇便是陈菊红的《文湘莉在 1997 年的最后三天》，第二篇是余刘文、长平的《昆明在呼喊——铲除孙小果》，第三篇是鄢烈山的头版国庆评论《从臣民社会到公民社会》。下来细想，发现江老师选择的这三篇稿子居然分别代表了新闻的三个不同风格：第一篇是对一个并不是太张扬的新闻事件，发现它的独特价值和角度，然后再用一种很好的文笔去叙述它；第二篇则是典型的靠爆猛料取胜的揭露性报道；第三篇则以逻辑思维和见识取胜。

在南方周末前几年，第二种风格显然给外界留下了最深刻的印象，也是南周赢得最广大销量的招牌菜，并树立了它在普罗大众心目中的形象与公信力。然而，这一成功发展到后来也变成了一种路径依赖，那就是它持续需要猛料，而且最好是越来越猛的料在头版刺激市场，赢得高销量，不然，销量就会下滑，在内部的士气也会变得低落。客观地说，南方周末后来不断出现风波，固然有环境收紧的因素在其中，但南方周末久而久之形成的这种路径依赖恐怕也要承担相当的因素。

在 2000 年下半年我来南周的时候，南周刚在钱钢主导下，以西部大开发的系列报道为标志，启动一场大转型。但西部大开发所代表的方向是否是转型的最佳方向，在内部显然未达成共识，在市场上也激起了养成阅读路径依赖的不少读者的不满，南周的领导层也缺乏坚定不移地转型的权威和力量，所以，此次转型并没有坚持到最后。

其实，以南周当时所拥有的那么庞大的发行量，如果主导者有魄力和决心，制定一个在半年或一年的时间内，哪怕是付出发行量暂时下跌 20 万—30 万份的代价，也要改变那种饮鸩止渴的发展模式，在第二种风格上面自觉地变得更加克制、更有理性和技巧，从而在第一种和第三种风格上面做更多的探索——事实上，南周当年的不少稿件和版面还是显示出了逼人的才气和想象力，这一点恰恰是今天的南周相对而言比较缺乏的——那么，或许今天的南周依然是一份走在中国新闻最前沿的、令人尊敬的报纸，同时也会诞生更多真正的名记者和真正一流的佳作，而不会像现在这样，给新闻界贡献几十个并不一定很有成就感、并不一定很快乐的主编、副主编。

当然，历史是不能假设的。在一个存在诸多不公正和不确定的转轨时代，爆猛料永远是令新闻操作者兴奋，也是普罗大众最期待的，何况即使按另一种模式发展，能不能保证安全，也是一个未知数。所以，假设终归只是假设而已，历史还是会按它自己的逻辑和最可能的方向发展。

一说起南周，就扯得有点远了，不过，看了几大著名报刊主编谈好记者的标准后，的确给我印象最深刻的，是对记者写作能力的强调，甚至连《财富》这样的财经杂志，都把写作能力和文本的趣味性摆在这样的高度。这显然属于新闻技术的范畴。但是在国内传媒界，大家似乎一直在抱怨环境多么的不如意，却基本上很少有人在谈论技术了，或许，做了一两年记者的人，就已经觉得，自己在技术上早已是足够牛叉了。

另一个印象深刻的，是《经济学人》《金融时报》等几个刊物的主编对记者好奇心的强调。记者为何需要好奇心，《经济学人》的主编解释得很清楚，有了好奇心才“总想知道这是怎么一回事，为什么会这样，这样会有什么后果”。

在我看来，记者的好奇心，应该是支撑一名记者去探索和前进的最本原的动力。因为，唯有好奇之，方能久之，方能真正深入。在国内，不少人都只把记者简单地当作一种养家糊口的职业，自然做了不到两三年，就很容易产生一种职业上的倦怠感与怀疑——这一行，收入显然不算高，地位也不算高，生活还不规律，还要时不时面临各种风险。唯有对探索陌生世界真正有兴趣、有好奇心的人，方能真正持久，方能获得持续的价值感与满足感。我们总是在感慨为何华莱士七八十岁了，还在电视上进行一线采访和主持，而中国的记者做了两三年，就考虑转行做个更稳定的编辑，或者希望成为新闻官僚。这一现象背后，固然是国内传媒界的激励机制造成了“不鼓励你成为一名好记者”这一现实，其实也与从业者是否具有新闻理想、是否真正对未知世界有持久的好奇心有关。

当然，在当下的中国，人一过了 30 岁，再谈所谓的新闻理想，或许就会显得颇为可笑了。不少人早已把角色从一名记者转变成主编甚至是发行人或总经理的立场了。

另外，不少传媒人将主持社会正义当作记者职业的动力。尤其在中国，“铁肩担道义”的观点更是深刻地影响了传媒人的价值观。有意思的是，在英美各大主编的表述中，没有一个人将这列为成为一名好记者的要素。应该说，这与英美早已享有法定的充分的新闻自由有关。但是，到底什么才是新闻呢？或许，新闻很重要的一方面是揭示真相，促进信息的自由流通，但是，揭示和曝光难道是新闻唯一的功用吗？或者说，这难道应该是一名记者的唯一冲动吗？现实生活中有大量与揭黑无关的新闻题材，记者该如何面对这些题材呢？或许，好奇心应该是一名记者更宽泛、更本原的报道驱动力。面对一件事情，你想弄清楚的，并不简单地是立马想到，这公不公平，而是应该考虑：它到底是怎么样的，它为什么会这样，为什么会这样发展，可能会导致什么样的结果，有什么样的解决之道，等等。

同样在这本书中，美国《娱乐周刊》的执行主编詹姆斯·西摩在谈到这是一本什么样的杂志时说："我们把娱乐当作一门生意来报道。我们不会浪费笔墨对名人明星评头品足，（我们）只关心娱乐行业的决策是怎么来的，包括电影、电视、音乐、图书、录像带、互联网。我们认为读者会对这个感兴趣。"

"这个行业无时无刻不在决策，拍什么电影，拍什么电视，捧谁不捧谁，怎么捧，怎样推销新唱片，明星自己又该接什么工作，等等，说的都是亿万美元的大生意，这就是我们的报道的基础。我们要设法找出幕后新闻，看看他们是怎样做这些大生意的。"

我觉得这是对中国的传媒人相当有启示意义的一段话，尤其是他做的还是一本娱乐杂志，却能持这样的报道理念和立场。比如说，大家都在骂《无极》的时候，我不知道之前有没有人冷静地采访过陈凯歌：拍这样一个片子，他是怎样考虑的，他背后的投资方是怎样考虑的，他们为什么觉得这样的片子值得投巨资，他们觉得片子的看点在哪儿，观众为什么会接受、会掏钱，陈凯歌为什么要讲这样的一个故事，为了讲这样一个故事，他在演员、拍摄、舞美、特技等方面又做了哪些考虑，他为什么要挑这几个演员，他们在商业推广和市场炒作上面又做了哪些方案和计划，等等。如果我们把这些细节全部都弄清楚了，或许，我们对问题的看法就不是简单地停留在叫好或痛骂这一初级阶段了。而要弄清楚这些，你所需要的，仍然是：好奇心。而不是简单地急着做评判。它反而会使你的心态更平和，所了解的材料更纵深。

当然，要成为一名好记者，所需要的，显然还应有比较好的逻辑思辨能力。有些记者很有激情，但抓不住重点和问题的要害，也不能随着采访过程中的变化而及时地发现和调整问题的重心，所以，交给编辑的稿子基本上是一堆没有逻辑的素材。我在南周时即碰到过这样的记者，有意思的是，这样的记者居然也成了公众眼中所谓的名记者。

最后，是与人交际的能力。它在很大程度上决定了你能否从采访对象那里拿到所需要的料。但我觉得也不必把交际能力抬到太高的程度，只要生活态度积极、性格不是特别内向即可。

所以，如果要我说一名好记者的必备要素，我的回答跟《经济学人》主编的说法差不多，那便是：有较强的逻辑思维能力，有较强的表达能力和较好的文字感觉，有对世界强烈的好奇心，还要有积极的生活态度。所谓"四有"新人。

可惜，在目前国内传媒界浮躁和粗糙的大背景下，"四有"新人实在是谈不上多。

“叫魂”试验

——《汝州之惑》的三个困惑

□肖　华（南方周末经济版块）

关于新闻伦理：谁被报道谁倒霉

这是做记者两年来最心力交瘁的一篇稿子，折磨来自我自己的内心。

即使是被副省长张大卫以那样不留情面的方式叫停后，汝州官员们也一直没有放弃努力，他们还在不断找更高层的人想让投资上亿元的氧化铝项目悄悄死而复生。死而复生的一个重要条件，就是让这件事情赶快在人们记忆里消失。

所有的报道，不管同情还是抨击，公允或是偏激，对微妙时刻的汝州来说都是一个糟糕的消息。

写与不写，便成了一个问题，煎熬了我好几个日夜。

一方面，这个事件是解读中国宏观与微观矛盾的一个典型样本；而另一方面，全国各地发生的事情莫不如此，但谁被公开了谁就做不成，谁被报道谁倒霉。

许是性格使然，我从来不愿意伤害任何人，更不愿意让我的报道伤害别人，哪怕报道对象真的做了极其罪恶的事情，我也希望能去了解他为什么这么做，因为这个世界上没有谁生来就是恶人。

为什么会收到这样一条短信：“张大卫（注：河南省副省长），肖华，汝州官员没齿难忘的两位人物！”为什么中西部的人民，会被资源魔咒束缚？为什么多如过江之鲫的记者，却讲不出《叫魂》那样波澜壮阔的故事？

更何况，汝州只是做了一个从当地资源禀赋出发的理性选择，有何罪恶可言？倘若我是当地父母官员，我也许同样会如此选择。

难道只是因为跟不同层级的官员屁股所放的位置不同，汝州便活该要受到伤害，汝州的官员便活该受到谴责与惩罚吗？在轰轰作响的巨大的制度机器面前，每个人的力量是多么的卑微，多么的渺小。而我们，被称为无冕之王的这样一群人，又有什么权力去肆意伤害这样卑微渺小的力量？

在作出决定之前，我跟编辑余力反复讨论了很久。作为一篇新闻报道，它必须有载体，就算不是汝州，也迟早会落到其他地方头上。我们能做的，也许只是让文章尽量公允、平衡。

即便是这样，稿子出来的当天上午，汝州市委宣传部怒气冲冲打来电话。后来发现原来是许多网站擅自将标题改得很刺激，他们的口气又软了下来，几乎是哀求我们从网站撤稿，并且不要再做后续报道。

就在那一天，一位当地人发来一条短信："张大卫，肖华，汝州官员没齿难忘的两位人物!"

关于内容：一个中国死结

当下中国的状况，就像是一个死结，经济上的分权与政治上的集权同时向两个不同的方向用力。

过去20多年的改革开放，是一个不断放权让利的过程，地方政府手中的权力越来越大，能调动的资源越来越多。这个分权的过程一直持续至今。一个例子是，汝州从去年起入选河南的省直管县试验，这个试验的另一个直白的名字叫"扩权县"。

全国各地人民的财富热望被次第点燃，地方政府更是雄心勃勃，尤其是中西部官员。他们既面对着GDP政绩观体制下的升迁诱惑，也面对着一方百姓希望富裕所施加的无形压力。最后，几乎所有人都选择了同样的道路：卖地、卖资源、卖一切可卖又卖得出去的东西，以及自己投资或者招商引资上大项目。

当各地政府都作出同样选择的时候，经济过热、产能过剩苗头越来越明显，而另一方面，中央政府发现自己对很多事情已经失去了控制力。于是宏观调控一调三年，看起来中央却像个消防员，看见哪里冒烟就跑过去摁着。没想到神州大地到处摁下葫芦起来瓢，在我走过的地方依然是热火朝天，而且几乎没有看见任何真正停下来的项目。

与此同时，中央与地方的博弈一直在激烈进行。一个重要的原因是，中国太大了，大得让人绝望。

如此臃肿的国家，各地情况又千差万别，经济政策的制定极其艰难。倘若全部统一，容易出现一刀切；不统一，则又为各地留下许多空子，政策形同虚设。

从这一点来看，放权让利，让地方政府自主按照当地情况决定如何发展经济，几乎是一个必然的逻辑。

然而与许多学者设想的这种经济上的联邦中国并不相配套的是，政治上的联邦制显然不可能在当下出现，反而恰恰有中央感觉失控之后的加强控制之势，无论是经济还是政治。

朝两个相反方向同时用力，使这个结越绷越紧。最终会呈现怎样的结果？是一场大崩溃，还是中间另有解法？我唯有等待与不断追寻。

《汝州之惑》描述了现实存在的矛盾，却未能回答另一个我存在已久的疑惑：除了卖地、卖资源、上大项目，一个相对后发地区的地方政府还有别的增长之路可以走吗？

我向来认为，如果大多数人都作出同样的选择，那一定不是某个人的问题，而是制度这根指挥棒在起作用。假如有一天南方周末的记者都去抢红包新闻或是政治任务稿，一定不是某个人变了，而是评价体系变了，制度鼓励每一个理性的趋利的经济人如此选择。

有人会问，相比之下，当年浙江走出贫穷，并不是像这样由政府组织进行投资，而是民间出现满山遍野的小商小贩，工业化最初也是由生产各种日用消费品而起步的。为什么中西部地区不能重复这样的民众自己选择的道路，而非得要由政府来组织、参与投资呢？

一种说法是，中西部官员的手伸得太长了，我们应该呼吁政府职能转变。

但是仅仅止于此吗？为什么中西部的人民群众不像或者不能像当年的温州人那样自己去寻找同样的发财之路？一个原因是资源魔咒的存在，即越是资源富足之处，反而越可能因为没有生存压力而发展缓慢。

另一个可能的原因是，大工业本身就有内在的加强国家控制的需求。

当年浙江能靠轻工业起家，与当时处于短缺经济有关，所有东西只要生产出来就能卖出去，资金与技术要求都并不高。而现在，工业化的阶段已经发展到重化工业时期，在这样的需要大投资高技术的时代，即使是美国、日本这样的国家，当年在这个时期都重新经历了国家收紧控制权的过程，从而完成了“华丽的转身”。

放任与控制，在各国经济史上从来就是钟摆的两端。在重化工业时期，美国与日本的钟摆都恰好荡到了恰当的位置。而中国呢，钟摆还没荡到位，人们一直还在为摆脱国家控制争取自由而努力，就与大工业时代重合，两个相反的力在拉同一个钟摆，于是，茫然、混乱、摇摆、在各种力量支配下作出的不同选择，让人眼花缭乱，各种可能性也都在此中呈现出来。

尽管并不知道这样的想法是否合理，尽管无法为明天作出判断，但是作为一个记者，生在这样的转轨年代，我们何其幸运！

关于文体："大叙事"试验

一刀横切进历史，在这个切面里描摹年轮脉络，探寻其所生存的整体世界的运行机理，甚至暗自推断其生长方向。

国庆读《叫魂：1768年中国妖术大恐慌》，忽然发现，这一年来做的许多报道在方法上都呈现出与此相通的某些特质。

这样的方式天然地适合新闻。它往往选择一个标志性事件或者当下的某种现象为载体，这个事件、现象本身就是人们愿意口耳相传的新鲜事。换句话说，记者能讲一个故事，至少。

然而为什么多如过江之鲫的记者却讲不出《叫魂》那样波澜壮阔的故事？显而易见的答案是，这些记者中间有谁能像孔飞力那样潜心研究清朝历史，深刻思考皇权与官僚制度？即使发现同一朵浪花，又有多少人看得见它背后是碧波荡漾或暗流汹涌？没有了这种沉敛其中的思想的张力，再热闹的故事也许都只是一时喧哗。

对一个记者提出这样的要求，显然并不现实，毕竟孔飞力穷其30年的研究，也只写成了两本书。不过他至少给出了某种可以追随一生的方向。

就像一群结绳记事的初民，我们将一个个绳结次第挽在历史之索上。一个重要前提是，更准确地号住时代的脉搏，从而更准确地摒弃或者穿透光怪陆离的碎片，直指那些关键性的节点——否则，我们记下的，不过一地鸡毛罢了。

当然不管怎样，我们所记录的东西都会成为若干年后人们研究今天的史料，这些记录会告诉后人，我们今天的情绪以及看待事物的普遍方式。就像大跃进、"文革"期间留下的报道，真实地折射出那些年代的荒唐与疯狂。

把当下发生的事情放进一个更广阔的历史视野，它也许会呈现出更为清晰的轨迹与特性，对我们自身来说如此，对我们所要记录的事物本身更是如此。这种方式——姑且把它称为“大叙事”——展现的是一种历史的进行时，它首先需要的就是大历史观，世间万物总是互相连通因果相系，年轮不是某天凭空就变出来的。

大历史观不仅告诉我们该从哪里“下刀”，也引导我们怎样剖开这个断面去寻找那一条条筋骨的来龙与去脉。

换成新闻的用语来说，它指引我们去提问，去那些可能的地方寻找答案。

与其同样重要的，则是深入浅出的功夫，透过故事来讲道理。这样，那些数目众多而层次不一的读者也许能各得其所，有人看了个热闹，有人却能想明白或者开始想某些道理。

不过，知易行难，几篇无意的试验下来，收获了一堆的缺憾与疑惑。

思考深度因学识局限，采访受现实掣肘自不待说，另一个文本上的问题是，一遇上此类报道，我便像个说书人，非得从头道来而不能像电影那样在不同时空之间转换自如。令人苦恼的是，我不知道这是自己天资所限，还是这种叙事方式本身隐藏的框架，因为《叫魂》也同样未能脱此窠臼。

也许只有继续尝试，才能找到答案。也许答案根本就是个乌托邦，只在反反复复的试错试对之中留下一个个精致或者粗糙的绳结。

（相关报道：《汝州之惑》，《南方周末》2006 年 10 月 12 日）

为邱兴华而哭

□柴会群（南方周末新闻版块）

在宾馆把邱兴华的稿子发出去之后，我躲在厕所里，莫名其妙地哭了一场。这是我六年记者生涯中仅有的一次。

“强迫”做的选题

邱兴华案的稿子，普遍被认为做得不错。但说起来惭愧，做这个题目并不是我本人的选择。开始编辑给这个题的时候，我是推掉了的，而且推的理由很充分：一个凶杀案，如果说有特点的话，无非是死的人数多一点，身份特殊一点，手段残忍一点。但是，不管怎么讲，无非是一起凶杀案而已，像我们的一位实习生所说，它的普遍意义在什么地方？它是否符合南方周末的价值标准？我想了下，没看出来。我也是这么跟吴晨光说，而且也把他说服了。

其实这些是表面的理由。真正的原因，我实在是不想出这趟差。我不算是一个太懒的人，但看了相关报道，那个地方确实让我望而生畏。您想想，海拔两千多米的大山，近 40 摄氏度的高温，上千人搜捕，连狼狗都累得拉稀。那个案发地点铁瓦殿，从山下走上去，至少要四个小时。据说公安部去了六个人，最后只上去三个，还有一个是抬下来的。傻子也知道这是个脏活累活。而且，明摆着，你是跟日报竞争，做好了，应该，因为你是南方周末的；做不好，只能丢人现眼。

但是李红平老师不干。他尽管没有充分的理由说服我，但仍执意让我去一趟。我想他或许更多是出于一种职业新闻人的本能——而不是所谓的南方周末的理念——来判断这一题目的。由于这是我跟李老师合作的第一个稿子，所以尽管很不情愿，但还是满腹牢骚地上路了。临行前还跟编辑说了句特没出息的话：不要抱太大希望，有可能做不出来。

被复杂化的新闻

说到这里，想提几句一直想说的话。我觉得，近来，或者说长久以来，我感觉到南方周末一种不太好的倾向：我们在判断一个新闻的时候，往往把简单的问题复杂化，一些明显属于新闻的东西，经过这种复杂的判断之后，反而可能被认为不是新闻了。我觉得我那个女医生之死是个新闻，结果编辑部普遍不感兴趣。相反，一些不是新闻的东西，经过这种复杂判断之后，也会摇身变成一个意义重大的新闻。

我觉得这是一个很严重的问题。比如邱兴华案，傻子也知道它是新闻。可是，你非要说它的普遍意义，非要说它体现出的社会内涵，而且，你这么说不是基于你的采访，不是基于你长期以来形成的职业新闻人的职业敏感，而是基于你不知如何也不知何时形成的一种奇怪的理念，那么，它就可能不是一个新闻了。坦率地说，包括我在内，很多周末人似乎都有这个毛病。我认为，这个毛病是扼杀周末生命力的一服毒药，而且正在渗入我们的肌肤。

一篇文章，比如像《孙志刚之死》，如果能推动社会进步，甚至促进立法，当然是一个报社和一个新闻人的无上荣耀。可是，如果你要把它作为一个模板，要求篇篇文章都像孙志刚报道一样，非要在某一件事背后体现它的重大社会意义，非要靠它来推动立法，那么这张报纸非得关门，这个记者非得饿死。为什么？因为没那么多这么巧的事。而且，我认为，其实也没有那么多读者关心你所一心想体现出来的东西，看一篇两篇行，看多了，累。

具体到邱兴华杀人案，我现在想，按照以上的这种理念，如果最后的指向是社会逼邱兴华杀人，是不是它的见报意义就更大一点？而且，这么说不是没有道理，而是确实有相关证据，比如，邱兴华一家当年背井离乡，农业税是一个很重要的原因（见报时被删了）；经济窘迫的这家人两年前曾经给在当地建基站的联通公司背过石头，但到现在工钱也没付；邱兴华曾多次被抓，但后来证实大都是被冤枉的。我相信，以上这些内容足以支撑起上面的指向，而且，表面看起来，这也是一个最能体现《南方周末》传统价值观的一个指向。

但是，如果真相果如我的判断，邱兴华是一个有遗传史的精神病人呢？难道这一切就失去意义？难道这就不符合《南方周末》新闻价值观？就不是一个好新闻？我认为不是，它还是一个不折不扣的好新闻。

而且，我还不谦虚地认为，如果真是这样，那么这件事的意义或价值，一点也不比“社会导致他杀人”这个指向小。

邱兴华精神有问题这层意思，目前为止，《南方周末》是唯一体现出来的一家媒体（我是就主稿而言，而且也是用事实去呈现，写稿前李红平曾嘱咐我精神病的结论要慎重）。为什么其他媒体没有提出来？《华商报》等了三小时完成的“专访”为什么没有登出来？该案为什么由轰动一时到现在又一片沉寂？这些反常现象的背后，难道没有可能掩藏着一个可能更为轰动的新闻——邱兴华是个精神病人？

如果说邱兴华真有精神病，那么这起轰动全国的恶性案件，这起曾经导致陕西省规模空前的大搜捕的案件，就会演变成一出难以收场的闹剧。试想，一个杀人嫌疑犯，在作案后曾被公安局局长形容为“窜山豹”，在民间曾被盛传是参加过越战的特种兵，更要命的是，他竟然在上千武警、公安和当地干部群众组成的包围圈里从容逃脱，安然无恙地跑回了百里以外的老家。如果他不回老家，他就会很轻易地逍遥法外，从此不知所终。那位立下军令状的公安局局长（据说得知邱被抓后激动得泣不成声）可能就要因此被免职。而导致所有这一切的主角，竟然是一位精神病人，难道还有比这更有新闻价值的猛料吗？

就“社会意义”而言，它同样发人深思。最近轰动一时的上海奥迪车司机撞人案，经我核实，肇事者确实是一个间歇性精神病人。而且，一些特征与邱兴华极为相似，比如脾气暴躁，经常烦躁不安。但是，网民们却宁愿认为，这个人有什么不寻常的背景，他撞人是因为他有恃无恐，他被鉴定为精神病是因为靠关系……

就在前天，我收到办公室李茜转来的一封读者来信，说看了邱兴华的报道，感觉他母亲的情况跟邱兴华特像。楼上邻居的任何响动，都会让这位母亲烦躁不安，多次交涉无果，进而认为对方在有意害她。后来全家被迫搬家，结果她认为楼上的新邻居同样如此。

我想，我们很多人已经感觉到，在当前这个压力越来越大的社会，存在各种问题的精神病人正在越来越多。如果他们能及时得到社会的理解和关爱，如果能及时采取措施，也许就会避免不知多少悲剧。而他们一旦作案，那么其危害也绝非常人可比——这个指向难道就不够高端？

说实话，在宾馆把邱兴华的稿子发出去之后，我躲在厕所里，莫名其妙地哭了一场。这是我六年记者生涯中仅有的一次。我为病人邱兴华而哭：一个爱看书、孝敬母亲、自尊心很强的精神病人，多年来背负着家庭的重担，忍受着族人的侮辱，躲避着社会的压迫。最后，他却走投无路，他失去了最后的依托，他感觉为这个他奋斗一生的家庭所不容，被他挚爱也唯一爱他的妻子所抛弃，他终于崩溃，并选择了他所认可的发泄方式……

如何采访到邱兴华

有同事想知道，我是怎么采访到邱兴华本人的。其实也就是运气。我去邱兴华家里采访时，在那遇到几个蹲点的警察，后来也正是他们把邱兴华抓住。其中有一个是法医，戒备心理不是很强，加上我曾请他吃过一顿饭，可能觉得欠我一个人情，因此关于一些动态的消息，曾几次发短信告知我，其中包括《华商报》通过安康市公安局局长的关系，争取到五分钟采访时间。

其实我收到他短信的时候，离《华商报》采访邱兴华的约定时间已经过了快两个小时。我已不抱希望。但又想，闲着也是闲着，不妨碰碰运气。结果稀里糊涂地闯到看守所，竟然发现华商报人正在那干等。我与他们打个哈哈，然后等审讯结束一块进行采访。由于最后一共给了一刻钟时间，两家各问各的问题，因此最后没有单弄访谈。

华商报记者采访到最后，不仅与邱兴华合了影，还硬让他在笔记本上写一句给孩子的寄语，结果被看管人员制止。我以为他们第二天就会浓墨重彩地登出所谓的“专访”，但奇怪的是，好像至今也没有见报。

其实在采访邱兴华之前，我已经完整地看完了央视和汉阴县公安局的采访录像，分别是央视记者和安康市公安局局长与邱兴华的两次对话。这次采访主要是回答我关心的几个问题，更重要的是印证一下我对他的判断。

需要说一下的是，央视报道内容是经大量删减过的，而删去的恰恰是能反映邱兴华精神状况的最重要内容。我在当地电视台看到的这些录像，电视台的人也在看，看到邱兴华那些奇怪的回答，他们不时发出笑声。

（相关报道：《“变态”邱兴华心理档案》，《南方周末》2006 年 8 月 24 日；《他不知道自己做了什么？》，《南方周末》2006 年 11 月 30 日）

《时代》正变成另一个《经济学人》？

□李丹婷（南方周末新闻版块）

分析性杂志，或许将来会取代新闻杂志。看看《经济学人》的众多模仿者即可知。两年前，《美国新闻与世界报道》改版，《经济学人》是他们桌面上的教材；《商业周刊》曾试图模仿《经济学人》的封面报道；《洛杉矶时报》的编辑要求记者写出有《经济学人》味道的稿子。这一次，又是《时代》……

在《时代》杂志全体员工大会上，会议大厅前面有三张椅子，其中两张已经标有名字，一个是约翰·休伊——时代集团总编辑，另外一个是吉姆·凯里——《时代》杂志前任总编辑，第三个是一个“？”。

在宣布新任总编辑之前，每个员工都在猜测这个“问号”是谁，直到理查德·斯腾格尔出现。

现在，这个“问号”将带着《时代》走向另一个“问号”：他带领下的《时代》，会怎样？

1923 年，时代创办者亨利·R. 卢斯和布雷顿·哈登认为繁忙的美国人并不能及时地获取信息，看不清世界局势的发展，因此，《时代》诞生了。它以纽约的编辑对一线记者采访发回的新闻进行加工整理、重新编撰为基本运作模式。在当时，这种新闻周刊是一种新兴事物。而现在，为了适应时代，《时代》改版了。

根据美国发行量审计局公布的数据，在网络媒体的冲击下，2006 年下半年，《时代》销量下降了 8.3%，年收入也持续下降，从 2005 年的 66.13 亿美元减少到 63.18 亿美元。整个时代公司去年精简了 577 个职位。遭此冲击的不仅仅是《时代》一家，有 20 年历史的美国电影杂志《首映》（*Premiere*）在今年 4 月刊出版后休刊，只是继续杂志网站的运行。

在新任总编辑理查德·斯腾格尔看来，“我并没有放弃平面媒体，相反，改版意味着我们力求做一本网络无法替代的杂志”。

对这本杂志，在理查德·斯腾格尔领导的改版工作思路中，有这样的描述：“最优美的文字、精彩的报道、敏锐的思考和优秀的图片。”

业内人士认为，面对网络媒体的挑战，传统媒体的反应是被动而且缓慢的。因此，这次《时代》改版的大动作，让他们看到了平面媒体积极的应对。“他们（时代公司）愿意为此投入金钱和精力，说明他们并不认为平面媒体是夕阳产业，否则，他们不会花钱做这样的事情。现在的时代，每一分钱都力争花在刀刃上。”传媒投资银行 DeSilva & Phillips 的合伙人里德·菲利普斯说。

在设计上刻意追求复古情怀，在内容上则刻意摆脱传统新闻杂志的定义。这是《时代》此次改版很突出的一个特点。

在版块方面，《时代》由原来的 9 个减到 4 个——Briefing（资讯）、The Well（商业）、Life（生活）、Arts（艺术），从而使结构更清晰，版式更美观，读者阅读更便捷。之前的 Notebook（笔记）版块，现在改为“资讯”，让你轻松了解一周大事、短讯等；“商业”，你将看到美国以及全球的商业报道、人物速写和图片故事；“生活”，让你了解众多传统栏目，如法律、宗教，并且也新开了美食、历史等栏目；“艺术”，在此版块以一个称为“轻松时刻”（Downtime）的独立页作为结束，它将帮助读者选择有趣的周末娱乐。

紧随“资讯”后的版面，更突出专栏作家。“商业”的特色在于长短有致、各种各样的文章，在这里你可以读到封面故事；“生活”的作家们也得到了更多关注，他们的头像出现在页面顶端；在“艺术”版块，你会读到关于文化、书籍、电影以及音乐的评论和最新消息。

在《纽约时报》专栏作家汤姆·斯库卡看来，《时代》的改版方向，是努力成为美国人自己的《经济学人》。从改版到现在，所有的迹象都显示了《时代》有意朝《经济学人》迈进。《时代》不再像以往一样，是报道和梳理一周新闻的杂志。现在，它请来了更多的专栏作家，不刻意追逐新闻热点，而是重点分析新闻事件的前因后果，并包含对未来趋势的预测。“《经济学人》，是理查德·斯腾格尔所欣赏而且想套在《时代》上的杂志。”

分析性杂志，或许在将来会取代新闻杂志。看看《经济学人》的众多模仿者即可知。两年前，《美国新闻与世界报道》改版，《经济学人》是他们桌面上的教材；《商业周刊》曾试图模仿《经济学人》的封面报道；《洛杉矶时报》的编辑要求记者写出有《经济学人》味道的稿子。

然而，至今读者还是只认同一个《经济学人》。

也许我们可以这样理解：模仿者真正想要的部分，是《经济学人》那群数量庞大且高端的中上层读者。《时代》做的读者调查显示，其读者平均年龄超过60岁。在这个前提下，就不难理解，改版是为了迎合年轻读者。

《时代》记者苏姗表示："美国版的《时代》，不如亚洲版和欧洲版那样享有很高的美誉度。至少在美国国内，它远不如《哈泼斯》（*Harper's Magazine* 是一本带有美国进步人士及左派立场的月刊，它涵盖了文学、政治、文化、艺术诸多方面）、《大西洋月刊》、《纽约客》、《经济学人》那样深受高级知识分子欢迎。特别是在网络冲击下，新闻杂志已经缺少了优势。大学教授基本都不读《时代》，《时代》只是在医院候诊的时候，免费提供给等候的人阅读。"

卢罕，一位标准的新生代青年说："既然在网络时代下长大的一代都不喜欢看新闻杂志或报纸，那你又何必为了他们去改版呢？"莎拉在《时代》网站上留言："改版是成功还是失败，还是要等《时代》来告诉我们答案。"

欢迎《时代》改版的，是其竞争对手《新闻周刊》。《新闻周刊》编辑祖马克汉说，《时代》的改版是件好事。任何能够区别我们这两本杂志的变化，对彼此都是好事情。

当《时代》吸引名望甚高的专栏作家来撰写观点鲜明的文章，开始变成一本以分析文章为主的周刊时，《新闻周刊》很可能就会发现，在新闻性刊物间，这块蛋糕越分越细，自己有机会垄断市场。

附

专访《时代》执行编辑：我们如何改版

《时代》改版后两个月，记者联系到《时代》执行编辑艾迪·伊格内修斯。这位说一口流利俄语和汉语的美国人，2002 年 2 月开始担任《时代》执行编辑。两年后，成为《时代》加拿大版（在加国拥有 300 万读者）的主编。

进入时代集团前，艾迪·伊格内修斯是《华尔街日报》一位资深记者，曾任《华尔街日报》驻华分站站长、驻莫斯科分站站长。

从记者到编辑再到执行编辑，艾迪·伊格内修斯一直坚持自己接听电话和亲自回邮件。对于来自《南方周末》的电邮采访，他回了五封邮件，解释《时代》改版的幕后工作——

去年约翰·哈里（时代公司编辑董事）提议我们是不是应该做些改变，重新整合一下。因此，他请来了和他观点相同的理查德·斯腾格尔。

我们改版工作的一个大前提就是，让杂志变得更加贴近时代，让读者每周都很期待并且带着热情来读我们的杂志，目标是希望不仅仅成为一本受读者尊重的杂志，而且还是一本能够让人兴奋、有阅读欲望的杂志。

改版的前期准备花了半年时间。首先我们在内部进行大范围的讨论，征求每一位员工的意见。此外还邀请了外部的专业人士，倾听他们的建议，看杂志有什么是值得保留的，什么需要舍弃。在此基础上，我们开始着手进行改版。

我们分两部分进行：一是版式的刷新，二是内容上的修改。为改变《时代》的外观，我们回顾了自1926年起杂志所走过的历程，努力尝试令杂志在面对21世纪的同时，继续传承其特有的经典气质。过去的几个月来，我们一直渴望能创造出这样一种兼具现代和复古感的设计。我们雇用了Luke Heymann，一位杰出的专业媒体设计师。他花了数月时间与我们自己的设计师和编辑交流，刷新封面，修改我们的栏目设置。

网络让新闻杂志成为旧闻杂志。《时代》很清楚，在网络时代，报道突发新闻，往往都是徒劳无功的。

这就是为什么我们推出了自己的网站：time.com，并广泛告知我们的读者，如果想要看“新”闻，请登陆我们的网址，并且网站的内容在杂志上也有展现，我们在更进一步加深时代杂志与其网络平台time.com的结合。其中一个例子就是“10个问题”：每周《时代》会在time.com公布下次受访对象，向广大在线网友收集并挑选10个问题在此次采访时提问。此外，杂志报道里会添加有关文字链接，帮助读者在time.com浏览与此新闻相关的资源、博客以及论坛。除了强调《时代》能提供网络无法营造的“媒体气质”，总编辑理查德·斯腾格尔的改版工作，重点强调了与网络的结合：“我们每周为您奉上一期杂志，每日更新time.com，不仅为读者报道新闻，且深入剖析背景，提供独特视野。在这个不明朗的世界里，我们为读者分析事件的前因后果，厘清事实。为此，我们的记者网络遍布全美以及世界各个地方——《时代》杂志拥有超过30个海外驻站记者，除此之外《时代》杂志四个海外版的报道也将发布在time.com。”

内容改版的重心是提供网络无法提供的东西：深刻出色的写作、漂亮夺目的独家图片、负有盛名的专栏作家、独特的观点展示。我们更希望把《时代》打造出自己独特的气质读物。这种气质，其他地方没有。

当然，一切的改版工作还在进行中，新的版面出来，并不意味着改版工作全部结束。我们仍然在进一步细致修改中。

改版最初的反馈是好坏参半，这也是我们意料之中的事情。人们通常讲他们不喜欢改版。改了之后，他们又会慢慢习惯新的杂志，然后忘记原来的。最近我们收到的反馈是积极的。部分读者说新的字体不好读，但是大部分读者欢迎我们的改变，对我们的改版乐观。

目前要评论改版是否对我们的发行量有帮忙尚早。但是我们很有信心。

（李丹婷）

这是让娱乐制度恐怖的故事

——杨丽娟报道编辑手记

□张　捷（南方周末新闻版块）

如今总结对杨丽娟报道，简单说，和其他媒体比，肯定是最好的；和理想状态比，是有遗憾的。

此题最初是陈明洋老师推动的。从他的建议谈起。

> 30多家去报道。无妨这些喧嚣。当初张君案也是很多媒体在做，但是公认我们做的是最好的。探究这个家庭的精神历史、社会背景、被娱乐制度控制十几年的历史。这是让娱乐制度恐怖的故事。

校长的蛊惑力

杨父跳海是3月25日晚的事，28日在香港成为各大媒体头条，28日（周三）当晚接到陈明洋电话，建议做特别报道，还原这个家庭13年来的故事。我很感兴趣，开始联络记者，可惜新闻部记者无一不忙。后来想到可以请吴传震的夫人做，因为她身在香港，而这对母女当时还在香港。联络到吴夫人后，她在29日凌晨4点提供了最新消息，那对母女已在30多家媒体的簇拥下到了深圳。还是得自己的记者做。我有点泄气，媒体竞争这么激烈，眼看着这题已长成不出高手就压不住阵的题了，我却压根找不到一个记者。29日上午想到干脆改变思路，别赶这热闹了，往后做个沾边的题目，把那一直计划做的职业粉丝群体调查做出来，也算正好为这题找了个由头。

中午再跟陈明洋通电话，他的再次分析让我决心直面这个题目。分析很具蛊惑力，不仅打动了我，后来还打动了袁蕾、李海鹏。

以下是记录（一边听着电话一边支离笔录，精彩之处未能尽录）：

30多家去报道。无妨这些喧嚣。当初张君案也是很多媒体在做，但是公认我们做的是最好的。

粉丝这个题目让我想到《刽子手之死》《香水》。

不难想象有些人会对此事下简单的结论，比如病态。

我认为对有病的人应有更多同情。

这个家庭也处在社会关系中。怎么造成这样的病态？是否全然是自己的责任，被娱乐制度所控制，所伤害？怎么演变成这样子的？我们要深入深层的东西，看到精神深层的历史，分析这个家庭怎么会变成这个样子的、它跟这个社会的互动是怎么样的，把这些整个串起来，梳理出这个家族走上这条路，整个十几年的历史。

探究这个家庭的精神历史、社会背景、被娱乐制度控制十几年的历史。

父亲是个教师，女儿16岁就辍学，第一次为到北京追星就卖了房子，去年父亲又要卖肾，不懈筹款，听说2005年那次筹了1万多。

现代娱乐业还是真的值得反思。国外娱乐业大多有成熟的粉丝群体，中国的粉丝也正在逐渐成熟职业化。粉丝会娱乐会，很清楚是各自的利益。粉丝有一定的理性。比如国外追歌星，只为和歌手一度春宵，双方都认可接受，都是理性的可控制的，满足欲望之后不会有更多要求。知道边界，知道什么是奢望，什么是合理的，各自能够搞定。

但是这个家庭是搞不定自己的。他们的行为是出乎意料的、不可控制的，会被明星一方认为是无法控制和恐怖的。这种做法属于让明星恐惧害怕的那种行为关系，而且不幸追的偏偏是有"好人"名声的刘德华。

这是让娱乐制度恐怖的故事。

目前未见真正丰富的报道，只有卖肾之类简单的喧嚣。都是不完整的。

真正故事的丰富和细节可能大大超出我们想象。十几年，卖房卖肾，最后见了10分钟。背后可能有很多故事和细节。

可以有很多的采访点：

这个家庭有没有兄弟姐妹表亲？

这个女孩子是怎么迷恋上刘的？为什么16岁少女情窦初开时的迷恋，走到这样极端？

她中学在哪个学校上的，老师同学还有没有记得她的？同学目前过着什么样的生活？都可以作为采访点。

她家是怎么筹钱的？她是住在学校里吗？还是在小区里？那是怎样的环境？

故事发生的环境背景，这个家庭和环境的互动，和偶像方的互动，和媒体的关系。

媒体也是故事的一部分。

比如去年那一件卖肾的事情出来，这个家庭没有放弃，反而更加坚持。他们也许获得了虚荣心的满足，也许媒体的报道反而给他们更大的动力，觉得可以向明星一方施加更大的压力。反而抱了更多的希望。

以及刘德华一方：怎么注意到此人，怎么分析判断此人？这次让她上台见10分钟，是不是跟她谈判了呢，是不是还对她搜了身呢，万一她现场自残呢，万一她伤了刘德华呢？是不是她其实可能抱有更多的期望？为什么是10分钟，她是不是觉得这10分钟是很关键的，可能改变历史的，甚至带来新的未来的？她对自己抱有的自信，可能是我们无法想象的。

刘德华一方现在正处于危机公关中。也许稍微平静一些会说出更多的东西。

袁蕾是能够和刘德华方面直接联络的。

师洋的家乡是在天水，也是甘肃。都是西部，内地，这很有意思，这个地方的生活状态是怎样的？是不是现实生活太过无趣，推动他们要进入这种状态？对比每天电视上看到的一场秀产生的那种荣耀，会产生极不现实感。人会不满足于现实生活，每天只是做饭，只要把米做熟了，这样的生活多没味道啊！电视上，采访明星，记者把电梯门堵了，出都出不去。诸如此类的事情让人向往。他们需要另外的生活寄托。

就如同外省青年向往巴黎，这样的向往。

这个题目需要对幽微的东西有感受有理解，不仅仅是粉丝抓狂事件。媒体会把事情标准化、简单化。要能挖掘出人性中更丰富的东西，而不是简单说，这是个疯子，不仅如此。

必须给父亲的行为一个解释

3月30日周五，袁蕾接手。她提到有兴趣考察这个地方，了解所谓的西部的精神环境。

我觉得很对。这也许是我们超出别家媒体的独家角度。

记者还提到：如果采访后发现这个事情支撑不起来怎么办？也许纯粹是一个极端的个案。

我的建议是：如果和外界全无关系，真的是极端的个案的话，照样可以做成特稿，只不过这个特稿呈现的是一个荒诞的故事，这个家庭能把自己的荒诞逻辑理直气壮地坚持13年，对外界所有事情都按照自己的逻辑进行解读，这同样是有趣的事。

不过，很可能，这个事情是外部精神环境和他们的内在逻辑交织推动的结果。如果说“这人有病”是个简单结论的话，太强调“外部害了他”同样是个简单的结论。所以对于粉丝家庭的这个题目，要尽量观察这两个方向的共同作用：外部精神环境，个人独特逻辑。

我记得陈明洋还有句名言：我们的报道应该避免下简单的结论，而要努力呈现复杂的真实（大意）。

4月2日周一，记者和我电话说了一下采访情况，她告诉我，已经和那对母女很亲密了，晚上还陪孤独的母亲睡。摄影记者王轶庶也过去了，他是当地人，后来在阿干镇拍纪录片的人就是他帮忙提供的。打完电话之后，我补发了个邮件给记者，主要是提醒一下采访方向和方式。邮件内容如下（有删略）：

…………

关于这个家庭的内部逻辑，我觉得可以分成两个问题，这两个问题是最需要回答的，这是这个家庭行走至今的两个动力：

第一，女儿对明星的感情是特别的。她对刘是什么感情，宗教般的思慕吗？

第二，父亲（以及母亲）对女儿的支持是太特别的。父亲对女儿的支持又应算作什么？

（张捷注：以上两条来自前两天和李海鹏讨论的时候，李海鹏的短信大意）

通常媒体都会注意到第一点，但是我觉得，第二点是尤其有意思的，因为这个故事反常的地方，除了女儿对明星的感情太过奇特，更特别的是，他们是以一个家庭的形式在追星。这太不同了。而这个不同的根源就是，这个父亲太反常了，他对女儿的支持已经超出一般可理解的范畴。

我们必须给这个父亲的行为一个心理解释。

电话里我说到的是不是跟独生子女太被宠爱有关，这只是我的猜测。你觉得宽。我解释下，我作此联想是因为对这个父亲和女儿的关系好奇，我想知道答案。无论宽窄，我们的报道需要提供这第二个问题的答案。

…………

你是你，我是我，他是他

正如记者袁蕾所说："我挖人的功夫是一流的。"我不知道她是怎么把那些人挖出来的，比如杨丽娟当年的老师同学，母亲陶菊英的那些相好。这个稿子之所以提供了比别家媒体丰富有意味的事实，得益于记者挖到的那些别家挖不到的人，他们提供了未曾向别家提供的信息。

比如，记得是4月4日周三中午，记者电我宣布一个重大发现，这个发现就来自陶菊英的一个相好，他后来在文中化名"万龙"。他说，以前没有记者来找过他，这是他第一次开口，说过这次之后也不会跟人再说第二次。杨家父女很可能是存在暧昧关系的，他听陶菊英说，杨丽娟二十多岁了，还都是爸爸给她洗澡……记者跟我商量，这可能让这个题目面临伦理困境，我们怎么继续。

我当时多少有点恍然大悟，觉得这是一个可以作为答案的信息，多少可以解释：父亲对女儿的支持又是因为什么——我们原本就觉得父亲对女儿的支持已经超出一般可理解的范畴。当时和记者讨论，如果这个说法是真的，那么父亲也许可以这样被解读：一个一向不被老婆看得起的男人，在老婆离开家之后，他的世界里只有女儿一个人，有了暧昧，父亲多少出于愧疚而对女儿言听计从。也许。

不过立刻也可以判断，这个信息是不太可能被我们公然报道的。第一，伦理。我们若这样报了，那么这对母女，尤其是女儿将怎样面对将来的生活？第二，风险。永远拿不出证据也无法核实，如果媒体不去向被指控方核实，就难逃诽谤之罪名。用报社发的那本美国版《新闻写作与报道训练教程》(卡罗尔·里奇著）里的一句话："如果你想在文中体现指责的话，一定也要听听被指责人的意见。直接引语并不能保证你免受损坏名誉的指控。"可能听听被指责人的意见吗？记者谈到了那对母女的精神状态：绝口不提过去的事，你一试探过去的事，她们就崩溃。有媒体公布了母亲陶菊英离婚的事，她都大发雷霆。

我们还不能判断这是不是事实，更不能判断这是不是事情因果的唯一解释。也许有无法报道之处，但如果过早地退出，那么你永远也不会知道你本来能做什么。

这事最大的提醒是，这篇报道应该写三个人的故事。不能笼统地说“他们”，这是三个人，你是你，我是我，他是他。

我有本能的好奇：父女若如此，这母亲置身何处？她一直在这个家庭中，心里到底在怎么想？她究竟和父亲、女儿保持怎样的关系？这真是个有意思的人物。应该说这个故事里充满有意思的人物。更有意思的是，这是三个有意思的人逐渐纠缠到一起的故事。父亲、母亲、女儿，各有其生命轨迹和心理逻辑，又在渐渐彼此纠缠影响，最终走向共同行动。然后一起面对外界，被媒体利用也利用媒体，比如利用卖肾新闻给刘德华施压。他们按照自己的强大逻辑解读外界。最后走到了荒诞跳海的一步，砰，让刘德华吓了一大跳。

当时电话里最后对记者的采访建议是，先把暧昧事放一边，继续采访，重点放在这个家庭成员彼此的关系和影响上。努力理清采访每个人过去的心理逻辑，以及究竟在怎样互相影响，把这题目当作三个人物的故事来写。比如杨丽娟，不仅要采访她自己追刘德华的心理发展过程，还要追问她眼中的父女关系、母女关系。对母亲陶菊英也要同样如此采访。而且，从 1994 年到现在，这么多年，方方面面人物关系都是在变化的，还要把这些个关系变化的过程写出来。

我知道这个方向的采访会很复杂，无论是直接追问还是外围采访，都很不容易。一是这对母女的心理状态很戒备。二是随着这个家庭越来越走向封闭，知道内情的人越来越少。

但是这可能是最接近故事本质的方向，也是最有趣的方向。当时所有媒体中报道最详细的《南方都市报》的文章已经出来，描述了故事大概，但是并未涉及如此幽暗微妙之处。

我以为，如果能挖到这个深度，就故事本身而言，称为特稿就当之无愧了。

精神病人也有自己的逻辑

个人认为，见报稿胜在提供了比别家丰富的事实，遗憾在于没能探到更深的心理逻辑。

所谓人物报道的深度，很大程度上就在于是能不能探到更深的心理逻辑。借这篇编辑手记多解释一下。这是这几年做编辑感受比较深的地方，也希望以此给为特别报道写稿的记者提个醒，敬请留意。

怎么叫更深的心理逻辑？举以下两例说明：

假如，一个妓女自杀了。

第一个记者：她的房间里插着一束雏菊。——记者看到了雏菊，这是鲜活的事实，但是其实并未直接碰触心理逻辑。

第二个记者：她的房间里插着一束雏菊，她曾对人说喜欢雏菊是因为喜欢它清亮干净。——记者不满足于仅仅交代表面事实，还想去探究一下原因。

第三个记者：她的房间里插着一束雏菊，她曾对人说她喜欢雏菊是因为喜欢它清亮干净。不过她的一个女友透露，其实这是起于她的17岁初恋，男孩摘了一束雏菊送她，可惜两人刚从野地里上了公路，男孩就被卡车撞死了。——记者不满足于人家给他的表面原因，他探到了看来最接近内心本质的原因。

假如，写一个富豪的日常生活。

第一个记者：他家里有任天堂、微软、索尼三大品牌最新的游戏机。——一个富豪的私生活有意思的细节。

第二个记者：他家里有任天堂、微软、索尼三大品牌最新的游戏机，他说他用玩游戏来放松。——记者给出了一个行为表象背后的动机解释。

第三个记者：他家里有任天堂、微软、索尼三大品牌最新的游戏机，他说他用玩游戏来放松。熟悉一些后，他有点不好意思，说：你知道吗，我小时候从来没玩过游戏。——这可能是比前一个更接近内心的解释。

借用清华一位传播学教授的一段话：“客观事物是多层次的，由现象、浅本质、二级本质以至核心本质所构成，记者触及事物的不同层次，就会有不同的观点。”

我觉得，发现新鲜的表象，需要好奇。想写写表象背后的原因，需要多一点的好奇。至于透过人家给你的烟幕探到最深层的心理原因，需要的就是敏感，或者叫悟性了。这最考验采访者的观察、分析、理解、判断、阅历、见识。

写修改意见经常用到的一个词是：行动机器。当感到文字匆匆追着人物的行动，却没有追问行动背后的心理动机时，我就将这人称为行动机器，我会感到不满足，而去追问其背后的心理推动力。

我是相信人人都有自己的逻辑的，哪怕精神病人都有自己的逻辑，只是能不能触摸得到。比如两个精神病人一起蹲着，旁人不过说一句：哼，精神病。其实他们有自己的逻辑，一个精神病人先蹲下了，说：我是一朵蘑菇。

另一个也蹲下了，说："我也是一朵蘑菇。"——这是我好久以前看的一个东西，印象深刻。

一件奇特的故事发生了，为什么去报道？因为我们想知道为什么。我们就是去解谜的。深度报道追问的是意义层面的事实，而不会满足于什么地方发生了什么事这种表层的事。在我看来，采访报道的过程，其实就是记者对材料不停地判断、追问、筛选、凝聚，最后形成逻辑链的过程。这个逻辑链条是意义的链条。

如果是对事件的报道，最后形成的是事态链。

而人物特稿无可避免要去追问心理逻辑链。

一条心理逻辑链，可能是由多个细节表象背后的心理解释连接而成的。

一个细节表象背后的心理逻辑，也许并不费笔墨，也许一句直接引语几个字就能点清。

当然，这点直接引语，可能来得很不容易。

在杨丽娟的报道中尤其如此。

最有趣的人物是母亲

理想状态下，杨丽娟报道应该提供给读者三条心理逻辑链：父亲的，母亲的，女儿的。这三条逻辑链是各自不同，而又互相缠绕的。这是三个人，三个心灵的成长史。注意，以上说的是理想状态，所谓理想，就是想着挺好，但是不容易实现，最后可能会被放弃的东西。

以母亲为例分析一下。这个人物，在我看来复杂有趣，甚至是三个人中最有趣的。父亲和女儿是被很多人怀疑有精神病基因的，也许真的有。但是母亲可以说完全是从一个精神正常的人，一步步走到今天，甚至赖在香港挨门挨户找刘德华。她到底是怎么回事？

从现在的信息看，我以为，她的心理还有值得探究之处。

一个穷矿工的女儿，嫁给了不喜欢的男人，又离了婚，开始情感旅行——细心的读者可以将之归为"恋父情结"，她寻找的情人都是她父亲那一型的。看到这里我觉得她是容易被理解的，或者说，她的行为可以被解释。

从什么时候觉得她的行为不容易解释，或者说她开始变得复杂有趣了呢？从这时候开始：

陶菊英跟第一个工人相好在一起的时候，曾经怀上过一个孩子，怀孕期间坚持回杨家洗衣服，结果流产。“杨勤冀都没有送她去医院，还是她的弟弟打电话让那个工人来送去医院的。”还有一次陶菊英遇到车祸，在家养伤，“杨勤冀和他女儿就在楼上都不下来看看她”。

离了婚的女人大可丢下父女不管而奔赴新生活，但是她不，还老回去给父女洗衣服，而且是在父女俩对她不怎么待见的情况下。这个时候，读者比如我这样的，可能就想知道这个行为背后的心理动机。第一，她对女儿的感情是怎样的，女儿这么不待见她又怎么想。第二，她对杨勤冀的感情是怎样的，帮女儿洗也就罢了，她帮这看不上的男人洗干吗？

目前报道给出的解释是：“这么多年，我一直都没有离开过我的家，没有离开过我的女儿。我可以说我是伟大的母亲，伟大的妻子，没有我这么多年来操持家务，也就没有她爸爸得的那么多奖状。”陶菊英不断重复着这句话。

这是一再努力之下，我们所能得到的解释的极致了，但是，可能这并不是足够解渴的解释。做个伟大的母亲、伟大的妻子为什么对她这么重要？这个女人的精神追求不一般啊。

万龙最终没有跟陶菊英结婚：陶菊英太大手大脚，脾气也那么不好。万龙要找的，是能持家过日子的人。

陶菊英很注重自己的仪态，“她最在意口红，每天都要画一个小时”，万龙说，他带着陶逛街，“买条裙子都是800元，衣服鞋子都是名牌”。陶菊英为人慷慨，路上给乞丐钱都是2元起；蒸好馒头，大部分给了邻居；如果有人说她衣服有点不适合她年龄，马上脱下来给别人。“她跟我在一起，花了我有好几万吧。”

任何一个细节都是有目的的，那么上面这些细节的目的在哪里呢？看到这里我就想知道，她为什么那么大手大脚，对乞丐那么地慷慨？比如，是因为我本善良心疼乞丐而慷慨，还是因为要享受有钱人的感觉而慷慨？这两个解释是有差别的。而对这个问题的解释可能就是她心理逻辑链条中的一环。如果是后者，她其实心底神往奢华，也许就为她后面的追星行为埋下了伏笔。

2005年，陶菊英因为一次煤气中毒，被重物砸坏了腿，杨勤冀将陶菊英接回家里。陶菊英这次彻底留在了这个家，而这个家早已经只有一个目标：

刘德华。

“我把那些杂志都撕了，把磁带也给砸了。”陶菊英说自己从1996年开始，每年不断砸磁带、撕杂志，这些举动在去年3月那轮“父亲卖肾助女追星”的报道中，被解释为：家长一开始也反对女儿追星。但时隔一年，陶菊英说自己生气的原因，不是女儿“追星”，而是刘德华一直不回信。

总之，团圆之后，一家三口彻底拧成了一股绳——“只要见到刘德华，我们一家就能好好生活了”。

她回归这个家庭说明了什么？是不是面临着寻找新相好的困难，终于在年老色衰之后，需要一个情感的港湾而不得不回归？她这时开始彻底追随父女追星，是为了获得什么？在三个人的逻辑里都相信：见到刘德华就有好日子，而这个好日子，对三个人各自意味着什么？对她意味着什么？纯粹无所事事，没事闲着也是闲着？还是在这个家庭逐渐封闭的环境下，受那父女的强大精神氛围所暗示，心里也开始对女儿沾上刘德华心存希望，借此实现奢华生活的梦想？

这是猜测。还有一种可能：这个母亲是非常敏感，尊严感很强的。

比如：

陶菊英说，一听到“利用”二字，她心就软了：“我们这家一辈子都在被人利用，我被人利用，她爸爸也被人利用。”陶菊英觉得被人利用，是邻居看她不上班，常常把孩子甩给她带，每个月象征性给25元；至于杨勤冀，陶菊英总是埋怨他，比他年轻的人不是当了校长，就是当了教导主任，自己到最后只是一个“高级教师”——虽然整个31中只有一个高级教师。现在“利用”一词还挂在母女嘴边，她们最怕被媒体利用：采访了一圈回去，他们涨了工资，自己还是见不上刘德华。

比如：

北京见面之旅的结局是，北京电视台以栏目组的名义，给了杨家2000元做路费。

提起这2000元，陶菊英气不打一处来，她当时就把杨勤冀骂了一顿：“我跟她爸说，别要他钱，就是两万也别要，这是贬低人格，好像我们为他的钱似的。”

比如：

> 陶菊英一辈子都没咽下这口气，杨勤冀长得不好，没有钱，又没有地位，帮孩子见个刘德华还见得这么窝囊，“我觉得来这世上是白来了一趟，我自己没过好，她爸也没过好，孩子也没过好，老天爷把我们这家人惩罚得够厉害的”。

注意最后是这个母亲在扮演推动者的角色，铁了心纠缠刘德华，鼓动女儿“不能回去，回去你没法面对”。综合以上细节分析，她的行为或许还可以这样解释：所谓“撕杂志，砸磁带”真是生刘德华的气，她觉得此生失败，破罐破摔，尤其是自从媒体介入之后，她被推上去越发面子难堪，干脆跟刘德华较上了劲，这事就非要个说法。她是跟老天不公较量，不无轰轰烈烈的悲壮感。

再也许，她根本就是以上各种解释的混合，一个包法利夫人和秋菊的混合体。

如果想把这个母亲说得更清晰的话，或许有一种别致的写法，让母亲成为文章主角，观察一个女人的成长路径，侧重她的视角她的感受，丈夫、女儿作为背景，成为让她观察感受的对象。这或许会是一个有趣特别的文本。而且三人比较，侧重母亲是最有可能的。第一，母亲的故事最荒诞。传说那父亲和女儿是有精神病的基因的，母亲却是一个正常人，一个正常人最后坚持推动追星，其实走得最远。第二，母亲是最有可能被解读清楚的一个。理解正常人总是比理解疑似精神病人容易，理解活着的人比理解死去的人容易，母亲是最有可能沟通交流的。

不仅是盾牌，而且是烟幕弹

报道见报，我能够想象：有些读者会觉得不满足，尤其是中国读者更习惯闭合式的逻辑，对新闻的要求尤其如此。毕竟新闻不是小说，看了半天最后是一个罗生门真不满足啊。报道当天我拿了份报纸给朋友看，朋友看完就不甘心，给了这么一个评价：什么都想说点，什么都没说明白。

可能会有另一些读者觉得好看，不仅好看，还很有味道，因为其中有生活的复杂性、人性的不可知。我想受西方现代派小说影响的读者更可能接受这个结果。一个细节可能有多个指向，复杂含混才是生活的真相。而且写人性，因果关系哪有那么清晰啊。

新闻建构逻辑的困难在于：新闻不同于小说。小说可以呈现虚构之美，给你 A—Z 的一个严密的逻辑链。但是新闻你只能倒回头，Z—A 死磕。你知道一定有个 Z—A 在那里，可能是含混复杂的，也可能是真实唯一的，只是你未必得到。

记得最后到 11 日周二晚上，我依然纠缠的、我认为不能不纠缠的、最重要的问题就是：三人一起追星，三人各自有什么目的？而到周三上午，我和记者商量，能在版面上补充的最后一段文字是：

他们到底想得到什么？这个被逼问了无数遍的问题，在杨勤冀跳海之前，回答永远如一面铁甲："女儿为他付出了 13 年的青春，他一定要见。"在杨勤冀跳海之后，回答永远如另一面铁甲："这是她爸的遗愿，他一定要见。"

一个人性格的形成何其复杂。用一日剧台词，就是"走了很多路，经过了很多事，见了很多人，才有了现在的我"。到底走过了哪些路，经过了什么事，见了什么人，让他学会了掩饰，害怕被利用，人物可能都不自知。但是当你跟他对话的时候，质疑和撞击反而会启发他，让他梳理自省，明白自己是怎么回事。

可惜杨丽娟母女不可能有合作精神，心甘情愿让你面对面跟她们探讨心理问题。不仅不合作，她们还举着盾牌，随时警惕着准备表演崩溃。你可能看到了一些有意思的细节，一些事实的碎片，历史的碎片，直觉这事有意思，但是很难从当事人那里探知这事到底在说明什么，更不可能一点点把逻辑一环环连起来。

更麻烦的是，她们举着盾牌的同时还在施放烟幕弹。比如我曾经想加一段细节进去，其他媒体说过的两人结婚当晚的细节：她一看他的脱下帽子的秃头就悲从中来，把一碗面条摔在地上，然后两人绕着床捉迷藏。非常有意思，很说明问题，但是记者反对，她说："这母女在每个记者面前说的话都不一样，而我给出的材料都是我多方核实过的。"

曾经看风端的一篇文章《肉感写作》写，"袁蕾是个善于发现肉感材料的记者，她的稿件经常给人以信息充盈，趣味十足的感觉"。有同感。这次报道拿到了很多独家的有趣的材料。

遗憾在于，我们最后只能把最有意味的事实材料筛选出来，让读者依靠自己的人生阅历自己去想象，可能的几个罗生门。

有一个所谓接近每个人内心真实的心理逻辑链条吗？我相信有，只是在这一事件中还原太难。对于已经发生的事情，人们经常在记忆中做着修改。“我把那些杂志都撕了，把磁带也给砸了。”为什么？就这点事答案都先后有两个。所有历史都是当代人的历史，都是当代人写就的，符合当下需要的历史。好比电影罗生门，一件事涉及到几个人，每个人回忆发生了什么，给出的画面各自不同。一定有一个曾经发生过的真实的唯一的版本，但是注定无法还原。只能接近，无法还原。

看内部网三联生活周刊的李鸿谷评此稿：“值得你们总结采访/材料/写作/故事/表达/指向。罕见的南方周末好东西”。别人夸当然高兴，不过也让我想到了去年的一件事：李鸿谷在《三联生活周刊》写的一篇稿，成为我们年末特刊传媒致敬“年度特稿”提名之一，那也是一个与此类似的题材——寻找一个人物的心理路径。我想杨丽娟这个故事一定让李鸿谷想到了自己为那题曾经受过的苦。而在我看来那篇文章呈现的结果与我们的杨丽娟报道类似。

最后大标题做成：你不会懂得我伤悲。是借用了刘德华的话，也的确是我对这个故事的最直接感受，弄懂他们不容易。

厚道的选择

就后续反馈说下看法。

看到文化部组织策划了《细考中国》，从杨丽娟之事看中国距离一个好的社会还有多远，觉得策划很大气。《细考中国》主要是评论，穿插了一点叙述，比如，媒体逐渐介入的过程。

而《你不会懂得我伤悲》主要承担还原故事、提供事实素材的作用。现在想来，也许本可提供更多角度的叙述性的内容。某些角度笔触稍微伸展一下，比如媒体介入的过程，和杨家的互动，公众热情关注的情形，对杨家人的影响，这些内容略有观察，点到即可。就整个报纸的前后两次操作而言，也会更连贯。

稿件编辑时记者也曾提醒这些，希望突出外界的失察之处。只是当时，的确有我未曾思及的地方，也有犹豫然后放弃的地方。

比如，关于此事成为媒体赏玩对象的方面。

最初设计中有这块内容：观察媒体的表演，以及和杨家的互动。最终见报内容是以北京电视台陆纳和杨家的故事为主。更多的媒体表演就没有呈现了。对这块内容我是犹豫的。

原因：第一，在这样热闹中必然提到兄弟媒体的名字，比如记者初稿，就专写了一段给我备用的：自从杨勤冀跳海之后，媒体接力棒般把杨家母女传递回了兰州：《南方都市报》将她们从香港带回深圳；网易和《广州日报》在深圳接手，出资让母女飞回兰州，并在兰州给她们开酒店暂缓；本来当地报纸《西部商报》准备给母女租一个房子栖身，但两人心思只在如何回港。——但最终没用。

第二，好像没有一家媒体不标榜自己的做此题的正义价值所在。曾看央视一栏目的报道，选取的角度就是展示媒体的各显其能，建议媒体赶紧消停。我当时还想，真消停你自己也别做啊。客观上本报也是一个“赏玩者”，运动员之一能否建立裁判的权威？

确实同意陈明洋所言：这个事情大考的是中国社会。

我是觉得，这个事情如果反思，就不只媒体该反思。比如媒体赏玩背后是公众的好奇心在推动，反思媒体必然延伸到对社会心态的反思。再比如杨家为见刘德华找了妇联、人大还给中央高层写过信，淡漠的政府机构是否该反思？

具体说回媒体的反思，我忘了看哪位评报说的，在整个过程中，有没有一家冷静地看到这个家庭可能的精神病基因，并且及早提醒呢？我同意。我觉得在这个问题上我也是有失误的。在最后见报的文章中，并未出现对精神病的怀疑。

事实上，去年北京电视台的记者都意识到这个问题了。记者原稿中有一段：“我当时真的很想帮他们。”陆纳说，他的帮忙还包括：带两个心理医生；教杨丽娟上网，带她去唱卡拉OK。

当时我写了点修改意见：“心理医生说了什么很重要，请补充，因为很多人怀疑他们精神病。所以借此把疑问提出来。”

后来见报报道：这种帮忙是徒劳的，杨丽娟根本没见医生。

我记得，其他媒体报道中曾经提到过大概这样一个细节：父母很不高兴，送人出门，母亲还对父亲嘀咕：“竟然说我们女儿有病，我们女儿哪儿有?!”现在想来，如果能把这个父母的态度补充进稿子，然后交代一句：这是他从阿干镇走到兰州再走到北京之后第一次有人提出精神病的问题，但是这并未影响到这个家庭前行的步伐。至今，关于女儿乃至父亲是否有精神病的问题也依然存疑。应该由谁出面去劝，或者拉他们去做精神鉴定吗？

我觉得，在目前的报道阶段，能把问题这样提出来就够了。可惜最后疏忽了。

我倒不觉得有必要同时配文请人来分析他们的精神状态。“精神鉴定是专业的事，判定一个人是否有精神病需要面对面的甚至是长期的观察”（本报专家柴会群语）。此次报道前毕竟没有人有条件给杨丽娟做过严格的鉴定，各种说法也只是私下猜测。若在这次报道中直接就记者所见的一鳞半爪的细节请人揣测分析，我以为是不负责任的，对这对母女也不公平。也许将来会有人给她们做鉴定，如果结果不是，那我们这堆揣测分析算怎么回事？如果结果是，只在故事部分谨慎提出问题的态度也算冷静合宜。这个事情和邱兴华面临生死关头涉及司法程序的情况毕竟不同。

关于报道的结构。一度建议记者做个副稿与刘德华对话。记者说：“我想问他，到了这个时候，你见，还是不见？见，你怕什么？不见，你为什么？”我觉得这个问题设计得好。那边主文交代到父亲跳海戛然而止干净利落。这边一个反打镜头，对准娱乐制度中明星的突遇尴尬。会是一个有趣的组合。

可惜刘德华一方宁可沉默。

结尾，刘德华在日记上写道：“你不会懂得我伤悲”。其后不断有歌迷有样学样，以死相逼要跟刘德华见面。如果最后再加一句：某月某日，刘德华开始看心理医生。——以此收尾会更有意思。可惜刘德华一方也不同意透露此事。

像陈明洋所说，多个角度记者那里都有足够的素材，看我们能残忍到什么程度。

最后对记者的坚持表示欣赏。在我本来的编辑中，以下两段文字本是想放在开头的小标题里的：

杨勤冀对女儿有求必应，极度溺爱，任何家务都不让她做。陶菊英的相好万龙说：“陶菊英告诉我，杨丽娟二十多岁了，还都是爸爸给她洗澡擦身，他们一家也没觉得有什么不对。”

“我跟其他孩子比，跟爸爸更亲，一天不见都会想他。长这么大，最多爸爸加班开会两天不在家，其他时候一直都在我身边。以前我遇到什么事情，他都会给我安慰，现在爸爸真的走了，我真的感觉没有什么依靠了。”杨丽娟愿意谈的父女关系，到此为止。

原本打算开头就让一家三口全部上场，展示他们之间微妙的关系，奠定报道的三人行的基调。

记者坚持建议后移。一是考虑到对这家人的影响，二是考虑开篇要保持弹性叙事的调子。现在看来，这样很好。她比我厚道。

（相关报道：《你不会懂得我伤悲》，《南方周末》2007年4月12日）

附

一片走向萧条的土地
一个走向封闭的家庭

你不会懂得我伤悲

——杨丽娟事件观察

3月26日，杨丽娟的父亲因女儿没能单独见上明星刘德华，跳海自尽。

杨丽娟的精神世界是个谜　王轶庶/图

当日，刘德华在日记中写道：你不会懂得我伤悲。

同样，人们似乎也难以懂得杨家的伤悲。

如果一件事情无法解释，那么一定有你所不知道的事实存在。

父亲、母亲、女儿，这一家三口，各自经历了怎样的心理轨迹，彼此又在怎样地影响纠缠？

这是本报记者的观察：

一个掩藏着脆弱、敏感、绝望和固执的故事。

死在香港，活在香港

杨丽娟不顾曾经答应媒体绝不再找刘德华的承诺，一到香港就在刘德华居住的别墅区挨家挨户找刘德华。

杨丽娟已经十多天没有换衣服了，也没洗过澡。她脱掉黑红色的皮鞋，坐在床沿上，低头抠着脚趾，努力想抠掉大脚趾上残留的红色指甲油。“爸爸走了，我身上不应该有红色的东西，这个指甲油是以前涂的，质量不好，老是抠不掉。”

杨丽娟十分清楚自己现在有多“红”，每次接起电话，她都会以“我现在真的不能接受访问”开头，跟对方聊上半个小时——从这个记者嘴里听来的话，她经常会放到跟下个记者的聊天中解释，让每家媒体都有“独家专访”。

“我从不会说兰州话。”杨丽娟的普通话里，有些上海味道。跟她对话你完全想象不到她只有初二文化水平。她是一个心思缜密的人，在媒体的包围中，警惕地绝口不提“从前”、父女关系、母女关系、辍学生活……

“如果我们不见刘德华，爸爸是不是不会死?”杨丽娟偶尔会低声自语，继而会转入对刘德华的谴责，最后沉浸在崩溃中，大喊：“爸爸爸爸，你怎么就抛下我走了啊。我该怎么办啊。”

她每天都会崩溃几次。

她并不像传说中的有“洁癖”，虽然每次翻完黄页，都会跑去洗手消毒，但进出她的房门还算容易，人人都来这里坐过——除了她妈妈陶菊英。陶菊英住在另外一个房间，她不知道女儿住在哪个房间，女儿甚至不会跟她出现在同一辆的士上。她自我安慰说女儿很爱她，只是父亲去世给她的打击太大。

杨家母女回兰州的几天，一日两餐都是媒体买的。一天记者们吃完饭，把没吃完的打包带上来，吃了几口，杨丽娟发现土豆丝下面还有玉米、花生和其他几样食物——跟以前一盒土豆丝一盒青椒肉丝的状态不同，知道不是单锅小炒，她迟疑了一下，没有表露出任何不满，拉着记者，把盒饭拿给妈妈吃。此前她很少过问妈妈的饮食。送完盒饭，杨丽娟悄悄给别的记者打电话，让他们带个盒饭上来。

陶菊英一辈子都没咽下这口气，杨勤冀长得不好，没有钱，又没有地位，帮孩子见个刘德华还见得这么窝囊，“我觉得来这世上是白来了一趟，我自己没过好，她爸也没过好，孩子也没过好，老天爷把我们这家人惩罚得够厉害的”。

3月26日，杨丽娟的父亲因女儿没能单独见上刘德华，跳海自尽。继去年“父亲卖肾助女追星”之后，事情达到的最高潮至今仍没有平息的迹象：歌手杨臣刚资助母女二人去香港料理父亲后事；杨丽娟不顾曾经答应媒体绝不再找刘德华的承诺，一到香港就在刘德华居住的别墅区挨家挨户找刘德华。

他们到底想得到什么？这个被逼问了无数遍的问题，在杨勤冀跳海之前，回答永远如一面铁甲：“女儿为他付出了13年的青春，他一定要见。”在杨勤冀跳海之后，回答永远如另一面铁甲：“这是她爸的遗愿，他一定要见。”

如今这对母女的最新期待是，死活都要待在香港。

她们再也不愿意回到兰州，更不愿意回到阿干镇。

杨丽娟说：“妈妈说，我们不能回去，回去你没办法面对。”

阿干镇，寂静岭

杨丽娟和母亲陶菊英都出生在阿干镇，生活在这里的人在外人看来格外“脆弱、敏感、绝望”。

“阿干镇出杨丽娟这样的怪人，一点也不出奇。”邴哲说。他是兰州的一名警察，用业余时间去阿干镇拍摄纪录片，已经拍了两年。“不出奇”的原因是，生活在这里的人在外人看来格外“脆弱、敏感、绝望”。

杨丽娟和母亲陶菊英都出生在阿干镇，父亲杨勤冀在阿干镇教书，直到1995年提前退休。

阿干镇虽然离兰州市区不过二十多公里，但道路崎岖，汽车要开近一个小时。“阿干”的名字出自《尔雅·释地》：大陵曰阿，干为水畔。阿干河从南向北穿镇而过，河两边是密不透风的荒山。阿干镇形成于北宋，之前是丝绸之路上中国内陆部分颇为重要的一站。

上个世纪50年代，阿干镇成为兰州工业用煤和民用燃料的主要生产基地之一。当地流传着“先有阿干煤坑坑，后有兰州城窝窝”的说法。“50年代，在阿干镇上班的人都是很骄傲的。而现在，说一个人很土，兰州人会说‘你是阿干镇来的吧’。”张磊和他的伙伴正在招商拍摄另一部纪录片《影像阿干镇》。

如今的阿干镇，建筑仍以苏式居民楼和办公楼为主。玻璃很多已经破碎，还有大量空出来的宿舍楼，当地居民谁愿意搬进去就搬进去。唯一的电影院已经改成了塑料制品加工厂，跨进院子，迎面三个斑驳的大字“观人子”

——它的前身是“观众您好”，这里已经二十多年没有放过电影了。最繁华的街道铁冶街粗看上去家家关门闭户，走近你就会发现，其实每扇窗户后面都有人在打量。偶尔出现在街上的人，没有多少表情，嘴角向下耷着。

邴哲说，阿干镇的人大多可以预测自己的命运：男人不是因为事故在矿上伤残亡故，就是患上这样那样的职业病；女人在家里默默守候着活一天是一天的丈夫和在教学质量不怎么高的学校里念书的孩子；小孩沉默地行走在煤尘扑面的街道上，或者被狭窄道路上奔驰的运煤车撞伤。

（上个世纪）90年代初，阿干镇人口开始大量迁移，不到5年时间，阿干镇从最初将近10万人，减到现在2万多人。杨志彬是《兰州晚报》记者，前后11次去阿干镇采访，在他看来，阿干镇是甘肃这类城镇的代表：资源枯竭、千疮百孔，百姓居无定所，背井离乡是他们最大的愿望。

“煤矿的破产和减少引发一系列社会问题，严重地影响了阿干地区的稳定和小康社会目标的实现。”兰州市委外宣办在新华网甘肃频道上，2005年发表的《阿干镇》一文中这样写道。

杨丽娟的母亲陶菊英是煤矿工人的后代。她的青春期，正是阿干镇的辉煌期，但那些“辉煌”，从没有降临到她身上。像生活在镇上的任何一个人一样，她最熟悉两种车：运煤车和警车——矿工们不下井的时候，喜欢喝酒，酗酒是发泄压抑的好方法，鸡毛蒜皮的小事也能让他们兵刃相见，警车常常来此抓人。

陶菊英的父亲是煤矿工人，生了7个孩子，母亲常年有病，全家人靠父亲的工资养活。“有一天爸爸直到八点半都没有回来，一些人冲进家里，说爸爸出事了。”陶菊英深刻地记得那个早上，煤矿出事，父亲的腿被压断了。父亲出院后再次下井，又遇到瓦斯爆炸，这次出来，只能在地面做些杂事，一家生活更加拮据。

1976年，23岁的陶菊英在31中当临时工，给学校刷围墙，37岁的杨勤冀路过，打量了很久，主动帮着她干活。

杨勤冀不是阿干镇人，1973年，他从兰州市里的20中调到位于阿干镇的31中。他祖籍河北，长在知识分子家庭，父亲是西北师大的老师，大哥和三弟也都是教书的，但他并不比陶菊英幸福。

“他们家发生过很不好的事情。”陶菊英始终回避这件“不好的事”：杨勤冀的弟弟亲手砍死了他们的母亲。

“这件事在50年代的兰州，还是很轰动的。”兰州20中的同事对此还有印象。弟弟为什么砍死母亲，没有人能说清，杨勤冀同事们比较相信的版本是，

"跟杨勤冀有些关系"：杨勤冀个子不高，其貌不扬，几次交女友未果。一天弟弟兴致勃勃地把自己女友带回家来，母亲看了，试探着问："你哥哥还没女朋友呢，不如把这个女孩让他？"弟弟的女友很生气，甩了弟弟。弟弟想不通，砍死了母亲，最后被鉴定为精神病——也就是外界一直流传的"杨家精神病史"。

陶菊英从来不掩饰自己嫁给杨勤冀的不甘。"我一直都看不上他，比我老那么多。"后来这个"大14岁"一直给陶菊英带来很大压力："走出去别人都问我，这是不是你爸爸，这是不是你爷爷。"陶菊英欣赏的是她父亲那样的男人：个子很高，一米七八，走路利索，外表干净，做事麻利。这些杨勤冀都没有。

这是为生计所迫的婚姻，"我爸爸说，他是个老实人，好歹有个正经工作，还有城市户口"。

第二年生下杨丽娟，中年得子的杨勤冀非常兴奋。

1981年，杨丽娟3岁，一家人跟着有城市户口的杨勤冀住到了他父亲在兰州的家里。陶菊英终于离开了阿干镇；杨勤冀则每天坐通勤车往返阿干镇和兰州，早上搭一小时车上班，晚上搭一小时车回家。

女儿心，海底针

杨丽娟当时所说的"利用"，是她辛辛苦苦写好了作业，同学拿去就抄，借作业时笑脸相迎，抄完之后就不理她了。

"我不愿意提阿干镇！你们要真的想帮我，就不要再问我为什么辍学，这跟我要见刘德华没有任何关系！"为什么初二辍学，是杨丽娟接受采访时最不愿意回答的问题之一。

时隔15年，杨丽娟的中学班主任齐老师（化名）很努力地回忆着杨丽娟：个子不高，比较羞涩，喜欢唱歌，但不敢上台表演；成绩不错，文科好过理科，有一次还得了第一名；有些要好的女同学；关心集体，每天很早就来打扫清洁，有同学推选她当学生干部。

1992年夏天，初二快结束的时候，杨勤冀到学校跟齐老师说，女儿不想再读书了。齐老师非常震惊：她从来没觉察到杨丽娟不想上学了；她想不出杨丽娟有什么理由辍学；辍学的事情居然是孩子的父亲来告诉她的，这个父亲自己也是中学老师。

齐老师多次登门规劝——她清楚地记得，当时，杨丽娟家里，还没有任何刘德华的海报。

当时杨勤冀喃喃自语地回答："有什么办法，孩子不想读了。"他担保会看好让她乖乖待在家里。"九年制义务教育"似乎并不怎么被看重，即使对杨勤冀来说，辍学也不是一件新鲜事，他任教的31中，每年都有学生因为贫困而辍学，妈妈陶菊英也没上过学。

在陶菊英的回忆中，是杨丽娟央求了半年，他们才同意让她不上学的。

女儿的理由是：学费太高，一学期80元；多一点时间陪母亲；自己在学校里总是被同学利用。

陶菊英说，一听到"利用"二字，她心就软了："我们这家一辈子都在被人利用，我被人利用，她爸爸也被人利用。"陶菊英觉得被人利用，是邻居看她不上班，常常把孩子甩给她带，每个月象征性给25元；至于杨勤冀，陶菊英总是埋怨他，比他年轻的人不是当了校长，就是当了教导主任，自己到最后只是一个"高级教师"——虽然整个31中只有一个高级教师。现在"利用"一词还挂在母女嘴边，她们最怕被媒体利用：采访了一圈回去，他们涨了工资，自己还是见不上刘德华。

杨丽娟当时所说的"利用"，是她辛辛苦苦写好了作业，同学拿去就抄，借作业时笑脸相迎，抄完之后就不理她了。

去年有媒体找到杨丽娟的同学，带去跟杨丽娟相见，她很不高兴："怎么早不跟我联系？现在媒体报道了，都来了。"这个同学回忆说，自己结婚的时候，杨丽娟好像打过电话，当时自己忙着筹备婚事，没怎么跟她聊天，可能那时觉得受到了冷落。

关于辍学，还有一个说法，杨丽娟喜欢上了一个老师。"那个老师在阿干镇中学教书，还是有老婆孩子的。"这是万龙（化名）当年从陶菊英那里听来的，万龙是陶菊英的"相好"。

几个邻居和杨勤冀的同事也都表示，曾经从陶菊英那里听到过这件事：杨勤冀带着女儿回阿干镇31中玩，女儿看上了父亲的同事，给对方写"情书"，对方不知如何应对，把信转给了杨勤冀。杨勤冀也不知如何是好，把信又交回给了女儿。

"估计小女孩面子上挂不住，我不知道杨丽娟是不是因为这个不去上学了。"万龙说。

辍学之后，杨丽娟并没有马上"梦到"刘德华。她每天确实是乖乖待在家里，做两件事情：看电视，洗头。

伟大的母亲，穿梭的妻子

“这么多年，我一直都没有离开过我的家，没有离开过我的女儿。我可以说我是伟大的母亲，伟大的妻子。”陶菊英说。

辍学两年之后的1994年，杨家发生了两件大事：杨勤冀和陶菊英离婚；女儿杨丽娟“梦到”刘德华。

陶菊英自己解释，跟杨勤冀是用假离婚来多分房子。

“陶菊英跟我说，生完孩子后他们就没过过夫妻生活。”万龙说。

离婚之后，陶菊英跟过好几个男人，第一个是工人，对她不错。陶菊英经常是在工人的家住几天，再回杨家住几天——帮着父女俩洗衣服。

母亲陶菊英：“我觉得来这世上是白来了一趟，老天爷把我们这家人惩罚得够厉害的。” 王轶庶/图

万龙是一个退休的国家干部，瘦但不弱，西装笔挺，衬衣雪白，跟陶菊英在老年歌舞厅认识的，当时的陶菊英“白白胖胖，长得还算不错”。

当过兵的老钱也是在老年歌舞厅被陶菊英看上的，他身板硬朗，说话做事干净利索。他也跟杨勤冀见过，老钱曾提出跟陶菊英保持“同志般的友谊”，因为陶比他小17岁，“年龄差距太大”。

陶菊英跟万龙纠缠了一段时间，万龙跟原来的妻子离婚，陶菊英正式搬来跟万龙住。还是老规矩：万家住几天，杨家住几天。

两家保持着特殊而亲密的关系：陶菊英经常回家给杨家父女做饭洗衣，杨勤冀也经常带着女儿过来万家串门。

“陶菊英是舍不得她女儿。”万龙说他很理解陶菊英，对她住在哪里也不介意。

万龙最欣赏陶菊英的勤快，也一直很心疼她：陶菊英跟第一个工人相好在一起的时候，曾经怀上过一个孩子，怀孕期间坚持回杨家洗衣服，结果流产。“杨勤冀都没有送她去医院，还是她的弟弟打电话让那个工人来送去医院的。”还有一次陶菊英遇到车祸，在家养伤，“杨勤冀和他女儿就在楼上都不下来看看她”。

“这么多年，我一直都没有离开过我的家，没有离开过我的女儿。我可以说我是伟大的母亲，伟大的妻子，没有我这么多年来操持家务，也就没有她爸爸得的那么多奖状。”陶菊英不断重复着这句话。

万龙最终没有跟陶菊英结婚：陶菊英太大手大脚，脾气也那么不好。

陶菊英很注重自己的仪态，“她最在意口红，每天都要画一个小时”。万龙说，他带着陶菊英逛街，“买条裙子都是800元，衣服鞋子全是名牌”。陶菊英出手慷慨，路上给乞丐钱都是2元起。蒸好馒头，大部分给了邻居。“她跟我在一起，花了我有好几万吧。”

陶菊英脾气不好，经常打女儿。“两母女好的时候很好，不好的时候，打得特别厉害。有一次拿着湿毛巾打女儿，把她脸上的皮都给打下来了。”万龙对此记忆犹新。

杨家三口谁打谁的问题，邻居和朋友说法不一：有的说，陶菊英很强势，经常打骂父女；有的说女儿很厉害，常常打骂父母；有的说，母女对打，父亲在中间劝架；也有很少的人说，杨勤冀打陶菊英。无论一家三口谁打了谁，从没有任何人或者机构来调解、干预。

跟着父亲过日子的杨丽娟，一天起床，给父亲讲了自己关于刘德华的“梦”，杨勤冀听完对女儿说，他也做了一模一样的“梦”。

没有人在意“梦”是真是假，万龙只是觉得，杨勤冀对女儿“顺从”得太过分了。“你说可能吗？父女同一晚做同一个梦？我要是她爸爸，就算我做了，也不会跟女儿讲。”

1995年，杨勤冀从31中提前退休，这时距他正式退休还有4年。作为31中唯一的高级教师，杨勤冀拿的退休金是最高的，每月2050元——稍微有点规划，在兰州供3个人过小日子，本该绰绰有余。不过后来他们总是缺钱。

“老杨跟学校说，是为了照顾他爸爸退休的，其实是为了照顾女儿。”陶菊英说。

世界越来越小，爸爸越来越亲

“长这么大，最多爸爸加班开会两天不在家，其他时候一直都在我身边。”杨丽娟愿意谈的父女关系，到此为止。

杨丽娟很少说“刘德华”，一般会用“他”代替，生气的时候，通常使用“姓刘的”。“我只是不断做他的梦，这么多年已经把他当成亲人了。”

那个“不约而同的梦”非常简单：“墙壁上有一张画，画像上的人头两边写着：你特别走近我，你与我真情相遇。”

按照杨丽娟跟各路记者的讲述，后来“刘德华梦”基本有两个主题：缘分，纯情。比较典型的有，杨丽娟在玩沙包，刘德华走过来，深沉而熟悉地看着她；刘德华在山顶遇到杨丽娟，不由分说拉着她跑到小河边，含情脉脉地说：你都已经跑过我了，还跑什么；杨丽娟走进一个黑房子，里面放着一盘磁带，上面写着：你是我的女人。

杨丽娟一直在强化“梦”的戏剧感：一次同学给她看了一张海报，她才知道，自己一直“梦”的人就是大名鼎鼎的刘德华。

杨丽娟足不出户，世界越来越小，生活的唯一希望就是“刘德华”。她越来越坚信，只要刘德华见到她，听她说完“梦”，也会有“感应”。

杨勤冀退了休，躲避了单位对他跟妻子关系的指指点点，却躲避不了邻居的议论，他也开始足不出户，陪着女儿“梦”刘德华。

杨勤冀对女儿有求必应，极度溺爱，任何家务都不让她做。万龙说：“陶菊英告诉我，杨丽娟二十多岁了，还都是爸爸给她洗澡擦身，他们一家也没觉得有什么不对。”

“我跟其他孩子比，跟爸爸更亲，一天不见都会想他。长这么大，最多爸爸加班开会两天不在家，其他时候一直都在我身边。现在爸爸真的走了，我真的感觉没有什么依靠了。”杨丽娟愿意谈的父女关系，到此为止。

“只要女儿高兴，他做什么都行。”杨勤冀的旧同事老贾（化名）气愤地回忆，有一次女儿要喝红牛饮料，杨勤冀没钱了，就去商店偷，第二次偷的时候被人抓住，“幸亏是国营单位，教育了一下，给放了”。

伴着“梦华之旅”，杨勤冀还开始了搬家之旅，此时他有了一项“新躲”，躲避邻居对女儿追刘德华的嘲笑。

一个邻居跟杨勤冀开玩笑，问他是不是还在等刘德华，就这一句话，杨勤冀马上打110报警抓人。越是开不起这些玩笑，邻居们议论得越厉害，杨家也就越怕跟人接触，邻里关系陷入了恶性循环。传闻从陶菊英“偷人”到杨勤冀给女儿头顶洗脚水，再到母女虐打杨勤冀，真真假假难辨真伪。

2005年，陶菊英因为一次煤气中毒，被重物砸坏了腿，杨勤冀将陶菊英接回家里。陶菊英这次彻底留在了这个家，而这个家早已经只有一个目标：刘德华。

“我把那些杂志都撕了，把磁带也给砸了。”陶菊英说自己从1996年开始，每年不断砸磁带、撕杂志，这些举动在去年3月那轮“父亲卖肾助女追星”的报道中，被解释为：家长一开始也反对女儿追星。但时隔一年，陶菊英说自己生气的原因，不是女儿“追星”，而是刘德华一直不回信。

总之，团圆之后，一家三口彻底拧成了一股绳——“只要见到刘德华，我们一家就能好好生活了”。

一家三口？一家四口？

“她希望跟刘德华一见钟情，她曾经当着我的面，跟父母说，你们现在不管我，到时候我跟了刘德华，也不会管你们的。”记者陆纳说。

“只要见到刘德华，我们一家就能好好生活了”就像一个魔咒。

北京电视台《每日文化播报》栏目的陆纳觉得这句话有两重完全不同的理解：见到刘德华，杨丽娟心愿了了，一家三口好好过日子；见到刘德华，杨丽娟跟刘德华“美梦成真”，一家四口好好过日子。

卖肾新闻没有达到目的，刘德华在媒体上公开回应：“要爸爸卖房卖肾来见我，这就是不忠不孝。”

正在杨家一筹莫展的时候，天上掉下了陆纳。他是后来杨勤冀多封谴责信的主角之一，谴责点是：利用杨家创造收视率，甚至用假刘德华愚弄和欺骗他们。

“他们告诉我们，他们台有实力，一定能帮孩子见到刘德华。”杨家对此充满了希望。

来采访的陆纳的确答应联系刘德华：“我初到杨家，第一直觉是同情。”同情的内容包括贫穷和父母对孩子的苦心。因此他也“天真”地认为，也许帮杨丽娟见上刘德华，他们家就能正常地生活了。

陆纳说自己也确实联系了刘德华的经纪公司：“一个男的，听了之后告诉我，对这件事情，不提倡、不回应、不见面。”

陆纳第二次去杨家采访，隐隐觉得这家人不像第一次那么“值得同情”：“杨丽娟的爸爸在家里是从属地位，言行都会受到母女的监视和盘问。”他把“唯一可以对话”的杨勤冀偷偷叫到宾馆，委婉地告诉他，刘德华不会见他们了。

“我当时真的很想帮他们。”陆纳说，他的帮忙还包括：带去了两个心理医生；教杨丽娟上网、唱卡拉 OK。

这种帮忙是徒劳的，杨丽娟根本不见医生。陆纳说：“杨丽娟是希望跟刘德华一见钟情，她曾经当着我的面，跟父母说，你们现在不管我，到时候我跟了刘德华，也不会管你们的。”

第三次陆纳带来了“刘德华”——跟刘德华长得很像的吴可。吴可以模仿刘德华为职业，觉得“自己长得像刘德华，也许可以劝劝她”，《每日文化播报》跟拍。

"杨丽娟根本不像其他歌迷。"吴可说，因为他长得像刘德华，不时会遇到疯狂的歌迷，但杨丽娟对他的长相没有任何反应。

陆纳和吴可觉得当时气氛很融洽，而杨家对此事非常愤怒，说："他们还拿假刘德华来欺骗我们。"吴可也没有料到这个家庭对信息的选择性理解。"杨丽娟根本不像其他歌迷"的评语，给杨丽娟带来了相当大的鼓舞，她后来接受采访时，也都用这句话来把自己跟"追星族"撇清。

2006年10月，杨勤冀一家三口进京。这次双方都不像以前那么"友好"，一向老实的杨勤冀大闹电视台，要通过镜头公开谴责刘德华的"无耻"行为，双方起了一些争执。

陆纳说，他被缠得没有办法，就私下自己掏钱买了两张票，带杨丽娟去了《墨攻》首映式，"坐在第一排"。陆纳说自己很紧张：万一杨丽娟出现什么状况，他需要负责；另一方面，他还是抱有幻想，见了刘德华，也许杨丽娟真能"迷途知返"。

北京见面之旅的结局是，北京电视台以栏目组的名义，给了杨家2000元做路费。

提起这2000元，陶菊英气不打一处来，她当时就把杨勤冀骂了一顿："我跟她爸说，别要他的钱，就是两万也别要，这是贬低人格，好像我们为他的钱似的。"

三箱宝贝，七页遗书

是举家奔赴幸福生活，还是心力交瘁安排后事，现在看来，无论如何这都是杨勤冀的最后一搏了。

女儿的沮丧，妻子的恼怒，加上见刘德华希望的再次破灭，让杨勤冀彻底变了一个人。

小周（化名）说，杨勤冀从北京回到兰州，"神情恍惚，牙也掉了，很憔悴"。

小周是杨勤冀最信任的领导的儿子，也是最后杨家三口去香港的借款人。今年春节前，杨勤冀来找他借11 000元。"我没有那么多钱，我也知道他是拿去给女儿追星的。"此后杨勤冀又来了3次，说自己借了一圈，实在没有办法了。

小周不止一次劝他，不要再跟着女儿一起疯了，杨勤冀坐在他家沙发旁的板凳上，不断重复一句话："我真的希望刘德华能见见娟娟，听她把梦说了，我们一家人回来好好过日子。"

谁们"一家人"？好好过什么"日子"？谁也不知道。至少在杨勤冀前同事老沈的妻子看来，杨勤冀已经"脑子越来越不清楚了"。"杨勤冀来找我们借钱，跟我们说，他们在香港好得很，李嘉诚的房子也让他随便住。"

跟大部分人一样，老沈的妻子不想跟杨家扯上任何关系。

杨勤冀和陶菊英这几年把能借的都借遍了，从侄儿到邻居，从同事到领导，甚至陶菊英的几个"相好"，都借给了数量不等的钱。杨勤冀有一个账本，上面清清楚楚地记载着借钱人、借钱数目和归还时间。除此之外，还有一些"名人名言"：现在办事靠，1. 人际关系；2. 经济实力。

兰州的冬天天寒地冻，近70岁的杨勤冀站在楼下等，小周不忍心，通过朋友找到一个经理，挪用了11 000元——也就是传说中的"高利贷"。

"我告诉杨老师，钱我是借给他的，不管他用来干什么，我都不管了，我跟他击掌相约，一定要在兰州再见一面。他这是跟我失约！"小周后来知道杨勤冀跳海的消息，在家里捶胸顿足。当时他已经隐隐觉得有些不对劲。

2007年3月4日，杨勤冀来拿钱，带来了三箱"宝贝"：户口本、女儿小时候的照片、奖状、学生名册；自己的所有奖状；上了锁的留给女儿的东西。

杨勤冀解释说，出远门，放在招待所怕丢——他们已经无家可归，住在一个便宜的招待所几个月了。

是举家奔赴幸福生活，还是心力交瘁安排后事，现在看来，无论如何这都是杨勤冀的最后一搏了。

3月25日，杨丽娟在刘德华歌迷会上第一次真正见到了刘德华。她没有得到陈述"梦境"、激发"感应"、改变命运的10分钟。

3月26日凌晨，杨勤冀留下早已写好的7页遗书，跳海自尽。

3月26日，刘德华受此事影响，工作处于半停滞状态。刘德华在日记上写道："你不会懂得我伤悲"。其后不断有歌迷有样学样，以死相逼要跟刘德华见面。

（文中化名皆为被访者要求）

（袁　蕾）

“我”懂得他们伤悲

□袁　蕾

看见一个将死之人，媒体过去就应该只是拍照，而有相应的人来帮助他。杨丽娟事件也应该这样。可是如果没有媒体给他们捐钱，他们也许会饿死。如果有一个中间机构，那么媒体是不是也就没有所谓的“拿钱买控制”了呢？正是因为社会有缺环，那么这个时候应该检讨的是去补缺环的人还是这个缺环呢？

我从头到尾都没把杨丽娟和家人当成怪人，既没有歧视，也没有顺从。

“你能理解我们吧？”我记得杨丽娟和她妈妈不停重复着这句话，还有一句是：“你不会害我们吧？”其实两个问题都不需要我回答。她们说的每件事情我都能理解，她们跟小老百姓没有区别，只是因为这件事情跟刘德华有关。

我就把她们当成普通人对待，每个人都喜欢回忆让自己高兴的事情，每个人都会挑拣历史，我有耐心，听她们讲想讲的东西。当晚，杨丽娟的妈妈请求我留下来跟她一起住，为了留住我，给我泡了最后一碗从香港带回来的方便面。

三天之后，她们给了我杨勤冀留下的电话本。我所做的，就是花了两天时间，把电话本上的几十个电话挨个打了一遍。

采访之前，陈明洋跟我有一席长谈，杨丽娟的爸爸是为什么，借钱给他们是为什么……我还记得跟陈明洋半开玩笑地说，也许兰州人都过着《读者》一样的生活。

知道得越多，责任越大。比如最后帮杨勤冀借了11 000元去香港的人，一个曾经见义勇为的人，当时也要被逼疯了，自己做点不成功的小买卖，养活妻子和两个女儿，还得为别人还钱。采访完后，我掏出钱包里所有的钱，以纯个人名义给他。后来刘德华知道了，通过我匿名帮他把钱都还上了。

我曾经有过很大的犹豫，要不要这样把他们曝光在世人面前。如何选择材料，是一个很大的决定，能绕开的我尽量绕开，比如她们家庭里更多“奇异”的事情，我不断提醒自己，不能让自己的文章出来，让读者觉得猎奇，或者把他们妖魔化。

如果要对杨家的行为问无数个“为什么”，有些情况是无法绕开的，比如杨父的奇异家庭、杨母的前后生活、杨丽娟父女的关系。杨丽娟一家如果不是公众人物，没有人有资格把这些东西公开，但他们使用了媒体，并因为成为公众人物获得了好处。另一方面，他们是公众人物，同时他们没有做任何违法的事情，我不能把他们逼到墙角。

怎么使用题材，是一个极其微妙的博弈过程。我非常理解编辑张捷想把杨家父女关系的一段提到导语里，引起读者注意的方法，但我坚决不同意她这么做，而是把这段意思，非常轻地藏在文章之中。

跟张捷还有一个争论的焦点，分析杨丽娟一家的逻辑是否重要？张捷说，精神病人也有精神病人的逻辑，精神病人蹲在角落里，他认为自己是一棵蘑菇。我认为，精神病人的逻辑是，这一次他认为自己蹲在那里是蘑菇，下一次他蹲在角落里可能觉得自己是椅子，再下一次别人蹲在那里装蘑菇，他可能会嘲笑别人：你明明是人，为什么要装蘑菇？有些时候非要给一种行为找到合乎常人理解的逻辑，是很多不正确新闻的由来。

就像每个人有挑拣历史的权利一样，每个人也会选择性地遗忘历史，甚至在意念里改变历史，谁能确定杨丽娟真的做了一个“梦”？我之所以不让张捷删掉导语里的纯叙事部分，是因为这些细节能传递出不易察觉的杨家，比如：“每次接起电话，她都会以‘我现在真的不能接受访问’开头，跟对方聊上半个小时——从这个记者嘴里听来的话，她经常会放到跟下个记者的聊天中解释，让每家媒体都有‘独家专访’。”也许“梦”也是某个邻居聊天时对他们家的提醒——他们也许就是在人们一步步的常规逻辑下，建立起来了让别人认为可行的逻辑。如果你留意，正文中所有杨丽娟说“梦”的部分，我都加上了引号——这是一个媒体的态度。

我认为把摄像机架在杨丽娟家里，基本上是一种猎奇。我很喜欢风端关于“摄像机”的说法，一个人的悲剧绝不可能是独立发生的，一定有个人因素和社会因素，与其在杨丽娟家架一部摄像机，不如在杨丽娟家外架一部摄像机。

杨丽娟家外有什么呢？一个资源枯竭的小镇带来的上一代的灾难；灾难下无奈而错误的结合；普通人无法摆脱的心比天高、命比纸薄；遭到歧视的精神生活、心理问题；义务教育的缺环；邻里、社会关系的恶性博弈；经济和精神贫穷带来的猜忌、多疑……拆分开来，这就是中国老百姓无法逃脱的困境和麻烦。

阿干镇的采访要归功于王轶庶，我所采访的拍阿干镇纪录片的邴哲，就是他的朋友，王轶庶自己以前也曾去阿干镇拍过很多东西。邴哲最吸引我的话是："阿干镇出杨丽娟这样的人就不奇怪了。"怎样的人？为什么不奇怪？

第二次邴哲陪我们一起又去了阿干镇。我看到了一个当地的"多国部队"，穿着各种军队组合衣服，像暴烈刑警一样指挥交通的疯子。街道最多能容纳两台车并行，而他舞着旗子几乎占满整个街道。同行的邴哲提醒我不要拍照，这个疯子在阿干镇上很多年了，至今仍然具有攻击性。

杨父跳海之后，有人开始批判媒体，媒体有错吗？

如果没有媒体的资助，杨家母女从香港出境到深圳，身无分文，完全可能饿死；没有媒体资助，她们也无法回到兰州；没有媒体，她们在兰州也只能露宿街头……媒体想把捐的钱找一个中间机构管理起来，既不让她们饿死，也不让她们拿着钱再去找刘德华，但没有人、没有机构愿意接手——谁同意接手都是一个巨大的麻烦，你不能责怪任何人，这本来就是社会的缺环，我们没有这样的机构。

我更想探讨的，是导致杨丽娟一家走到今天的合力。每个人都在做自己认为对的事情：杨勤冀认为见了刘德华，一家就能好好活下去；杨母认为，自己很委屈，但从来没有真正离开过家庭和孩子；杨丽娟认为自己只有一个小小的心愿，如果多年前就达成，就不会有今天的悲剧了；刘德华认为不能给粉丝错误的鼓励，这样会导致更多的人自杀、卖肾；收到杨丽娟情书的中学老师认为不能伤害杨丽娟，才把情书交给她爸爸……事情的结果，却是一步步走向错误和悲剧。

报道刊出之后，杨丽娟还是经常给我打电话，向我寻求各种帮助，我也会经常给她打电话，问她的近况，提醒她去领社保、找工作。最耐人寻味的，是杨丽娟有一天告诉我，她被一帮疯子骚扰，电话、短信不断，他们就是想要见她，想要帮助她。"你说我该怎么办？"这是杨丽娟的原话——她从没想过，自己要见刘德华的时候，别人是不是也在焦虑这个问题，"你说我该怎么办？"

每个人都在做自己认为的好事，但却带来了一个错误的结果。我还在思考这个问题。

附

袁蕾访谈

应该放大的不仅是阿干镇

采访者：我们注意到，各大媒体对于杨丽娟的报道都集中在杨家人身上，而你似乎更加关注杨丽娟的家乡和他们生活的环境背景。

袁蕾：我始终相信，每个人都跟自己生活的环境有关，从一个人我们自然而然就想知道他们一家人发生了什么，他们周围又发生了什么。2006 年大家可能认为他们只是为了追星，大家以为卖肾已经是过激的行为了。没有想到的是，这件事和追星没有太大关系，只是披了一件追星的外皮。现在人死了，才开始郑重其事地关心他们究竟是什么样的人，从对事件的关注，转变到对他们人的关注。

采访者：在你的文章中用三个词来形容阿干镇人："脆弱、敏感、绝望"。三个词能很好地概括那里的现状和环境吗?

袁蕾：这三个词也是在概括中国。他们身上所带有的"敏感、脆弱、绝望"事实上是中国大部分老百姓都有的。你可以分开来看他们身上的每件事，比如他们说的委屈，在班里在单位受到欺负，说自己没钱办不了事，有希望实现不了，而这些都是中国老百姓有的感受。他们去了信访办，给中央领导、央视、香港特首写信，杨勤冀在自己的本子上总结，现在办事，一靠关系，二靠经济实力。他们跟大部分上访的人遇到的问题是一样的。如果杨丽娟一家有什么戏剧化的地方，那就是他们将这些悲剧集于一身；他们上访的目的是见刘德华——一个大部分人无法理解的没有意义的目的。

采访者：把杨丽娟事件的原因归结于阿干镇，是不是对阿干镇其他人不公平呢？毕竟这里就出了一个杨丽娟。

袁蕾：非得整个村都得了艾滋病，我们才能去关注“艾滋村”？一个人无法脱离环境单独存在，一个人也不是只跟自己现在所处的环境有关，它是一个长期的累加过程。

风端同学说，如果我们的报道是摄影机，那这个摄影机架在杨家家里，无论拍得多好，都会是一种猎奇，这个摄影机要架在杨家外面，杨家是怎么一步步走到今天的，拍摄杨家是怎么一步步跟外部环境合力走到今天的。

也许应该放大的不仅是阿干镇，还有兰州、西北，甚至是中国。

该不该报道 VS 怎么报道

采访者：你在文章中提到，有记者给她们母女提供像买饭之类的帮助，你赞同同行的这种做法吗？

袁蕾：我也给她们买过饭。媒体成了杨丽娟事件被检讨的核心，虽然我并不同意，但也可以先来看看这个所谓的“核心”。首先，媒体该不该报道杨丽娟事件？2006 年曝出杨勤冀要卖肾帮女儿见刘德华，这有没有报道价值？如果有价值，媒体报道了有什么错？杨勤冀死后，媒体应不应该报道呢？有人说香港媒体自律，拒绝报道杨家的事情，其实杨勤冀的死最先是香港媒体报道的，刊登在社会版，内容是说有内地游客过来跳海自杀，他们以为这与内地人骗香港的社会保险有关。报道刊登的第二天，他们才知道原来跳海的人就是来香港找刘德华的人。包括香港媒体在内，都开始大量报道。我问你，你觉得媒体要不要报道？

采访者：这件事不值得报道。因为这是一个个人的过激行为，媒体报道后，必然会扩大其影响，难免有炒作的成分。炒作之后有可能让当事人“下不来台”，她可能会更加坚定一定要完成这件事的决心了。

袁蕾：那些上访的人，要不要报道？如果报道了，你会不会想到，你事实上给国家增加了难度，这种上访的事很多，但你报道了就扩大了影响，你是不是也破坏了安定团结呢？

采访者：我觉得这个又不同了，因为一个追星事件是很容易被炒作的，而这样一种娱乐化的事件被炒作之后，媒体的作用真的还是在帮忙吗？

袁蕾：香港媒体在报道杨勤冀跳海自杀时，并不知道他们就是追刘德华的人，以为他们是因为其他一些走投无路的原因，那就纯粹是一个自杀案件，应不应该报道呢？媒体不是先知，也不是法官和警察。

采访者：一般人都不大清楚最先进行报道的是香港媒体，只是到29日才看到内地各大媒体上“追星13年，老父跳海自杀”的消息，大家可能并没有注意到这一消息是怎么出来的，也许就像你说的，香港媒体在报道自杀消息时并不知道内情，而之后才知道了自杀的是追星的那个人，然后消息开始爆发。

袁蕾：现在的情况是人人都会评论，在没搞清楚事情的情况下就开始做各种各样的评论。我觉得媒体的责任就是要把事情报道清楚。由于许多人都对媒体的报道颇有微词，我们可以从头开始讨论一下，首先，你觉得是否应该报道这件事？或者说应该报道，但应转换角度？

采访者：我觉得这件事应该要报道，但不应该像这样报道。

袁蕾：那么哪些报道是让你觉得反感，或者不应该报道的呢？

采访者：我对内地媒体对杨丽娟事件的报道做了一个小结，基本上各大媒体都花了很大的版面篇幅来做，许多还将其置于要闻版的位置。我觉得用这么大的篇幅来报道是不必要的。因为篇幅大了，对社会的不好的影响必然会大，第二，我感觉有的媒体采取了一些实质性的举动帮助他们追星，比如北京电视台，我感觉这越过了媒体的底线。

袁蕾：那我们有一点共识：不是该不该报道，而是怎么报道。

怎么报道？第一，对杨丽娟事件，由于涉及到一个明星刘德华，它既可以被看作是社会事件，也可以被看作是娱乐事件，对我来说，放在哪个版，没有多大关系，一般读者并不是像你们学新闻的人那样，对哪个版面有很强的敏感。

报道会不会促使他们加剧追星？很简单，如果杨丽娟所说的“梦”是真的，并且号称坚持了13年，这13年中似乎没有媒体对他们进行报道，他们为什么还是会坚持下来了呢？他们在这13年中并没有受到媒体的影响还是走到了今天这种地步，所以我并不认为媒体让他们走上了绝路。

采访者：如果媒体没有做错，那么为什么越到后期，媒体越多地开始了反思？你怎么看待这种反思呢？

袁蕾：我认为这是媒体的一种操作方式，就像第一天刊登一条消息，第二天辟谣一样。外界把矛头转向了媒体，同时报道这个又能给媒体带来直接的经济效益，那么反思当然是一种很好的方法，又报道了事件，又显示了所谓的正义。

我们应该首先看到缺的部分

采访者：那你认为媒体在这件事情里面有没有做错的地方？

袁蕾：我也一直在思考这个问题。在文中，我只把北京电视台当作媒体报道的案例。一是因为杨勤冀写信痛斥媒体的时候拿的就是这个案例，他们觉得北京电视台拿假刘德华来欺骗他们。如果这里真的有欺骗，那我觉得无疑是值得谴责的，但这只是杨勤冀单方说法。我采访了另外一方，北京电视台记者陆纳。他前后三次去杨家采访，第一次去时他对杨家是挺同情，心想：是不是我帮他们见了刘德华就能圆了他们的梦呢？就好像其他一些媒体所办的像《真情时刻》这样的栏目，帮你找很久不见的亲人朋友或者想见的明星，帮你完成这样的愿望。

采访者：有区别的，要看对方是否愿意见。

袁蕾：媒体帮助个人完成一个不现实的“梦”是不正常的，但记者代表媒体，同时他也是有感情的个体，他不是先知，帮与不帮落实到细处就不是那么黑白分明的事情了。

第二次杨勤冀说陆纳带了一个假刘德华来骗他们，而陆纳的说法是，他联系了刘德华的公司，对方说不能见，他又感觉到杨家可能并不是像他之前想象中的那么值得同情。这时一个在模仿秀中长得很像刘德华的人——吴可打电话给电视台，说自己长得像刘德华，表示愿意去见杨丽娟。这时我相信，无论电视台还是吴可，都有炒作成分，但对于一个需要收视率的媒体来说，这样的要求大家都不会拒绝——当然应不应该拒绝又是另外值得讨论的了。如果说像杨家说的媒体骗了他们，那么媒体肯定是有责任的；如果像陆纳他们说的想帮助他们，那么这就是一个“灰色地带”了。

第三次，杨家一家人进北京，他们知道刘德华在北京开《墨攻》发布会，我不知道这个消息是陆纳告诉他们的，还是他们自己知道的。但他们去找陆纳要求他带他们去看刘德华。陆纳告诉我，这时他以个人身份买了两张票陪着杨丽娟去了发布会，并且这件事没有在任何媒体上报道出来，他没有带摄像机。这又是一个“灰色地带”。

采访者：知道了这些以前不知道的细节后，我觉得这种“灰色地带”确实有值得考量的地方，但我本身还是不赞同媒体介入到这种实质性的帮助中来。

袁蕾：我觉得媒体本不应该承担起给他们买饭的责任，媒体应该承担的是报道事实真相，媒体原则上只应该做这些事，每个人恪守其责，这个社会就能良好运转了。就像你说的，看见一个将死之人，媒体过去就应该只是拍照，而他的旁边有相应的人来帮助他们。杨丽娟事件也应该是这样，可是他们没钱买票，没钱吃饭，到了兰州也没有地方住，这个时候本不应该媒体出来做，但除了媒体谁来做？即使有人捐了钱，也没有人没有机构来接手，民政局也不愿出来，我联系了他们的亲属，他们也不愿意出来。这个时候媒体的行为，或者是动了恻隐之心，或者是有炒作的成分，或者为了自己采访便利，但事实是，如果没有媒体给他们捐钱，他们也许就会饿死。如果有一个中间机构，那么媒体是不是也就没有所谓的“拿钱买控制”了呢？社会有缺环，那么这个时候应该检讨的是去补缺环的人还是这个缺环呢？

每个媒体都有自己的报道角度，这是我认为的，杨丽娟事件更值得关注的部分：种种的缺环。就像风端说的，可以从架在杨家外面的摄像机，看看邻居、周围、社区、政府，甚至整个中国。杨家为什么会一步步走到今天？讨论媒体的作为和不作为，是一个角度，但这不仅仅是媒体在起作用，媒体大规模报道的是杨勤冀自杀以后杨丽娟的表现。13 年并不是一个短的时间，我更想知道，这 13 年杨家旁边的人做了什么。如果杨家人是精神病，社会是怎么跟他们“和谐相处”的。

我没写出来的，还有十多个

采访者：你采访前有想到会采访陶菊英的相好之类的人吗？

袁蕾：我不知道陶菊英有情夫，我是一步步采访得来的。但我肯定想找他们一家身边的人。陶菊英给了我一个杨勤冀的电话本，上面有很多人的电话，包括万龙的。

采访者：她为什么给你电话本？

袁蕾：我想是因为我从没有把他们当怪人吧。我从第一天开始就认为他们是普通人，也没认为他们不正常。陶菊英一直在和我讲她的故事，讲到第三天，她就把电话本给了我。我按照上面的电话一个个打过去，一共二三十个号码，花了两天时间。

采访者：杨勤冀手里会有陶菊英相好的电话，这不是很奇怪吗？

袁蕾：其实从这点你可以想象，他们一直是在一个很平和、和谐的环境中生活。

采访者：我统计了一下，你的报道中出现的被你采访的人有十来个。

袁蕾：我没写出来的，还有十多个。

采访者：这些人是因为不愿意说还是不愿被报道出来？

袁蕾：是因为我觉得他们提供的可能是无用信息或者重复信息，我没选择让他们出场。

采访者：有没有采访到杨家亲戚呢？他们好像没出现在报道中。

袁蕾：我找到了杨勤冀的侄儿，也是杨家唯一的亲戚，他大哥的儿子。这个人也是兰州一家报社的记者，并且他也是从报道中知道的杨家的事，亲戚之间长期不相往来的。还有陶菊英的一个兄弟。实际上她还有三个弟弟在兰州，据说这些弟弟也都是游手好闲，原来杨家经济还算好的时候，经常来家里蹭吃蹭喝。

采访者：你在采访中有遇到什么样的阻碍吗？

袁蕾：这是肯定有的，有人不愿谈，有人大骂他们说他们丢兰州人的脸之类的，还有人说媒体不应该这样做，等等。

采访者：我看到你的博客上写到杨丽娟给你发短信，打电话，能看出她是很信任你的。你是怎么取得杨家人的信任的呢？

袁蕾：平等交往。就好像我让你叫我的名字，而不是“袁老师”一样，大家都是平等的，我采访任何人，官员也好，都是直呼其名的。杨丽娟之后给我发短信，打电话，什么事都征求我的意见，她希望从我这里得到支持和同情，但我知道我的任何鼓励的话都会加剧她的行为，所以我一直很克制。我看到有人在网上说我对杨丽娟刻薄，但我在博客上写的“你说我该怎么办”，是从杨丽娟这里发的，也是从刘德华那里发的。你不觉得是一件很讽刺的事情吗？当她问我怎么办时，我说你也知道会被人骚扰。她会说那群人是疯子，没有理智，打扰她正常的生活。

个人看法

采访者：你可以说你理解他们家，但许多人眼里，杨家人就是疯子。

袁蕾：各人有各人的判断，我不对任何人做判断，但我能理解他们是怎么样的人。现在的人太容易做判断了，记者的职责就是搞清楚来龙去脉，而不是带着先入为主的看法，忙于下判断。比如法拉奇，可能很多人觉得她高不可攀，是因为她采访时提问尖锐，尖锐谁不会，关键在于你是不是尖锐到了“点”上。

采访者：你对杨丽娟就没有个人看法在里面？比如我就不喜欢这样的一个人。

袁蕾：我只会在博客上调侃杨丽娟像芙蓉姐姐。当我代表媒体的时候，我不是单纯的我自己，我是在工作，我会尽量不带自己的看法到报道里。我在写稿的时候也有很多挣扎，比如万龙，他说了两个多小时，其中任何10分钟的东西都可以成为头版头条，但我很矛盾。杨丽娟和陶菊英利用媒体，她们成为了公众人物，她们的隐私可以被公开；但她们并没有犯罪，没有危害社会，这个隐私的度在哪里？

采访者：如果杨丽娟以后还继续和你联系，希望你帮助她，你会怎么做呢？

袁蕾：我觉得我能帮她的话就会帮她，但我会把握一个度，不会促使她悲剧的再次发生。其实这就跟人与人之间的相处一样。如果说我有介入的话，一是帮她们买饭，但我把握的一点是我不会直接给钱；第二个就是借钱给杨勤冀的那家人，我给了他们钱，因为这些人在整个事件中是比较冤枉的人，我比较同情他们，所以当时我就拿了包里剩下的300块钱给他们，虽然这些微不足道，帮不上什么忙。后来刘德华那边知道了也觉得这个人挺冤枉的，于是就想偷偷地把这个钱给补上，但是不要出他的名，不要告诉媒体，只要我知道就行了，后来我就把钱拿给他们了。

采访者：杨丽娟有没有向你说过她对媒体的看法？

袁蕾：她说媒体欺骗了她，她觉得媒体就应该同情她，就应该帮她找到刘德华。她就说如果媒体早帮她找到刘德华，安排她见了面就不会有今天这样的局面，所以得出媒体害了她的结论。

采访者：杨丽娟是一个很会应付媒体的人吗？

袁蕾：她不会拒绝任何一个媒体，而且她对媒体掌握得非常清楚，知道哪些是大报，哪些是小报，哪些有用，哪些没用。她也知道要给媒体哪些消息，比如我跟她说了某件事，然后她马上接了一个电话，她会转过来捂着话筒问我：你刚才说的那件事可不可以跟他（打电话的人）说？我说不能，她就不说了。她是一个聪明的人。

采访者：你觉得现在事情处于一个什么阶段？

袁蕾：现在人们处于一种盲目的反思自醒阶段。

（采访整理：黄　婷）

后台

专题：境外采访秘诀

在德国问路为什么尽量找女性

『千万不要在东京机场打的』

没有什么报道值得拿命去换

在德国问路为什么尽量找女性

□吴　蔚（南方周末文化版块）

尽量找女人问，尤其别找一男一女中的男人问。我在德国遇到好几次认不得路的情况，问路时对方都非常热心，但结果以不太妙的居多，甚至有几次是被指向了相反的方向。

您出国采访的选题类型？

（回答说明：需要南方周末派记者出国的情况，多为常态新闻和突发事件。常态新闻，比如国际电影节、特定时间对特定人的访谈等；突发事件，比如说泰国政变、禽流感等等。之所以要求先回答这个问题，是因为不同类型的选题，遇到的情况不同，因此后续问题的必要性也有所不同。如果一个记者操作过不同类型的选题，那可以选择最有心得的一种回答。）

常态新闻，由报社掏钱的有两次——2003 年的戛纳电影节和 2004 年的柏林电影节，另外还有组织方承担费用的活动若干次。每次都会尽量在组织方的安排之外想办法做一些采访，比较典型的是 2002 年报道美国“9·11”之后的第一个国庆日和 2005 年报道法兰克福书展。

出国准备

1. 应携带的物品？

这方面我觉得没有太多特别之处，采访设备是必需的——电脑、相机、录音设备，但这往往是最重、最占地方的行李，谁让咱们是去干活的呢？

如果能不带，男同事尽量不要带西装、皮鞋，往往既费时又派不上用场。绝大多数看上去需要穿西装的场合，对记者、艺术家等职业会网开一面。

生活用品方面可能需要稍加注意。一是国外的酒店往往不提供很多在国内看来是“必须”的东西，如洗浴用品、牙刷牙膏、拖鞋等，最好自备，拖鞋在长途航班上也会发挥出重要作用；二是一些容易忽视的小东西，如果在国外时间长，这些小东西能折腾得你痛苦不堪。我去戛纳忘了带梳子，那个纸醉金迷的腐朽资本主义度假胜地，竟然找不到卖便宜梳子的地方，整整一个星期都是用手指梳头，不得不忍痛花 30 欧元（300 大元啊，同志们!）买了很“工艺”的梳子，并最终在挤得鼓鼓囊囊的背囊中断为两截。去柏林的时候忘了带指甲刀，两星期之后指甲长得恨不得把自己的手指给剁了。遍寻大小超市，未果。见到两位国内来的朋友，紧急求救，丫们面带歉意地说：我们也难受得准备今晚咬指甲了。幸亏是在国际化大都市，最后在一家中国人开的主要做中国人生意的旅行社买到了一把温州产的指甲刀，幸福啊。

至于药品，本人身体尚算健康，所以每次只有两样是必带的：黄连素和止血贴。在大部分帝修反的地界，药店星罗棋布，估计问题也不大。

2. 护照类型？

我从未使用过公务护照。

3. 如何办理签证？

报社的采访任务，可能是我所知最不容易被拒签的出国理由。只是预约签证需要轮候的时间比较长，但提前做好准备基本上没什么太大问题。碰到过两次时间比较紧的，确实按照正常轮候会赶不上时间。但领事馆均有负责新闻文化事务的部门，找他们协调一下，他们会很愿意帮忙“加塞”。但我不建议轻易使用这种“特权”，如果能提早准备，还是提早准备吧。

4. 如何订酒店、机票？

订酒店是一门学问，绝对是一门学问！往往订到一家价廉物美的酒店，你对当地交通、风土、文化等知识就已经初具认识了，其中门道和乐趣，写一本书，至少是半本书，应该是没有问题的。

简单来说，关键手艺是会用搜索引擎（这就是大学问了），肯阅读。走旅行社的路子基本上结果是价高质次。

关于机票，我不知道北京和上海的情况，但想来应该差不多——还是尽量别找旅行社。翻翻本地报纸的分类广告，总有很多做国际机票生意的公司。

他们做成一单生意不容易，通常路子广，态度热情。多打几个电话聊聊，找3家左右最靠谱的，让他们给你做计划，相互砍价，这里面的水分太大了。如果你的目的地不止一个，这会特别有用。通常跨洲国际长途航班，可以免费驳接一段内陆航线，善用这个服务。

5. 外汇

别带太多现金，以我个人经验，如果不是在当地长期居住的话，一个月以内，三五百美元足够了。善用信用卡，从各方面都是最理想的。

6. 这个阶段最可能遇到的麻烦、困惑有哪些？最希望报社能在哪些方面提供帮助？

这个与国内采访不会有太大的差别吧？只是注意与总部保持联络的通畅就行了。

7. 对同仁的其他忠告

事先当然应该对采访任务有所熟悉，但这点各自任务不同，自行负责地处理吧。对当地情况的熟悉，可以与找酒店合在一起干，一举两得。

我在国外基本上还没有遇到需要感受我官方驻外机构温暖的情况。对同仁的其他忠告，或者说对报社的其他忠告，我想指出通信和交通的重要性，如有可能，在现有的出差标准之外，应想办法保证记者在当地能够购买手机卡和突发交通的费用。海外采访，暂时还没有想到比准时奔赴采访约定和保持良好联络通道更重要的事务性工作了。

日常生活

1. 在陌生环境中，哪些因素容易让人焦虑？如何应对？

首先当然是语言。报社外出采访的同事，应该绝大多数是用英语，如果到非英语国家，语言上的隔阂很难不让人产生焦虑。即便是到英语国家，咱们学的英语，未必能够很快与当地接得上趟。这种焦虑，也想不出什么特别办法，一个对策是经常提醒自己别太焦虑，另一个对策是耳朵不太管用的时候多用眼睛，察言观色，多用肢体语言表达口头语言暂时找不到的词。

另一个是文化、习俗。其实用这两个词有点重了，大多数情况下没这么严重，左右望望，看看大多数人是怎样处理的就行了。

如果还不清楚，多问，即使是语言未必相通的场合，我碰到的绝大多数人都非常热情地帮助解决问题。这里有一个在德国获得的小经验，其他地方可能管用，但也许不管用——尽量找女人问，尤其别找一男一女中的男人问。

我在德国遇到好几次认不得路的情况，问路时对方都非常热心，其中还有两次是有人见我在路上一副焦急模样，主动上前帮忙。但结果以不太妙的居多，甚至有几次是被指向了相反的方向。后来与一个当地人交流过这个问题，对方的答案很有道理：德国男人自尊心重，即便自己不知道，也要胡乱猜测一个方向。有此经验，问路对象尽量改成女性（出于私心考虑，还尽量找年轻貌美的），成功率显著提升。

2. 兑换货币？（多少为宜？尽可能避免兑换损失）

前面已说，大约价值人民币三五千的足矣。绝大地方都可以用信用卡，现金应付的都是些小额交易。少带现金安全（据说很多地方万恶的犯罪分子专盯中国人，就是因为中国人爱带现金），也容易避免兑换损失。我在国外基本上都用招行的信用卡，从未遇到过刷不成的情况。信用卡回国还款可用人民币，而且是按还款时的汇率，可在免息期找人民币汇率较高的时候还，基本上把汇率问题减少到最少。

还有一点需要提醒的：所带现金尽量零散组合合理一些。有一次是和老婆大人去意大利旅行，老婆负责去换500欧元，结果换回一张500欧元巨钞。我们带着500欧元巨钞和20欧元零钞到了罗马。等饥肠辘辘地去到酒店住下，身上只剩下3欧元零钞。到几家商店妄图买东西打散钞票，均被拒绝，颇有《百万英镑》的调调。两人在麦当劳买了一个苹果派分食之，然后没钱坐车，只能靠脚到处走。最后是在梵蒂冈邮局，买了3欧元邮票寄个当地戳回国内，然后悍然要求人家找钱。这次人家也找不开，但四处筹措，终于凑齐，还很仔细地为我们着想，各种面值的组合配搭起来。在上帝的地盘，人就是热心一些。

3. 通信（尤其是突发事件）

再次强调，通信很重要！

如果不是今天到明天走的任务，尽量买个当地手机卡，酒店中如果提供免费上网服务固然好，如果没有，也尽量购买来使用。尤其现在网络电话服务如此先进的时代，能上网，可以节省相当大的国际长途费用。

除了著名的skype，另外推荐一个网络电话服务，话质一流，而且很方便：www. jajah. com。

这些网络电话，不仅在国外采访时管用，平时在国内进行跨国电话采访也很实用。使用这些服务，打到大多数主流国家，费用折合人民币约两毛钱一分钟，顺便鄙视一下中国电信。

4. 饮食（尤其是突发事件）

每个人具体情况不同，我觉得准备充足就应该不会有太大问题。

我个人完全吃不惯西餐，基本不喝咖啡，几天下来就会想念米饭想念炒菜，所以问题严重一些。那次在戛纳，长时间没吃到中餐，那个想念啊！结果在电影院里看王小帅的《二弟》，看着屏幕上的人端着海碗蹲在路边呼啦啦扒面条，哈喇子就不争气地流淌下来。以前有人笑话一些出国旅游的人带方便面。我个人觉得，如果肚子爱国主义严重的人，完全不用理会这种劣质笑话，理直气壮地带方便面，以解不时之需。

但如果要想吃中餐，请注意突破自己的心理障碍。中餐在欧美基本上属于中档以上的餐馆，费用颇贵，而且容易产生与国内价格的比较，请慎重行事。

5. 对同仁的忠告（例如需要特别注意的东西，当地的风俗、禁忌）

风俗的问题，我觉得只要时时牢记“入乡随俗”，多看看别人怎么做，基本上不会有太大问题。

前面的问题清单中，没有提到交通问题，我觉得应该注意一下。欧美公共交通发达，但熟悉掌握那错综复杂的线路图需要颇费些周折。此外必要的交通开支报社应予以支持。

那次去戛纳，任务确定得比较晚，小城内100欧元以下的酒店已经绝迹，我最后是在离戛纳20多公里外的一个小镇上订到了很便宜的酒店。

第一天，租了一辆自行车骑去会场。沿路骑自行车的人倒是不少，但都长得跟电视里放的那些环法赛车手一样——人家都是当运动呢。只有我一个人，背着硕大的包（里面装有电脑、数码相机、几个录音机、各种电源电池）吭哧吭哧地骑了两个多小时才到会场。第二天，请示报社之后，同意我每天租用摩托车。租摩托车的费用不高，不到20欧元，每天转两趟公交车到会场也要10多欧元了，但交通时间就节省为单程30分钟。而且，后来一些采访分散安排到小城各处，骑着摩托车，方便。连酒店带租车每天花费约80欧元，基本是城里提前能预订到的最便宜酒店的价格。

但其实我当时没有任何机动车驾驶经验，也没有任何牌照。租车的时候出示了集团出入证——硬塑料制成，印有彩色照片，还有颁发年份为2000年，于是顺利租车成功。（以上表演经专业训练，未成年人请勿模仿）

采　访

1. 如何确定采访方向？

主体采访部分跟国内采访不会有太大区别吧？要注意的就是与中国的情况予以照应。但如果是纯国际性程度比较高的题材，被采访者配合照应中国国情的可能性不太高，太多预设的问题大多会落空，更多的还靠现场应变，只要心里牵挂着服务国内读者这条。

需要注意的是，既然身处国外，尤其是报社掏钱让咱们身处国外，应该充分展示与在国内通过电话采访的不同之处。

现场的观察应在稿件中予以体现，被采访者的表情、肢体语言等也尽可能加以描述。

要注意收集当地媒体的报道，除了国内也能看到的国际性大媒体的报道，当地小媒体的报道代表着当地视角，经常会呈现出不同的状态。

还应该多采访当地普通人，最简单的方法就是在街边随便逮人问。以我的经验，被拒绝的情况极少，刹不住车的情况偏多。这会让你的稿件呈现的面貌更加丰富，也会对可读性有建设性贡献。

2. 语言不通时，如何解决？

语言不通时，当然只有找翻译了，还能有其他什么办法吗？

只要采访地不是太偏僻，翻译总是能找到的。一个方式是在国内准备，事先联系好，属于未雨绸缪。如果是临时冒出来的采访需求，只要还有时间，赶紧上网，在当地留学生聚集的网络论坛上想办法，如果遇到热爱本报的人固然皆大欢喜，如果遇到喜欢钞票的，希望报社在翻译费用方面的政策能灵活应变，毕竟更多的钱都出了。

3. 如何找到合适的采访对象？

在国内做好准备，尽量列出大名单，广种薄收是最基本的。拔土豆，一拔一串也是方法。如果跟采访对象聊得好，询问对方谁还对相关话题适合发言，循着对方提供的人，串下去。

4. 是否有过预想的采访方案与现实出现偏差的情况？如何应变？

采访方案既然叫方案，以我的经验，不管国内国外，基本上与现实出现偏差是必然的。处理这个问题，学问深了。我们常用的方法，一是多设点，还是广种薄收那个理；二是事先的准备，以资料性为主，尽量少进行观点性的预设。

5. 在何种情况下，考虑联系使馆？

我从未联系过使馆，也只想得到三种情况，有可能需要联系使馆。一是遇到法律方面的问题；二是护照丢失，不联系使馆就回不来了；三是使馆本身需要成为我们的信息源。

6. 是否有过意外的情况发生？如何解决？

比较大的意外遇到过两次，现在讲来像故事。

一次是在戛纳。采访到半夜12点过后，骑着摩托回酒店，在类似高速公路的封闭性道路上，摩托车坏了，前不着村后不着店。我推着摩托车走了一大段路，在一个加油站找个柱子锁上车，指望如果有偷车的会认为这是加油站员工的车，不敢偷。然后在路上走啊走，还有20多公里啊！要命的是背上那个大包，沉死了，这是负重行军嘛！更何况包里的设备加起来得两三万，万一有个三长两短，损失惨重。我考虑过学电影里面那样伸大拇指拦过路车，但在国内基本上很少这事，没干过。怯生生伸出手拦了两次，估计手势不明显，没人理会，于是打消了继续尝试的念头。走了几公里，突然有部车停下。摇下玻璃，我往里面一看，吓了一大跳——里面一个巨壮无比的老黑。记得《黑客帝国》里面那个墨菲斯吗？像得不得了。老黑问：有麻烦吗，要不要帮忙？我说自己的摩托车坏了，离酒店还有一大段路呢。老黑说：上车，我送你到酒店。我问：得多少钱？老黑说：不要钱。我反而有点犹豫了——还有近20公里啊，打车都是好大一笔钱，是碰上黑雷锋还是黑老大了？最终证明遇到的是黑雷锋，一路相谈甚欢。

还有一次是在巴黎。准备回国的时候，坐机场火车去搭飞机。从巴黎市区到机场，那一线火车会在某处分岔，一路去机场，一路去另外一个地方。我第一次搭火车，没分清，上了去另一个地方的火车。到了分岔点那站的时候，一个穿得破破烂烂、看上去像意大利裔的人瞄了瞄我的一大堆行李，告诉我要去机场的话，搭错车了。然后他拼命撑开正在关闭的车门，我迅速盘着行李，屁滚尿流地逃出火车。到了站台上，为了表示感谢（如果真到了另外的终点站，再转头回来搭车去机场，肯定误机），我给丫敬了根烟。丫说：不要烟，要钱。我想想：这个忙帮得挺大的，给钱也值得。于是掏出大概四五欧元的钢镚要给丫。谁知丫说：我要你所有的钱。靠，这还真遇上坏人了。不过环视周围，这个站位于巴黎郊区的黑人区（虽然当时还没有爆发巴黎郊区骚乱，但黑人区是混乱之区，臭名远扬），丫跟我说话时，眼光游离，东张西望，我猜丫在老黑的地头，心里也是很忐忑的。于是笑眯眯地把行李往地上一甩，问丫：你觉得你拿得到吗？丫大惊失色，拔腿就跑。说老实话，当时是准备跟丫在站台上干一干了，但没想到丫这么稳不住。

7. 其他

总的来说，我觉得出国采访并没有太过特别之处，至少在文化新闻方面，基本上是在国内怎么做，在国外也怎么做。国外新闻业相对更加专业规范，环境更好，从职业的角度来说，可能更容易做一些。

需要克服的问题主要属于文化范畴，如语言、风俗习惯方面，但只要注意“入乡随俗”，基本上没有太大的问题。

但从心态上，可能有两点值得注意。

（1）我们在国内多少算“强势媒体”，采访中遇到的人，多多少少会“给几分面子”。但在国外，我们其实是“弱势媒体”，采访联络方面往往被排在比较低的优先级。对此，除摆正心态之外，还应善用各方资源，如驻华使领馆或其他驻华机构（尽管他们往往没有敲定采访的决定权，但由一个机构出面描述敝报在国内的牛逼，比自己去说要更具可信性）、与国外相关对象有密切联系的“掮客”、当地华人和留学生等。

（2）“中国”概念在国外处于上升势头，适当的时候，打“中国牌”有助于采访的顺利进行。但需要注意的是，这张牌应善用，国外对中国的误解不少，有时候过于强调“中国”适得其反。

“千万不要在东京机场打的”

□王　寅（南方周末文化版块）口述
□沈亦文（南方周末新闻助理）采访整理

回到旅馆，日本参赞的电话也来了，他最后的请求令我颇感意外之余又有点忍俊不禁。他说：我们日本人最讨厌开后门了，我帮助你的事情，请你千万不要告诉别人。

签　证

报社第一次派我出去是2003年的东京电影节，出去之前我去了云南丽江，还剩下七八天的时间，签证时间还算充裕。但是，我在丽江接到一个电话，问我有没有时间去法国参加一个活动。我看了一下日历，正好在东京的活动之前，时间上并不冲突。我把丽江的采访压缩在一天内完成，火速赶回上海。

回来之后，拿到电影节的邀请。吴蔚说过，此前本报的记者去领馆签证，拒签的概率是零。但是扣除星期六和星期天，剩下的时间只有五个工作日。一般一个国家的签证至少要五个工作日，两个国家的签证要在这五个工作日里完成，这几乎就是不可能完成的任务。

法国那边的邀请方因为和法领馆关系非常好，可以在最后时刻拿进去签，然后在上飞机之前拿出来。但是去日本就需要我自己去搞定。我问吴蔚怎么办。他回答：从来没有和日本领事馆联系过，你可以先打电话到上海领事馆的文化新闻处，领事馆的文化新闻处一般都知道南方周末，我们的报纸有些口碑，会比较照顾。但是，电话打过去，接电话的是一个中国人，态度生硬，丝毫没有通融的余地，他一口咬定一定要找签证处。

绝望中，吴蔚辗转问到日本大使馆一个文化参赞的电话。我抱着死马当活马医的心态打过去，电话那头十分客气，但是她的回答令人沮丧：你要找的那位先生已经离任了。不过，她很快又安慰道：继任的参赞会说中文，你下午打过来试试看吧。

在下午的电话中，参赞耐心地倾听了我的“投诉”，首先表达了歉意，语气完全是中国式的：“我们的工作没有做好，请你原谅”云云。他打电话到上海领事馆询问后很快回电说，上海领事馆无法按照我的要求加急办理，如果我方便来北京大使馆，他可以帮忙。我说当然可以。

去了北京之后，和参赞见面，他说：我已经和签证官打了招呼，你直接去签证处就行了。他还给了我他的名片，名片背后是签证官的名字和签证处的地址。他问我希望什么时候拿回护照，我说越快越好，最好在当天就获得签证。他笑了，最起码要等一天，这已经是最快的了。在临走时，他略带歉意地说：您来自南方周末这样重要的报纸，本来应该请你坐一下，喝喝茶的，但是手上正忙……

签证处早就有人等候在那里了，告诉我明天上午来取护照。回到旅馆，参赞的电话也来了，首先问签证是否顺利，然后询问电影节的文章见报以后，能否寄两份给他。他最后的请求令我颇感意外之余又有点忍俊不禁，他说：我们日本人最讨厌开后门了，我帮助你的事情，请你千万不要告诉别人。

第二天上午，从日本大使馆签证处出来，坐上飞机，赶回上海，直奔法领馆。终于在登机去巴黎之前，顺利拿回了护照。

下面还有两个例子也可以感觉到报纸口碑对签证的帮助。

2004 年去美国，签证官是一个小伙子，翻阅材料之后问道：你报纸的名称中文怎么说？我回答了之后。他点了点头。我正好带了几份报纸，问他需要不需要看一下。他扬了一下眉毛：不用，我经常看的。

前几天在美领馆签证，签证官一共只问了三个问题：你去干什么？采访谁？他是干什么的？

同事杨瑞春说她签证时更绝，只有一个问题：你去斯坦福学什么？

各国的签证程序和所需的材料五花八门，签证费也各不相词。唯一例外的是波兰，免签证费，我猜测是文化交流的缘故吧。

语　言

在国外采访旅行，我最大的体会是，不要怕自己语言不好，该问的时候还是要问，该说的时候一定要说。

在从巴黎到东京的飞机上，我旁边的座边上坐着一位日本老太太，10 个小时的飞行，一路无言。快到东京的时候，我拿出东京地图，寻找我要住的旅馆方位。

我指着地图问这位老太太：我要去的是不是这个地方？她回答说：是的。她紧接着问我准备怎么去旅馆。我回答：打车。她听了连忙说：你千万不要打车，打车很贵。我想，再怎么贵也不过几百块人民币吧。我说：我第一次来东京不熟悉，还是打车好。她一下子变得非常着急，劝我不要打车。她说：你下了飞机可以坐快速列车到东京站，再换地铁。我看到地图上纵横交错的地铁线，有点晕。她看我还在犹豫，坚决地说道：你一定不能打车。然后告诉我，她也到东京站，她出了机场等我一起坐火车。日本本国公民出机场可以走绿色通道，而我等行李加上出关花了半个小时。出来一看，老太太正笑呵呵地等着。她帮我在自动售票机上买了车票。那时是早上 5 点多，列车还没有来，我们就去星巴克边喝咖啡，边聊天。老太太并不住在东京，从东京去她所在的城市还要坐两个小时的火车。

高速列车从机场到东京站足足开了一个多小时。我对老太太说，如果我打车的话，肯定破产了。她听了直乐。后来听吴蔚说，由于东京的出租车贵得离谱，香港的各大公司规定员工到东京出差，严禁打车。

下了列车老太太又带着我转乘地铁，一直把我送到酒店大堂，她说：这下我放心了。她的表情明确无误地告诉我，她做了一件令自己非常开心的事情。

我把这件事告诉东京的朋友，她问有没有要老太太的名字和电话，她可以代我谢谢她。我说，当时非常感动，几乎是不知所措，只是给了老太太一张我的名片：你以后到中国，请给我打电话。我直到现在也不知道她的姓名。

这样的事情我在日本碰到不少。日本人有的不会说英文，就会用手势，带你到你要去的地方。老百姓都是非常友好的，不会因为你语言不通就对你另眼相看，反而会更加热情地帮助你。

日本到处都是汉字，你不知道怎么读，但是看得懂，不容易坐错车。很多日本年轻人在西方留过学，他们的英语也比我们印象中的要好，读音也不是中国人经常嘲笑的那样滑稽，简单的会话是没有问题的。

一般来说，英语可以到处通用，但是也有例外，在有些欧洲国家说英语也会受阻，譬如法国，有的人真的不会讲，有的人则是不愿意讲。譬如在巴黎的地铁里问路，他会很热情地用法语跟你解释，实在解释不清楚，他们就带你到你要去的出口。

网　络

出国采访，尤其是承担发稿任务的时候，网络至为重要。

亚洲的网络普及程度似乎比欧洲要好些，日本、马来西亚和我国的台湾，酒店客房里都有宽带，区别只是免费和收费而已。

但是在欧洲要麻烦得多，酒店房间里一般都没有宽带，即使有，也收费不菲。在巴塞尔艺术博览会的第一天，住在四星级的华美达酒店，上网两个小时，被掠去 70 瑞士法郎。后来搬到组委会安排的旅馆，由于旅馆只有上网卡出售，而报社发的电话又不匹配，眼看截稿时间越来越近，只得在凌晨 5 点，硬着头皮去叫醒旅馆前台，没想到酒店大堂公用电脑的机箱是上了锁的，最后是将 U 盘插在前台的工作电脑上，才把稿子和图片传了出去。

再说一件 2003 年东京电影节的事。尽管由于差旅经费的原因，住的是极其迷你的商务旅馆，但是却有免费的宽带，只要不是出门采访，我就挂在线上，保持和后方的交流、沟通的渠道。

那天已经过了午夜时分，杨子和吴蔚还在 MSN 上和我热烈地讨论第二天采访小津安二郎专家佐藤忠男的提问设计。对佐藤忠男的采访是东京之行重要的环节，因为了解小津安二郎的生平创作绕不开这位日本最著名的电影评论家。杨子和吴蔚在网上不断地支招，我把他们设计的采访提问整理之后，抄录在笔记本上。来来往往，时间很快过去，为了加快速度，吴蔚干脆直接将电话打进房间面授机宜，直到把一张 IP 卡打完。此时已经是凌晨 3 点。

第二天上午的采访异乎寻常地顺利，预定的两个小时采访，提问与回答来来往往一刻不停。采访结束的那一刻，我如释重负：毫无疑问，这是一次非常成功的采访。后来在东京的朋友告诉我，佐藤对那次采访赞赏有加，令日本朋友吃惊不小，因为在他们眼中，佐藤一贯以严厉苛刻著称。如果没有网络上顺畅的交流，这次采访就会大打折扣。

饮　食

很多人会不习惯国外的饮食。去法国的时候，同行的人对法国大餐很不习惯，整天嚷嚷着要吃中餐。有的人吃完西餐以后，感觉意犹未尽，回到酒店，把自带的方便面汤料拿出来冲汤喝解馋。

其实法国菜在西方各国的菜肴中已经是比较好的，连法国人自己也不无自豪。有一次在宴席上，一个法国佬“恬不知耻”地说：世界上有两个美食大国，一个是中国，另外一个就是法国。我的印象是西餐管饱，营养也足够，但是除了甜点比中餐高明很多之外，其他都不好吃。

日本菜比较对中国人的胃口，但是太过清淡，量很少，即使是很好的高级料理，十几道菜都装在很小的碟子里。日本人就是吃这么一点。我平时饭量已经是偏小的，但是在日本还是觉得吃不饱。由于每天工作到很晚，半夜饥肠辘辘，都要冲到超市去买吃的。

治　安

去年冬天去波兰的时候，在旅行手册上看到那里小偷很多。特别是从克拉科夫到华沙的列车上，小偷十分猖獗。如果你经过包厢外窄窄的过道，从过道上站立的两三个人中间挤过去之后，你身上值钱的东西可能全都不翼而飞了，等你到站的时候，你失窃的信用卡上的钱早就被刷得精光了。于是，我坐了早上7点的火车，买的是头等座位。结果发现只有我和同行的朋友两个人傻傻地在头等车厢里，没有一个波兰人。一直到下车什么事都没有发生，白花了很多银子。

物品清单

出国之前我有一个携带物品的清单，每次出国前都要检查一遍，尤其是与采访工作有关的用品，以免遗漏。

务必带一个结实的箱子。出差巴塞尔的时候，在香港买的冒牌 Polo 旅行箱拉杆断裂，丢人不说，还用瑞士法郎买了国产的旅行箱。

酒店一定要预先通过旅行社或网络订好，免得被动。

在国外采访一般会累一点，紧张一点，更具有挑战性，但是，具体干起来难度未必比国内的更大。

没有什么报道值得拿命去换

□赵　凌（南方周末新闻版块）

如何在特殊危险场合保护好自己，这是记者最重要的能力，甚至比如何报道更重要。去年，一位报道过印尼海啸的CNN记者向伯克利新闻学院的学生上了一堂课，题目不是如何做出非凡报道，而是如何在那样的特殊场合保护自己。他说，相对报道而言，这才是最重要的。

在危险环境中，精神上的孤独感同样巨大，远赴一个危险未知的地方，编辑部一句“注意安全”并不起多大作用。那位CNN记者说，做有潜在危险的报道前，编辑部会征求记者的意见——愿不愿去，这不是强迫的任务。每个人都有权利保证自己的安全。没有什么报道是值得拿命换的——我一直认同这个道理，所以当那位记者说出类似的话时，我感到心安。

那位CNN记者说，做有潜在危险的报道前，编辑部会征求记者的意见——愿不愿去，这不是强迫的任务。每个人都有权利保证自己的安全。没有什么报道是值得拿命换的——我一直认同这个道理，所以当那位记者说出类似的话时，我感到心安。

编辑部要尊重记者的个人选择，拒绝并非意味着敬业精神的低下，或者新闻理想的虚伪。每个人包括记者有他自己的权衡判断，对自己的身体状况、心理承受力、复杂局面的控制力和化解危险的能力都有自知之明，尊重自己的实际情况其实也是对报社和报道的负责。

记得同事李梁说过，当年在新华社，做完洪灾报道刚回来，报社就为记者准备好了接风宴，那种组织的温暖很让人怀念。CNN 记者也说，在赴海啸报道前，公司为记者的出行做足了功课，包括注射疫苗。

想到此，想到南方周末单枪匹马奔赴灾难现场的同事，真是心疼不已。好在他们都平安回来了。

CNN 记者推荐了《记者生存手册》，这是一本由国际记者联盟编写的书，也是 CNN 的必备之物。本人水平有限，先译“行前准备”部分摘要供大家参考。

在恶劣环境中工作

对记者而言，大多数显而易见的风险是在枪炮战火的战地中。然而恶劣的工作环境远不止战场。在报道骚乱和内乱时，对记者来说，身体上面临的风险或许大于报道一场正规军之间的传统战争。在缺乏必要保护的情况下，一个记者或许面临以下风险：

- 疾病
- 交通和其他事故
- 暴力，包括对媒体有目标的袭击
- 暴露
- 极度疲惫
- 情绪低落和士气低迷

事实表明，更多的记者死于疾病和交通事故，而非战争中被害。一个正在发烧或者食物中毒的记者实际上是不可能履行职责的。我们必须关注这些可怕的风险，虽然它们看上去没有战场风险那么丰富多彩。实际上，暴力经常来自不确定的地方，比如游行突然变成暴乱，或者公众中的激进者向媒体发泄他们的不满。

记者们需要精神准备、身体准备以及正确的装备。这样做的目的是让记者意识到可能的风险，并尽量防范和保持对意外状况的控制，而不是仅仅依靠运气。

记者不可能完全掌控一切，再说，也不存在零风险的事情，但如果每个记者都能够评估风险，就可以变得对危险更加敏感。

一个好的准备计划不仅可能让你安全往返，还将帮助你确定报道中的核心元素，使你获得周遭状况的背景信息，更有见解、更有效地组织新闻。

出发之前

1. 确信你的身体状况适合这个任务

多数记者不愿拒绝对他们的事业有所提升的采访任务，即便它们是危险的。然而，每一个记者都要对自己诚实。你的身体是否在一个合适的水平？你是否能整夜行走当你必须这样时？离开舒适的宾馆你能照常工作吗？适合性或许是最重要的，你的身体情况必须能胜任这个任务。

2. 提高你对当地状况的了解

你是否了解当地的政治和社会状况？谁是主要人物？你是否充分掌握这个地区最近的发展？他们说哪种语言？他们通常对媒体是什么态度，特别是对你所代表的媒体？你的种族会不会给你带来额外的风险？有没有一些组织或族群有过对记者的暴力史？他们的底线在哪里？哪里是禁区？你必须获得什么样的许可，从谁那里？

● 你所报道的人们如何看你？

那些报道主角将如何看你？他们对记者的态度是什么？他们是否对你所代表的媒体有敌意？你是否被看作在一场冲突中正在代表一方或者另一方？

● 研究地图。如果你对当地并不熟悉，确保你有一个高质量的、最新版本的地图。

● 有疑问？问当地记者。到达一个陌生的地区请联系当地的记者，听取他们对采访渠道和风险的意见。

● 即使在自己的国家采访，也要熟悉当地的风俗、语言和思考方式。如果你能用他们的方言和他们打招呼，这将帮助你打开局面。同样要学会如何向当地人寻求帮助。

● 好记者并不需要通晓一切，但他一定能问出好问题，并且是个快速学习者。一个曾经去过那里并工作过的记者可能给你最重要的信息，并分享他们的经历，这将帮助你快速学习。

● 和同事同行，不要独自冒险。前往危险之地的记者应该避免独自出行。最好能和自己的“竞争者”（同事）一起前往并彼此照顾。

3. 了解你的权利

很多记者外出采访时缺乏或根本没有对这一地区的知识，或者缺少作为一个独立和中立观察者的权利意识。很少有采编人员能够引用《日内瓦公约》中的相关条款和人权法案来定义自己作为非战人员的权利。

记者应该简要掌握目标地区的政治和法律环境，在离家之前，要明白国际红十字会、联合国派驻机构和地区政治机构的角色和功能。

4. 社会保障

如果出现不测，你有什么样的保险？你的家庭将怎么办？最直接快速的需要可能是医疗保险和康复问题。采访过程中身体或精神上的伤害，或许需要很长时间恢复。记者需要知道，如果他们未来失去工作能力，他们的收入将不能减少，如果他们被杀，工资将提供给他们的家属。记者组织要确保这些基本要求的实现。公司必须平等地为所有参与者提供保险，这些人包括自由记者、员工和整个报道小组。

5. 了解疾病风险

要去的地方有什么流行病？是否需要特别的免疫力？带什么药？世界卫生组织国际旅行和健康网站 www. who. int/ith/countrylist01. html 可以提供帮助。

6. 沟通共识

后方编辑和前线记者须彼此信任。

当你远离办公室，和编辑的交流可能会出现障碍。如果整天都联系不上自己的记者，坐在办公室里的编辑会非常沮丧。记者同样要记得，如果没有人知道你在哪里以及你正在做什么，这意味着你正在风险当中。在所有的危险境地下，记者应该确保找到一个可靠的人，让他了解自己的行踪。

一种令人沮丧的趋势是，对编辑而言，他们往往忽视自己的记者提供的信息，却偏偏喜欢竞争对手或者通讯社的东西。编辑忘记了信息的差异性意味着信息的多样性。因此，一个对编辑的重要建议是：相信从自己记者那里得到的东西。

编辑：要相信你的记者——他们是你的眼睛和耳朵。

记者和摄影：重要事宜要征得编辑的同意，获得编辑事先的核准。

报道小组：建立一套基于经验之上的报道方针，保持更新并允许所有报道者参与。

7. 带对装备

带多少装备取决于你要去哪里。一些重要的必备之物：

● 记者证

● 紧急救助电话表：一旦受伤给谁打电话；如果你正在做一个敏感的采访，而且访问可能给受访者带来麻烦，请设法保守机密。

● 假钱包。钱和必要文件应该被塞在一个视线看不到的地方。但是，你需要比较方便地拿出零钱或其他小东西，以备被劫时上交使用。多拿一个钱包，放上差不多数目的钱和一些旧信用卡，如果被劫，把它交上去。

● 瓶装水

● 急救药品和用品

● 长焦镜头

● 警报物品：哨子，需要吸引注意力或发出警告时使用；系上医疗腕带，显示你的血型和过敏反应等基本医疗信息。

● 个人卫生用品

8. 准备自己的汽车

当你将长时间远离基地，无论在哪儿，尽可能有一辆自己的车。这不仅可以使你跑得更快并且带给你安全，再者，你也需要一个地方来储存你平时难以携带的物品。无论在什么地方，司机最好是你团队中一个可靠的家伙。

9. 穿对衣服

衣服取决于气候、季节和在那里呆的时间长短。主要物品：

● 鞋

有一双能保持灵活又能长途跋涉的鞋非常重要。最好的选择是一双轻便的防水靴。

● 宽松的衣服，多层

大多数情况下，最好穿很多层衣服在身上，这样一旦很热，可以方便脱下。

外套宽松为宜，内层最好是纯棉质地。特别注意，千万别让人错把你当成军人，特别是你穿防弹衣的时候。上下身衣服颜色尽量反差大一些，以免看上去像制服。

● 防护服

如果是战地采访，必须结结实实地保护。最好穿上军人用防护服。

南方周末

后合

我们不说，他们说

批判的武器
许知远离开之后的「观察家」
悬挂在我们头上的「天问」

批判的武器

——新闻方法论的构建与突破

□李鸿谷（《三联生活周刊》副主编）

先是张铁林与周璇事件，稍后是黄健中与张钰事件，再后就是饶颖与赵忠祥的新闻。在这个时候，我们才意识到放弃这样的新闻，我们说服自己的理由是新闻太小，不具普遍性；其实这是借口，真正的原因是我们没有能力进入这样的新闻。我们该如何报道……后来三联的编辑讨论饶颖和赵忠祥这一选题，问我如何做，我想到了四个字：阶级斗争。

案例·饶颖与赵忠祥

如果用绯闻来定义这个事件，或许是恰当的。但真正的问题却是，媒体如何面对它。简单地说，我们是报道，还是不报道？报道的话，它显得太黄色；如果不报道，公众又这么关注。是我们媒体太有操守，还是我们没有能力面对这样的新闻。学术界对这样的现象用过一个很专门的词：失语。

事实上，在张铁林与周璇事件发生时我们就面临这样的困境。我们报不报道？当时有记者报出这个线索，思考再三，还是觉得没有办法进入报道。《三联生活周刊》是一份自以为严肃公正的新闻刊物，放弃绯闻新闻，看上去是题中应有之义。新闻必须有所选择。稍后，在黄健中与张钰事件发生前，我们的记者就接到报料，当时我们的记者还言之凿凿地说当事人可以提供有精液的短裤，这跟克林顿的故事差不多一个版本了。所以，当时我们讨论，莱温斯基启发了全世界女性的自我捍卫意识。我们介入不介入？又是一个挑战。后来我们还是没有介入。再后就是饶颖与赵忠祥的新闻。在这个时候，我们才意识到放弃这样的新闻，我们说服自己的理由是新闻太小，不具普遍性，其实这是借口，真正的原因是我们没有能力进入这样的新闻，我们不知如何报道。

我们讨论这些新闻，包括球星高峰的私生子事件，大家仍有分歧。做不做？如何做？

即使全世界都知道了克林顿与莱温斯基的黄色故事，但媒体介入报道，却未必是以一个黄色好奇心介入的。至少那些相对严肃的媒体不是。相信大家也不一定认同那种黄色的好奇心。如果我们细致地分析克林顿绯闻这一新闻的传播起源，它更类似一条法律新闻，或者说政治新闻。也即克林顿在莱温斯基事件里，是否有动用总统权力干扰司法公正。当然，大家可以说网络传播并不在意这些东西啊，但事实上，公信力，也即媒体最重要的权力，就在于它有选择报道的一般标准。无论中国还是美国，相对严肃的媒体，其标准一般是不包含黄色新闻的。大家可能还知道水门事件，两个小记者让总统尼克松下台了。但《华盛顿邮报》记者一直追索的问题很简单，总统知不知道这件事？窃听最重要的幕后指使者是谁？后来记者的问题是总统诚不诚实。而尼克松最终也是因为妨碍司法公正而不得不选择辞职。公信力以及选择标准，使我们经常面对一些新闻束手无策。

我们用什么样的方式观察饶颖与赵忠祥的新闻呢？显然，美国那一套思维方式，是因为主角是总统，而在饶赵故事里，男主角并不是一个有权势的公职人员。用是否妨碍司法公正，无法套得住发生在中国的情色故事。

阶级斗争

阶级/阶层

后来我们决定来做这一新闻，并且用封面来报道。理由很简单，这个新闻实在有着太广泛的关注。这期封面的题目就叫：《绯闻时代的女主角》。

当时三联的编辑讨论这一选题，问我如何做，我想到了四个字：阶级斗争。

我是1966年出生，相信跟我差不多年龄的中国人，从教材、小说以及种种宣传品里会十分熟悉“阶级斗争”这个词。比如地主资本家与长工下人，特别是资本家与女仆的情与恨，是非常经典的图解阶级斗争的故事。有所不同的是，那些故事的结局，一般是被压迫的阶级起来反抗了，而且胜利了。由于阶级斗争被用滥了，而中国的历史也翻过了阶级斗争那一页，所以现在我们说阶级斗争，大家会觉得意外，甚至反感。

不过，我想要解释的是“阶级斗争”这个概念究竟是什么。我后来也是认真读了一些相关的书籍才明白这个概念，按照周扬的说法：它被异化了。

阶级与阶层，是对社会人群观察的一种方法。这是社会学通常使用的概念。

阶级，是一种定性的划分思路。它假定社会上存在这样一种状态，某些人占据资源，其他人不占资源；占据资源的人利用其资源优势控制没有资源的人，可能对后者进行剥削、压迫，成为社会矛盾、冲突的原因。

阶层，是一种定量化的划分思路。它假定社会上的人都占有资源，其差别是多少问题。由于是多少问题，西文社会学确定的研究包括两大方面：一是依据占据资源的多少来区分上层、中层与下层；二是占据更多资源是否可能，也即向上流动是否可能，机会是否平等。

所以，阶级的概念，其要旨是斗争；而阶层的概念，核心是流动与公平。

如果我们清楚这两个基本概念，再来结合我们的经验。为什么恢复高考能让那么多人为之欢呼？这是因为它使乡下孩子，也即占据资源更少的阶层有了往上流动的可能。高考每一个变动，为什么大家会非常强烈地关注？是因为它关系到形成的机会是否平等。

这样，我们可以形成一个基本的判断：

常规的往上流动：读书获得更高文凭、成为更高水平运动员

非常规的流动：中大奖、利用身体获益

有了上述基本的思路准备，我们如果用阶级这一概念，就会相信前面种种黄色故事会成为一种在当下时代里无法演绎的道德故事；但是如果用阶层这个概念，相信这些以受伤害面目出现的怨女故事，它至少可能包含了一种往上流动的基本冲动。其实，以这些故事最初发布时的叙述模式来分析，她们运用的也是道德压力与阶级斗争的叙述策略。

为什么我们会判断这可能是一种往上流动的冲动呢？因为我们在讨论这些新闻时，黄健中与张钰的故事里，有一种假设让我们无法解释：如果黄健中让张钰上了他的戏，结果会如何？后来在我们的报道里，终于给出了答案：如果上戏成功，这个新闻也将不复存在。

这事实上是观察这一类新闻的一个理论框架，即用阶层流动的方式来观察一个黄色新闻。由于这一套思路是我的，所以我们来决定做这一报道时，即去采访三个女主角饶颖、周璇与张钰时，由我们另外一个记者去执行的采访。当时要求这位记者有闻必录，让她们谈自己的动机、过程以及结果，还有自己的总结。这样做的一个基本前提是，我们要尽量杜绝想象与分析对记

者与采访的影响。

一般而言，记者在进行任何一次报道前，会有自己对这一新闻的想象，或者基于自己的经验，或者基于一种理论框架，比如上述的阶层论。现在新闻界通用的那个词——策划，也就是这个意思。不过，其间所包含的危险一定要警惕，也即因为有了策划，记者只是去执行这个由于偏见而形成的所谓策划，采访的结果自然只是去证实编辑的想象。所以，真正进入采访要力求忘记这些想当然的东西，去找寻出人意料的材料。在这个过程中，证实或证伪最初的想象。

我们记者的采访拿回了 18 000 字的材料，我仔细阅读分析这些材料，发现是能够证实我们最初的那个分析框架：一种往上流动的非常规方式。所以，看上去，绯闻时代的女主角是个最简单的人人都能想到的报道路径。但如果没有阶层论的知识背景，你是无法完成这一叙述的。

相信八卦人人都关心，说到绯闻时代的女主角，大家自然会想到男主角。后来我们果然有机会去做男主角之一——赵忠祥。

我和另外两位记者约赵忠祥在中央电视台梅地亚宾馆采访。那次采访进行了两个半小时，我们整理录音有 21 800 字。赵忠祥真的讲了不少话。老实说，这次采访我有心理上的压力，我觉得与一个男人来讨论他的绯闻，多少让人感觉不自在。不过，好在赵忠祥非常坦然，这使我们的采访能够相对顺利地进行下去。这次采访，最精彩的是赵忠祥最后说：因为已经变成了这个时代的符号。抹掉我这个人是可能的，抹掉我这个符号是不可能的，因为那是一个时代的印记。其实这是这次采访整个的基调，即赵将自己符号化。这非常有意思，一方面我们小心翼翼想跟他讨论一个黄色事件，另一方面黄色事件的当事人却要不断地证明自己这个符号不可能被抹去。这种极端的反差，我当时用了一个判断：自我妄想。

身居高位者，或者权重，或者钱多，或者名气大。赵即属于第三种。他们对于挑战者，特别是那些非常规方式的挑战者，会选择一种非常傲慢的姿态。即使是正常的挑战者，比如赵忠祥说到白岩松、水均益，他使用的策略是：谁是第一个进白宫采访的啊？是我赵忠祥。

当时我们计划在相对完整地利用他的录音材料后，来分析饶颖赵忠祥这场“超限战”过程中，如何捍卫自己的“民族偶像”以及由此而延伸的种种妄想。但后来我们还是收缩了，主要以采访录音为主。因为，他的谈话已经很充分说明了这些，无须我们特别解释。

我们两个封面——绯闻时代的女主角与凡人赵忠祥，从阶层论的两端，即上层与下层分别来探究，在一桩不那么令人喜欢的黄色事件里，各自的应对策略与自我想象。这种观察本身，相信是有趣味的。

新闻的两端

饶颖赵忠祥的故事，因为他们被极其广泛地传播，所以用它来讨论时，我们如何获取材料似乎成为一个不太重要的问题。因此，这一题目是讨论方法论最单纯的题材。但是，真实的新闻绝不会这么简单就能够获取材料。历史学者总结历史研究如果有新突破，一般会在两个方面有所进展才可能有突破的机会，其一是新材料；其二是新方法。这一理论也非常适用于新闻。

信息源／方法论

在我想来这是新闻的两端。当然也可以将这两端用其他的词组来串联对应，比如：采访／写作、线路／思路、操作／策划……

最简单地看，如果没有获取足够的材料，所谓方法论、独特视角以及写作、思路等等，可能都是无本之源；如果没有足够解释新闻的方法论，那我们寻找材料与能够寻找到什么样的材料，都可能是疑问。这两者不可以偏颇的。

如果硬将这两个分出高低，我个人比较倾向于信息源。因为，新闻不是记者与媒体制造出来的，而是他们寻找出来的。新闻是由那些新闻中的主角创造的，记者的任务是找到它，并且记录它。记者的记录最终会成为事实与事件构成的一部分，也正是因为这种记录而可能影响事件并进而影响历史。为什么我会倾向于信息源呢？因为一个有着基本常识的记者，即使他没有足够的方法论准备，只要他有足够的努力，找到别人没有找到过的材料，相信那些未曾披露的材料本身已经构成了自身的逻辑与结论。我曾与一位《纽约时报》的评论员讨论美国好记者的标准，她给出的结论很简单：你能不能敲开别人的门。美国什么样的记者能够敲开别人敲不开的门呢？鲍勃·伍德沃德是一个。他就是水门事件的调查记者之一。他有三本书在中国被翻译：《总统班底》《阴影》与《布什的战争》。

我要提的一个概念是：核心信息源。

新闻的方法论，或者说“独特视角”，但如果没有“核心信息源”这一基本概念的建立，其结果，方法论最后会沦为一种投机取巧的行动策划。当然，我们对信息源的讨论，因其非主题，也是相对简单的。

核心信息源

分析中国的新闻信息来源，一般情况下，无外乎三种：宣传部门、公关机构、报料者（新闻热线）。

需要解释一下的是，如果我们观察传统中国各部门各机构的设置，相信有一个部门是不可或缺的。从宣传部、宣传司、宣传处到宣传科、宣传股以及宣传干事，这套系统，主要的功能当然是发布信息。而过去，绝大多数时候，我们的媒体是接收他们所发布的信息，然后再发布给受众。从这一线索来观察，有传播学者认为，我们是组织传播而非新闻传播。此说也未必没有道理。

由于市场经济的兴起，外资企业的进入，带进了一个新概念：公关。实际考察各个企业里的公关机构，也有叫其他名字的，他们的任务与国有企业宣传部门并无分别。稍有不同的是，企业的公关部门更有钱，他们把它当作一种市场行为，发布消息是为了获取利润，当然需要成本投入。

在这种情况下，如果悲观一些，过去媒体由宣传系统控制，现在慢慢开始从宣传系统改由公关系统控制了。媒体的独立性，在技术上都尚有很漫长的路要走。

由于都市报的出现，除了上述两种信息源之外，又多了一个热线报料的来源。

无须深入，只须大概地检索一下我们现在的媒体，相信大多数新闻的源头也就是这三个来源。但是，真正重大的新闻，无论是所谓影响历史的事件，还是能够促进媒体销量与收视的故事，诚实一些看，这三种信息源可能都不会提供给你。公允地看，上述三种信息源都是有着利益动机的信息发布者，而且他们只是信息的发布者，并非新闻的参与与制造者。所以，真正有价值的信息源，也即我们命名的核心信息源不太可能出现在这三种信息源里面。

也正是如此，如果我们不对核心信息源做基本的讨论与分析，而去大谈方法论，你的前提，即你的事实来源部分可能就不完全真实，那些方法又有何用？我与很多记者和媒体人士交流中，发现一个基本的事实是，他们从来没有察觉自己的信息源有问题而奢谈新闻的真实与独立，这其实很可怕。

最简单地看，核心信息源可能就是参与新闻事件的主角。而不是宣传或者公关机构的人士，他们是发布者，而非事件的参与者，更非主角。

案例一　显性的新闻事件主角

以张君案为例。我们采访前分析谁是核心信息源，按重要程度排序：张君、文强（张君案专案组组长，重庆市公安局副局长）、谷安东（张君案公诉人，重庆市检察院起诉处处长）。当时所有媒体都未对他们进行过采访，我要求记者就是突破这三个人，结果后两位我们采访到了，他们提供的信息全部为独家信息。当时也有可能采访到张君，但联络人提出的要求是我们把问题清单给他，由他帮助采访，他有高于一般水准的酬劳要求。当时记者跟我汇报，我考虑再三，仍放弃了用这种方式采访张君。我的想法是，如果有过高的金钱因素夹杂其间，从新闻伦理的角度看，我有困惑。

案例二　隐性的新闻事件主角

就我的经验而言，常态的情况是，事件的主角并不都像案件那样一目了然。去年底今年初，三门峡工程存废，也即这一工程是否要炸掉成为最重要的话题之一。水利部前部长钱正英与水利部科学家、中科院院士张光斗（中国水利工程仅存的泰斗式人物）成为媒体关注的重点人物，因为他们支持废除三门峡工程。但我们深入了解，这一事件真正有力量的推动者是陕西前省委书记安启元，他后来任陕西省政协主席，而钱正英与张光斗的意见，以及全国人大与政协的议案与提案，都是他运筹的结果。这是中国中央与地方利益博弈最为经典的案例。后来我赴陕西采访安启元，对此才获得有价值的发现。

案例三　非新闻事件主角

不过，有些时候，核心信息源未必就是事件的参与者。

广西自成克杰之后，又有副主席徐炳松、刘知炳先后因腐败而落马。一个自治区，在短短几年时间里，三名自治区主席落马，原因究竟何在？我们计划深度解剖刘知炳案，以分析广西的政治生态。刘案当事人，以及专案组、辩护律师等我们都采访了，但后来发现，最具价值的信息源，是广西高检起诉处的负责人。他并非新闻事件的参与者，不过，专案组所有的工作，最终能否成为法律上起诉的材料，是由这位负责人鉴别的；而律师如何参与案件辩护，也由他主持的部门把关。他是各方信息的交集点。我在采访他之后，才真正发现其间不同利益集团博弈的关键点何在。

分析框架与方法论

新闻是一个经验的学科，它与传播学不一样，新闻甚至无法建立模型，它是由一个个案例、一个个经验积累而成。所以，下面我们将会着重讨论以案例为主的方法论。但是，大学里的新闻教材，讲述的是消息、通讯与特写，还有采访与写作等等，强调的是如何制造一个新闻产品。但是制造新闻产品的记者总有一个产品制造的思维模式，或者说分析框架，而这往往并非由新闻系课程可以完成的，它需要由记者自己去学习去完成。目前，多数记者与编辑，缺乏的正是这种思考与分析框架，所以我们讨论案例时，也不会仅仅只是介绍一个“独特视角”，而是会将这种“视角”背后所蕴含的分析框架能够有所呈现。比如饶颖赵忠祥那个案例，我们就把阶级与阶层的分析框架作为一种重要的思考给予着重讲述。

如果用一个词来界定，或者我们用“批判的武器”可以说明方法论的价值。

案例一　新交规机动车负全责

在私家车越来越多的这个时代，新的《道路交通安全法》颁布与实施，引发如此大的社会关注，也应在意料当中。相信人们对这一新闻多少有所了解，至少它的关键词——机动车负全责，大家会有所耳闻。

我注意到一般媒体的报道模式：介绍新法出台经过，不同立场的双方各自的意见。基本上类似官司报道，“原告”与“被告”如何申述，然后结束。所以，这个新闻与饶颖赵忠祥绯闻很相似，有众多的关注者，却需要寻找更有力量的观察与分析框架。

如果分析法律条文与法理精神的变化，这一法律由过去的效率优先变为以人为本，相信这也是众多法律专家给予了最充分解释的部分。我们采访交警，他们对新法尤其不适应，因为过去出了事故，他们的责任是最迅速地判断双方的责任大小，而现在是要救人，以人为主。有个小故事：我的一个朋友开车在高速公路上出事了，他和妻子都受了伤，他是脊椎错位，他妻子满脸是血。结果交警调查了四个小时的责任才让他去医院。这位朋友的姐姐在加拿大，听说此事，大骂，如果在加拿大，警察肯定首先会救人，送人到医院。但在我们这里却是寻找责任是警察第一位的责任。我注意到，反对此法最积极的却是有车那一群体。为什么呢？我个人的思考是，法律存在着本土化的移植问题，有先进理念的法律精神，也是看它是否适应本土的习惯与传统。这部交规就存在这样的问题。

法律移植过程中适应性的问题，这是我们可以思考这一现象的第一个层面。

同时，如果我们来研究反对这一法规最主体的群体，我们会发现是有车者。车主在中国可能分这样几类人：一是单位里的司机，严格意义上讲他们不是车主；二是以汽车为生产工具的，比如的士司机，他们又与单位里的司机并不完全一样；三是私家车主，这是汽车消费兴起后迅速形成的一个群体。这个群体是有意思的。我们前面谈到阶层是以定量的方式来分析社会群体构成，在一般社会学的调查表里，有没有汽车与住房，也正是“量化”指标之一。所以，我们将有车者定义为中国的中产阶级，相信大体上也还准确。就我们的采访与经验来看，最乐意发布自己对新交法意见的，又是那些能够方便利用网络的一群人，这样的身份也符合我们上面讲到的第三类人的特征，一般而言，单位里的司机与运营司机，并没有太多条件通过网络发表自己的意见。如此，我们可以提出这样的假设，即中产阶级在捍卫自己的权益。其实，就我个人的经验而言，自从住房商品化之后，城市居民“居者有其屋”，业主与物业的纠纷，已经向我们演示一种对自己财产的捍卫。这与有车后对交规的批评，是相似的。

中产阶级在捍卫什么？这是我们可以思考这一现象的另一个层面。

这两个问题的前提是我们必须了解这部法律的制定者的思考是什么，为什么会从“撞了白撞”到“机动车负全责”，这一过程是如何完成的。这是事实的调查。如果没有更准确的事实部分的调查，后来的法律移植与中产阶级，都将是无本之源。

看上去我们只是提供了两个问题，但是这两个问题背后包含了一种思考与分析的框架。显然，正是因为有这种框架的存在，记者去调查，并非带着编辑部的偏见（所谓策划，很多时候就是偏见而已），而是利用一种分析方法，去发现事实、分析材料，最终形成判断。

案例二　张艺谋与《十面埋伏》

相信大家看过，至少知道张艺谋的《英雄》与《十面埋伏》，也相信大家现在讨论起张艺谋可能仍会有兴趣。当然，除了这两部电影，我们可能还会注意到他的雅典奥运会闭幕式的八分钟。老实说，我个人的印象是，张艺谋已经到了“通吃”的地位，有点像“始皇帝”。我有个同事说，就我们的经验所及，大约也仅江青达到过张艺谋能够达到的高度——可以调动一切资源为他的电影服务。

我们如何来面对这样一个庞然大物？我注意到报刊与网络对他的《十面埋伏》种种漏洞的挖苦与嘲笑，当然还有对他奥运会闭幕式八分钟的种种不屑的言论。但是，这种种口水能够撼动张艺谋什么吗？他的势力甚至大到可以完全不理会这一切的地步。我在香港碰到李欧梵先生，他感叹我们这些文化研究者，已经找不到批评的武器了。

如果公允地看，国内国际资金、文艺政策、海内外市场、编剧演员、庙会式的首映式……这可能构成一部电影的所有要素，如今的张艺谋有什么不能够轻而易举地通行？当然，你可以无限愤怒地说，他有这么好的条件，结果却只贡献了一部垃圾。但这种说法，就是我在网上看到了所有意见相对一致性的地方，也就是所谓文化批评。这种种批评，能够发生什么样的影响？能够提示真实的张艺谋以及他的势力吗？我怀疑。

后来，我找到了一个政治学概念来描述当下的张艺谋：霸权。

当然我们也分析他的资金运作、色彩运用、男女角色的选择、与陈凯歌的20年竞争等等，但这种种分析，最终形成的一个判断就是：张艺谋进入他的霸权时代。

客观地说，我们不是一种批判，而是一种描述。描述张艺谋及他所处的状态。我们自己相信，有价值的描述，远远超过无力量的批判。但是，描述也是需要判断力的，你能不能准确地给予命名，是对每家媒体最为重要的考验。

另外，我需要解释一下《三联生活周刊》一直秉持的一种理念，即记录社会进程中重大的事件。记录是我们最为核心的概念。我们用“描述”这个词，其意思也是记录。

“霸权”这个概念，是一个政治学概念。简单地看，霸权也是政治学，特别是国际政治研究最通常的概念之一。而用这个概念来分析与描述张艺谋，或许可能是最为恰当的。如果我们说到批判的武器，面对张艺谋这样的庞然大物，你选择什么武器，能够与他的势力面对面，可能确实是一种需要思考的问题。

案例三　交通厅厅长的事故多发期

这条新闻的起源是河南省交通厅高速公路有限公司董事长童言白失踪，而此前河南省三任交通厅厅长先后落马。看起来，交通系统特别是一把手交通厅厅长问题确实不少。需要介绍的是相关背景，在朱镕基总理时代，中国的道路建设，特别是高等级道路，是投资拉动经济增长最重要的部分之一。在一次人大会上接受记者采访时，朱总理也说他为后代留下了优质的资产，道路即为其中一项。

这些道路建设的钱从哪里来的？

准确的答案是：一部分国债投入，这部分不大；大部分由地方交通部门自己融资建设。

从成克杰开始，高官腐败里，道路与土地就是以权换钱最主要的项目。

不过，我们报道贪官的一般模式是起诉书加情人，也即公文格式与黄色新闻。这可能跟高官高高在上，当他落马后，大众心理需要获得补偿有关——将落马高官的私生活变成公众的娱乐项目。但是，除了娱乐之外，我们对腐败的认识，基本上还处于偶发事件层面，因为我们无法解释贪官之贪的空间与环境。不过，交通厅厅长的纷纷落马，给了我们一个制度分析的可能性，这也就是我们前面所说的投融资体制。

由于国家投入的有限，各级交通部门自己成为融资的主体。而按谁投资谁收益的原则，交通厅厅长此时握有巨额的资金与极大的权力，先修哪条路、选择什么方案、给谁工程、价格多少……在交通厅厅长自己拥有巨额资金的情况下，传统投资体制下的制度约束已经失效，而新的制度规范又没有完全建立起来。这个时候，交通厅厅长实在是事故多发期。制度的空是太大了。但是，一般而言，我们的新闻报道，往往没有深入到这个层面。

投融资分析，也即经济学知识运用于腐败案的报道，或许对一般媒体上去是一个挑战。对于《三联生活周刊》而言，因为记者人数少，总共才20多个记者，所以每个记者要求报道的内容与范围相对广泛。但对日报而言，就可能因为记者战线划分的关系，而使拥有足够知识背景的记者，往往受限于战线而不可能进入其他报道领域。我相信，这或许有赖相关编辑的采访力量调配，但同时更重要的是，编辑必须有足够的思考与观察力，同时还有相应的分析框架的建立。

说到这里，我想再介绍一下公务员加薪这一新闻。

每一次公务员加薪，我在网上的评论里总会看到一片指责声音，而且是一边倒的。相信大家也面临过这样的新闻做不做的犹豫。按《三联生活周刊》的一般思维惯性，我们不太会去做这一类政策解读式的新闻，三联更乐意去操作"新闻故事"。不过，我个人对加薪稍有兴趣，好奇心在于，即使加薪如此深受诟病，为什么还一再地加薪呢？这项公共政策，果真就是与公众情绪对抗的选择吗？我后来跟两位公务员进行了相对深入的交流，不是采访，因为我没有报道的责任。这两位公务员，一是一座中等城市的交警，另一位是税务系统的工作人员。我主要了解他们近五年来的收入情况。一个有意思的事实是，这五年他们的工资在工资单上翻了一番多，但他们却告诉我，实际的收下降了四成不止。这是一种特别令人意外的反差。以交警的收入为例。过去他的收入，工资单上的全部加起来有600多元，现在接近1200元。但过去除了工资单上的收入，他们还有罚没款的额外奖金，远远超过工资。他说，一般每个月也有1500元。而现在，越加薪收入越低。后来我又去查他们罚没款的资金流程，过去是由各个大队自罚自收，这也就是我们常说的小金库；随着加薪，开始的时候，收支两条线建立起来了，但是，进财政的罚没款，还是按原数返回公安系统；再后来，加薪并调整工资结构，罚没款不再像过去那样又重新回到公安系统，而是由财政统一你的薪酬，该给你多少就给你多少，公安系统的罚没款不再是他们收入的补充与来源了。如果你深入了解了这一财政运作，想来对公务员加薪这一公共政策的理解会别有不同。我对此的解释是：赎买权力。即用加薪这项公共政策来赎买分散在各个部门各个系统那里用来换取利益的权力。但是，我们对此从来没有给予足够充分的分析与报道，所以，每一轮加薪出现，仍然指责声不断。

案例四　复旦经管学院院长陆德明嫖娼案

这条新闻我们做不做呢？它是不是也太黄色了一些？

其实我们现在已知的信息也就这样一些。陆德明嫖娼被校方证实，停止他教授资格三年，但允许他进行学术研究。另外，最近校方回应媒体问题，提供新的消息说，陆德明是当年8月嫖娼被发现的。

基本信息就这么多，这个新闻是报道，还是放弃？或者，我这么提问，并不容易回答，我把问题变为这样：

你好奇的地方是什么？

我个人的好奇在于我对中国警方的一般了解，类似嫖娼这样的事件，它属于公安系统里的治安部门管辖。新中国成立之初的公安部，有三个业务局，分别是一局政保（政治保卫）、二局经保（经济保卫）、三局治安。而治安局后来分出刑侦、禁毒、户政、消防、出入境等新的业务局，它事实上构成了警方业务最为主体的部分。但由于它先后分出去若干部门，现在治安部门最主体的是派出所系统，打击卖淫嫖娼即在他们的管辖范围内，当然他们的职责还包括大型演出、体育比赛的治安工作等等。我们熟悉的各个机构的外聘保安人员，他们并非警方系统，也由治安部门管理。在这样的建构下，我的疑问是，他们需要多大的力量才可能管理好嫖娼这一块？事实上，我的经验是他们的力量是缺乏的。这也是我坚决不相信这背后有什么“阴谋”原因的说法，也即说是别人下套让他钻的说法我不相信。9月份在香港时，也同样发生这样的新闻。竞选议员的何伟途也因嫖娼而被东莞警方拘捕，后被劳教半年。当时香港媒体多数猜测这是“阴谋”，因为何伟途是香港民主党的竞选者。但我不相信这种说法能够成立。这是源自我对警方这一系统的了解。他们没有能力来下这种套。何况这种套是最难下的，因为你永远不知道鱼儿是否上钩啊。

如果我们真是希望了解警方在这一方面的管制能力，可以选择调查比如上海一个区的治安部门在这方面工作的情况。如果说我们对嫖妓的存在采取的是一种管制的公共政策，那么，要实施这项公共政策的成本究竟是多少？当然，我也有一个假设，即这项公共政策实施起来，其管制成本可能太高，因为这一现象实在是过于普遍，那么我们描述这种管制现实，或许是有意思的，即使我们不讨论这项公共政策未来的走向。当然，这里面包括着一种看上去是悖论的现实，即当这一工作成为警方的收益来源，那么它在管制上是否有成效，这自然不会成为有关方面乐意讨论的题目。

如果有可能，我们很希望去研究一下身体问题的管制现实。但陆德明这条新闻我们不会这样去做，因为陆的名气太小，作为新闻而言，它缺乏新闻力，带动不了足够的讨论空间与关注程度。

记者群体的意识变迁

1987年，我开始做记者，现在仍然在一线做记者，每年为《三联生活周刊》做十个以上的封面故事。我个人的印象是，这十多年来，记者这一群体的意识，有一个较大的变化，过去的权力意识开始慢慢减弱。权力意识最简单的标志，就是那种自以为最牛的记者，最希望做的是监督报道。他们采访时提问的方式都类似于警方审问。米兰·昆德拉解释摩西十诫里“汝不可说谎”——这一戒律，使提问者拥有了权力。以公众之名的记者，也因此获得职业合法性的证明。但是，在中国，不是提问者的权力，而是权力者的提问。记者审问式的采访，经常以监督报道为名义。这或许是法拉奇对邓小平那个经典采访的误导，只是想不到它如此悠久漫长。不过，现在这一点在好转。

但是，现在记者另外一种意识却正在形成之中，即作文意识。

什么是作文意识？记者力求对新闻或事件给出自己最有力最独特的命名，给公众提供最别出心裁的答案。我们所说语不惊人死不休，就是这等模样。比起权力意识，作文意识多少是一种进步，记者至少知道自己不是法官不是上帝。但强烈的别出心裁，它又可能使记者脱离轨道，失去关注新闻与事实的基本动力。

我用“方法论”这样宏大的题目，是为避开“独特视角”这样的思维，这世上不存在“独特视角”这样的东西。任何观察与分析，相信背后都有一套框架在支撑你，而更关键的是，你对真实的中国有几分了解与把握。更多的时候，我的感叹是，这个国家，对于多数人而言，是陌生的。我们不知道加薪这项公共政策的赎买功能而大声叹息，我们不知道警方的组织体制而想象嫖娼案的“阴谋”，这些可能都是媒体需要完成的工作。

在很长一段时间里，我一直思考这样的问题：作为记者这一群体，其基本的动力是什么。我现在想到的答案是：好奇心。现在的媒体在市场竞争环境下，有广告客户的压力，有权力意识的伸张，还有公信力的自我要求……但这种种，如果没有基本的好奇心作为最内在的动力存在，相信这一群体往前走的力量将大打折扣。而我们前面所述的核心信息的寻找与用最好的分析框架解释材料，如果没有记者本能的好奇心作动力，相信也很难有效率地实施。

许知远离开之后的“观察家”

□仲伟志（《经济观察报》执行总编辑）

当许知远、于威他们集体辞职的时候，人们普遍认为，他们在与《经济观察报》的“保守力量”碰撞后将会变得两败俱伤。事实并非如此……

岁末年初，南方周末年度传媒致敬，《经济观察报》“观察家”版块入选南方周末的评语是：“一个社会是否有思想，只要看看这个社会里严肃媒体是否有思想就知道了。作为一家严肃媒体，《经济观察报》的思想主要体现在该报的‘观察家’版块。在一定意义上，‘观察家’的思想深度，代表了中国严肃媒体的思想深度。”

这样的评价是非常高的，“观察家”的全体同事深以为荣——尽管内心里着实有些愧不敢当——因为这是对经营了一年有半的“新观察家”的充分肯定。来自同行的表扬，以及中国知识分子中核心力量们的赞誉，使我们本来忐忑不安的心稍有放松，对我们所应该奉行的价值观与方法论，也逐渐清晰起来。

所谓“新观察家”，是针对经济观察报2005年8月开始的那次人事动荡而言。那次人事动荡的核心，就是以许知远、于威等人为灵魂人物的“观察家”团队，除了个别人外，观察家部的人几乎全体辞职。那次人事动荡的影响是巨大的，许多同事、同行至今记忆犹新。最初的原因当然是理念的碰撞，那些离开的同事认为，由于“自由”和理想主义的丧失以及公司管理中所表现出的官僚主义倾向，报纸的活力与日俱减。

当时我在这家报纸做首席记者，是许知远、于威主持的“观察家”的作者之一。那时的“观察家”，将注意力更多地投入到一些来自中国之外的富于智力性的话题。他们想了解“9·11”之后世界究竟发生了哪些变化，美国如何成为新的霸权、新闻传统发生了哪些变化、科学家们如何看待量子计算机的未来、政治领导人重建世界新秩序的努力、富人应该在转型中国扮演什么角色、一家生气勃勃的公司为什么会突然死亡、文学与艺术是否一直在堕落等等。当他们回过头来关注中国，典型的话题便是对芙蓉姐姐引致大众狂欢的讨论。

公正地说，那是一个鲜活的“观察家”，因为他们一直在力图鼓舞鲜活的新知识分子精神的成长，通过广泛的讨论建立起一个供更多读者思考和参与的平台，这种努力是应该铭记的。也正因如此，当许知远、于威他们集体辞职的时候，人们普遍认为，他们在与经济观察报的“保守力量”碰撞后将会变得两败俱伤。

事实并非如此，许知远、于威的那个“观察家”团队，仍然有着属于自己的舞台，而他们遗留下来的“观察家”版块，在经过短暂的混乱与沉寂之后，开始重新定位，关注中国社会转型与制度变迁中的重大事件、重要思潮，致力于为制度变迁提供全球视角，为社会转型提供解决方案，重打锣鼓另开张。我们鼓励编辑记者们从书本中抬起头来，深入中国社会结构的基本面，寻找问题事件和问题人物，专家学者将这些问题事件和问题人物纳入制度分析框架。记者在上游，专家在下游，编辑居中，各司其职。从某种意义上说，正是2005年的那次挫折，使“观察家”积蓄了反转和获取更大影响力的机会。

在那些离开经济观察报的“观察家”人士当中，至今也有人以“老经观”自诩。这个“老”与“新”，也是以2005年8月间那次人事震荡为分界线，那些辞职的人，被称为“老经观”，而那些留下来的，就成了“新经观”。不过一些自称为“老”的同事，对“老经观”是有着很清晰的定义的，是指那些因为理想而来、因为理想而离开的人。而“新经观”，新的“观察家”团队，往往特指一些才情平庸、缺少风骨、内心孱弱甚至本质不良的人。尽管这个新的“观察家”团队，人员更迭大半，早已脱胎换骨。

这种置换与反转，曾导致报社内外的哀叹：经观已经不是以前的经观了，因为随着一批老人儿集体辞职，“跟着走的是老经观的一种精神”，是“实验精神和理想的死亡”。人们相信，维系这个机构的是一种无形的力量，而这种力量在2005年夏天彻底消失。到了年底，方军主编的《书评增刊》停印，这同样成为一个事件，因为经济观察报“竟然以它的刊期出版了《职场》，让人不禁唏嘘”，天下同声一哭。

辞职事件发生一年之后，一个在本报实习过的大四学生发短信给我——这时我的身份是这张报纸的副总编，分管社论、“观察家”、商业评论等内容——难掩失望、不无愤怒地说：仲老师，说句您不爱听的话，“观察家”越来越难看了，全是专家的文章，不再是年轻人的舞台。当年那种君临天下、指点河山、敢言敢怒的叙述风格和恢宏气势，也居然一点也没有传承下来。

这条率真的短信，忽然使我明白了“老观察家”之理想主义的文化根基是什么。简而言之，是不问资历，不问背景，给那些焦虑的、忧伤的年轻人一个一夜成名的舞台。在创始之初，这种对年轻人的宽容与溺爱，是“观察家”乃至《经济观察报》的最大魅力。而那些在校园里追捧“观察家”和《经济观察报》的年轻人，其实更多的是在羡慕自己的偶像（比如许知远）的机遇、地位和影响力，是羡慕那些年轻的“老经观”居然能够选择到自己钟爱的事业。谁没有过“一朝成名天下闻”的梦想啊，《经济观察报》曾经就是一个最好的平台。

但是现在，漫游时代结束了。没有了《纽约客》式的文笔，剔除了过度的修辞，这使得很多没有真正理解许知远的、怀着混沌理想的年轻人怅然若失，从此不屑于看“观察家”，甚至与《经济观察报》分手。这份报纸不再是原来风靡校园的“大学生周末”了。所幸的是，“观察家”以及经济观察报并没有进入“集体脑结冰”的状态——尽管在报社内部也出现了令人不安的、迟疑的寂静——我们在努力告别某些东西，也在做着过去该做却没有做的事情，当然还有很多很多不足。不过，我们希望把自己所信仰的那些“微不足道”的理想，在生活与工作的每一件小事中，一点点地实现出来。

人们再也看不到对芙蓉姐姐引致大众狂欢的那些洋洋洒洒的讨论，现在的主流选题是围绕改革成败、银行贱卖等问题的争论，是纪念唐山大地震，是回望三门峡，是关注“钉子户”、北京出租车调价等等。与此同时，我们寻找那些具有思想力的主流人物，传播他们的品质、思考与行动。有人说我们是“右派”知识分子重镇，但实际上我们也发表过许多“左派”知识分子的文章。只要大家是出于建设目的进行理性讨论，我们一并吸收。在此，我们愿意引述 1947 年储安平给胡适的约稿信中的一段话，与大家互勉：

我们创办《观察》的目的，希望在国内能有一种真正无所偏倚的言论，能替国家培养一点自由思想的种子，……这确是一个真正超然的刊物。居中而稍偏左者，我们吸收；居中而稍偏右者，我们也吸收。而这个刊物的本身，确是居中的……先生或能想到，在滔滔天下，今日到底有几个人能不顾一己的利益，……献身于一种理想，尽心尽智，为国家造福。……今日中国需要者，就是有浩然之气的人，我们请求先生俯允担任《观察》的撰稿人，是为对于我们的鼓励，并非要先生鼓励我个人，而是鼓励并赞助我们这种理想，这种风度，这种精神。

无所偏倚，尽心尽智——或许唯有如此，我们才真正配得上“代表了中国严肃媒体的思想深度”这样的评语。我们也希望，“观察家”不仅要代表深度，也要努力拓展自己的边界，融合新、老“观察家”之所长，为读者提供观看世界的更多视角。

悬挂在我们头上的“天问”

——日报在改变深度报道的格局

□陆　晖（南方都市报深度新闻报道组负责人）

> 4月下旬，英国威斯敏斯特大学传播学教授Sparks来广州，教授提出一个问题：“为什么你们的主编可以让你们去做一些对发行量没有帮助的新闻?”这也许是南方都市报《深度》栏目诞生以来，就一直悬挂于其头上的“天问”。

4月下旬，英国威斯敏斯特大学传播学教授Sparks来广州，并到报社做了一个讲座。讲座前一天，我们部门的一些同事与Sparks教授有一个小范围的茶叙。我虽然没有去，但事后，好几个同事都向我提到同一件事，教授当天提出一个问题：“为什么你们的主编可以让你们去做一些对发行量没有帮助的新闻?”

这也许是南方都市报《深度》栏目诞生以来，就一直悬挂于其头上的“天问”。我成为这个栏目的负责人也有两年多的时间了，无数个日子，当我打开当天报纸，看见位于A1叠正中间那些横跨两版（有时因为广告甚至是三版）密密实实的文字时，内心也不由得有些忐忑——真的有人会读这么长的新闻吗？会读的那些人又是谁?

看起来这并非没有道理：重庆的一个小公务员写了首打油诗讽刺县领导，结果被逮起来了；山西一个记者向黑煤矿主索钱不成反被打死；甘肃的一个贫困家庭供不起姐弟俩上大学，姐姐跳悬崖了；河南一些农民闲着无事拍起了电视剧，讲述自己的“村史”；湖北有个女孩坠楼，官方定性自杀，可家人肯定地说她是被奸杀的；等等等等。这些林林总总发生在千里之外的事，到底与一个广州的、深圳的、珠三角的读者，有多大的关联性？他们会有多大的兴趣，每天花上一两个钟头，来阅读这些与他们自身并无瓜葛的长达6000字的故事？

然而还有另外一些故事。几个月前我去兰州开一个研讨会，车上与华商报的一位总编办副主任同行，他告诉我，华商报在去年底刚刚成立了深度报道部，记者12名，以调查性报道为主。在去年，我还先后接待了成都商报、华商晨报的来访以及潇湘晨报的电话咨询，他们都表示正在推出或想要推出全国性调查报道的版面。而从现状看，目前活跃在全国性报道的日报媒体中，新闻晨报与大河报的机动部，人手不多但十分精悍，他们更强调速度，所做的报道介乎常规消息与深度报道之间；新京报的核心报道是南都分家出去的兄弟，前两年可谓叱咤一时，近来因为内部环境变化略显沉寂，但仍是全国调查报道中的一支重要力量。我们的主要竞争对手广州日报，去年也推出了“新闻蓝页”，向深度报道进军。

可以说目前在国内，做深度报道正在成为市场化日报的一个重要发展方向。由于市场化日报在全国报业市场越来越主流的地位，这一股浪潮，将给原有的深度报道以周报、杂志为主的格局以巨大冲击，使得中国的深度报道获得更大的，甚至是全新的空间，从而提升中国报业的整体新闻报道专业水准。

只有从这样的背景出发，才能更清晰地看清楚，《南方都市报》在2003年就推出《深度》栏目，并一直将其确立为重点品牌，具有何等的前瞻性。可以毫不夸张地说，正是因为南都《深度》的成功，才推动和造就了这样的一种趋势，为后来者所效仿。

但既然如此，为什么我每天打开报纸，仍然要忍受这样一种忐忑不安？不少记者都说，每打开几大门户网站的新闻主页，如果看见我们的报道被高高挂起，就兴奋不已，如果遍寻不觅，便失落难言，为何如此虚弱与不自信？为何仍然要面对许许多多这样的“天问”——来自读者、同行以及内部同事。说到底，日报深度报道的核心竞争力在哪里？日报的形态给予它什么样的优势，又与它有何不匹配之处？日报深度报道的发展，怎样与纸媒自身的竞争环境变化、读者的阅读经验和期待、时代赋予媒体的使命和宿命，所有这些错综复杂而又难以切割地交织在一起？这些问题都过于庞大而深邃，我自觉对此的思考尚未得其要领，但作为一个局中人，将自身的心得与体验呈现出来与人分享，也不为无益。

一

我从业开始，就一直做深度报道，但六年来仍然不能给深度报道作一个清晰的定义。其实“深度报道”这个命名本身就值得推敲，美国学者就曾说过，难道还有一种“肤浅报道”存在吗？

在国内报界，深度报道的概念也常常跟调查性报道相混淆，在许多读者以及媒体人看来，做深度就是做调查性报道，甚至是更为狭窄的监督性、揭黑性报道。然而在西方，更为常见的深度报道文体是解释性报道，带有很强烈的服务色彩。中西方的这点差别我倒还能理解，因为在中国，很多事情你不经过艰苦卓绝的调查根本就没法解释。

按照哥伦比亚新闻学院的说法，新闻报道有三个层次，第一层是事实性的直截了当的报道，第二层是发掘背后表象背后实质的调查性报道，第三层是在前二者基础上所作的解释性和分析性报道。所谓的深度报道，主要就是指后面两层。这样的定义也仍然是个大杂烩。

国外的情况，以最有代表性的美国为例，深度报道起源于20世纪二三十年代，兴盛于五六十年代，而以70年代的水门事件为标志性顶峰。深度报道兴起的原因可以从时代、行业、读者需求等各个方面解读，但究其根本，还是如最近走红的胡戈新片中那首翻唱歌曲所言：“都是被逼的”。

20世纪20年代，美国的报纸开始面临无线广播的挑战。广播的最大优势在于，它以接近光的速度，第一时间将新闻传播给受众，从而有了现场直播这样一种全新的传播形式。二战爆发后，哥伦比亚广播公司（CBS）首创战地新闻的现场广播，并造就了第一位媒体巨星爱德华·默罗。随着默罗在伦敦屋顶震天的轰炸声中一句“这里是伦敦……”，可以说纸媒就此开始了屡受挑战的历程。

二战后有了电视，并很快发展为彩电。受众不仅可以第一时间获取新闻信息，还可以亲眼目睹新闻现场，这在新闻传播的历史上具有开天辟地的意义。新闻学基本要素“5个W”中，基本上前四个W就没有报纸杂志什么事了。CBS、ABC（美国广播公司）等大的广播巨头顺应时势，摇身变为全国性的电视网。当时就有许多人断言了纸媒的消亡，也的确有一些媒体，其中包括因为二战而蜚声全球的《生活》周刊，顶不住新形势的冲击，关门大吉。

美国的报人们在此危境下，找到了杀开血路的利器，这就是深度报道。这是在常规消息报道无法与电视比拼的形势下，不得已而又顺理成章的选择。既然前四个W我们拼不过，那我们就把力量放在最后一个“Why”上面好了，这个“Why”主要就是调查性报道。后来5个W之外，新闻界又加了一个“H”，即“How”——怎样，这就主要是指解释性报道了，例如解释性报道的开山之作，普利策获奖名篇《让它飞起来》，就是讲波音757飞机是“怎样”制造出来的过程。

报纸何以能够以深度报道对抗电视？这可以从我的朋友、央视《社会记录》记者沈亚川的苦恼谈起。他每次做节目，最大的问题不是采访不到，而是如何说服采访对象出镜。从技术上而言，电视做深度报道的局限是明显的，除了上镜的顾虑，更重要的是，电视是靠画面的，而那些调查取证的过程往往难以用画面表达。如今有了针孔摄像机，电视还可以做做暗访，但放在三四十年前，你如何能设想一个美国的电视记者扛着笨重的摄像机，去采访一桩肮脏的黑幕交易过程？

除了技术，受众的需求也是另一大原因。电视的观众总体而言，年龄偏小、文化层次偏低，更欣赏快节奏的画面而非理论说教。仍然是爱德华·默罗，20世纪50年代他在CBS创办了一个电视调查节目《现在请看》，此节目水准一流，影响也巨大，最著名的是与极右参议员麦卡锡的较量，成为导致后者垮台的重要原因。然而就这样一个节目，后来也因收视率下降而被停止播出。

相形之下，报纸读者的整体水准较高，也有足够的兴趣和认知力去了解新闻事件发生前前后后的背景、缘由、内幕和趋势，因而深度报道成为纸媒扬长避短的最佳战场。

事实上，正是依靠越战、五角大楼文件、水门事件等一系列重大的深度报道，以《纽约时报》《华盛顿邮报》为代表的美掘报业，度过了电视挑战的危机，达到了其影响力和商业的鼎盛阶段。

二

为何我有必要复述这样一段大家众所周知的历史？是因为今天的中国报业，某种意义上面对着跟当年美国同行们同样的挑战与困境，而这一次的对手比当年还要远远强大得多，这就是互联网。

如果说广播与电视是以信息传播的即时性开创了传播史的新纪元，那么互联网则是以传播的无边际和互动性开创了又一个新纪元。

传统的媒体，不管报纸、广播还是电视，其传播方式都是一点对多点的关系，即一个特定的报社/电台/电视台对不特定的多数受众，信息流是单向度的并且受众只能接受无法更改。而在互联网上，信息的传播是多点对多点，即不特定的人群对不特定的人群，信息流是交叉网状的，每个人都同时既是传播者又是受众，而信息重复传播的成本基本可以忽略不计。这样，信息传播的效率不是成倍增加，而是成几何级数增加了。此外，受众可以在第一时间给予传播者以反馈，进行互动，甚至可以根据自身的想象和好恶对信息进行任意修改，比如流行成风的PS恶搞和维基百科全书。可以说，互联网将传统的信息传播方式彻底颠覆了。

作为一个报纸的新闻人，我无时不在感觉到网络带来的巨大利益和更巨大的压力。可以毫不夸张地说，南都深度报道目前的选题资源，80%以上来自网络。而报道的影响力也有很大程度是依靠于网络的传播。如果没有互联网，很难想象《南方都市报》这样一张只在区域发行的地方都市类报纸，可以获得如此巨大的全国影响力。

然而压力是与日俱增的。如果说对于报社老总来说，压力主要是感受于不断被切走的广告蛋糕，那么对我这样的采编人员而言，压力更直接是在新闻的高度同质化和常常后人一步的无奈。

以中国新闻为例，长期以来，全国的都市报晚报中国新闻版的新闻来源主要是两个：一是新华社、中新社为主的中央级通讯社稿件，二是全国都市报晚报通联系统获取的各地交换稿件。互联网兴起之后，这两个新闻来源越来越变得味同嚼蜡。

新华社、中新社的稿件基本上头天下午至迟晚上都已上网，报纸所做的无非是把前一天网上的内容照扒一遍。而通联系统交换稿件的前提，是各家报纸拥有不同的发行区域，也就是说，在我这里登的新闻，你那里的读者是看不见的。但互联网将这个前提给打破了，现在各家报纸有重要影响的新闻根本不存在区域限制，网络最快地将其变为“全世界发行”。现在每天打开各家报纸的中国新闻版面，你会发现上面的内容不仅都差不多，而且都在前一天或者当天的新闻网站上挂出来。报纸作为第一手新闻传播的功能已经大大被削弱了。

可以想见，国际、体育、娱乐等新闻版面也程度不同地存在这样的问题。

那么，在互联网强大的冲击下，纸媒会逐渐衰落乃至消亡吗？这个问题目前是业界的一个热门话题，相关讨论无数。而我个人的看法是，在可以预见的未来内不会，不过纸媒相对于电视已经边缘化的地位会进一步边缘化。

报纸对抗互联网的第一利器不是别的，而是“国情”。在中国，报纸的功能除了传播，还有教化，包括政令法规的传达和意识形态的宣扬。在这一点上，由于互联网的难以控制，它暂时还代替不了报纸和电视，新闻网站不能独自采写和发布新闻就是其头上的一道“紧箍咒”。从这一点而言，报纸还可以坐享垄断利润若干年。

此外，在一个信息过剩乃至于信息爆炸的年代，受众最迫切需要的，已经不再是信息量的庞大和传播的快捷，而是一种信息的安全感。何谓信息的安全感？每天当你打开几大门户网站，海量的信息扑面而来，随之而起的便是一种焦虑感：如此众多的信息中，何者为真，何者为伪，何者为巧，何者为拙，何者为必需，何者为累赘？你会发现寻找和选择的时间远远高过获取。网络的传播实在是太庞杂也太轻易了，也就不可避免充满着谎言、垃圾和重复的内容，受众需要权威，需要有信得过的传播者替他作出解释、判断和选择。

而传统媒体将会是这个权威角色的最好扮演者，一方面有编辑记者的专业素养和职业规范作为公信力的保证，另一方面传统媒体可以对一个新闻事件投入高昂的人力物力进行长期深入调查，这是普通网友难以比拟的。可以想象，在不久后的信息市场上，网络是一个大卖场，充斥着品种繁多数量巨大的商品，而传统媒体则是其中的品牌专柜，给受众提供可信任、有价值的精品。

这样看来，我们就不难理解前述各家报纸纷纷加强深度报道力量背后的动机。大家也像昔年的美国同行一样，再一次将深度报道作为对抗新媒体的武器。

三

再回到Sparks教授。4月23日，他在南都作了题为“从大报时代到小报时代——英国报业百年长征”的演讲，主要谈到英国报业的衰落趋势，其中重要一点就是严肃新闻逐渐被猎奇新闻和娱乐新闻所取代。

对此教授归纳了若干原因，而我理解根本在于社会的过度成熟、制度完善和个人权利得到充分保障。在这样的社会里，人们逐渐丧失了对政治等重大公共话题的兴趣，娱乐和消费成为主流。这是几乎所有发达国家步入后现代社会共同面临的问题，包括美国，据前年来集团培训的密苏里新闻学院教授称，目前调查性报道也在萎缩。

然而在中国，别人的问题恰恰正是我们的优势。我时常在想，在当代中国，身为一个新闻人，到底是我们的幸运还是不幸？我们是常常戴着沉重的镣铐跳舞，然而这个舞台却是如此广阔和精彩。在美国，一个两岁女孩掉在井里，可以成为全国所有大媒体的头版头条，并且持续热炒。而在我们这里，死亡100人的矿难大家也习以为常，觉得不值得派一个记者前往采访。前不久美国弗吉尼亚大学枪击案发生后，全国降半旗向死难者致哀，国内也有网友呼吁，我们也应该为差不多同时发生的辽宁一钢铁厂事故中死亡的33名工人下半旗。对此，一个辛辣的评论说：如果真这样干，那么国旗就没有机会升到顶了。

相比后现代的西方而言，中国当下还处在前现代社会向现代化艰难转型的过程中。这个时期，旧有的秩序和价值观均已被颠覆，但新的秩序和主流价值观还未确立。在这样的断裂与碰撞中，整个社会心理呈现出一种混乱的彻底多元化的状态。这样的多元化与西方社会的多元化完全不同，在人家那里，虽然观念与想法千变万化，但那些最根本的、大是大非的问题都已经达成共识，多元化建立在一个稳固的根基之上。

这样一个时代，现实生活中发生的种种事情，甚至远超过最大胆最荒诞的文学艺术想象：处女卖淫、城管扒裤、夫妻在家看黄碟被捕、千里背尸还乡、“跳楼秀”、最牛钉子户、“中央一套”、“双规”牌杀虫剂、“问题官员猎捕大队长”、硫酸泼熊、卖身救母……

这也正是新闻报道，尤其是调查性报道的黄金时代。一个优秀的调查记者，在西方可能只能空叹屠龙之术，在我们这里却正是如鱼得水。他不用担心找不到合适的调查题材，也不用担心报道发出来没有反响，他有高于一般公司白领的经济收入（在发达国家，新闻从业人员的收入是中等偏低的），更有着锄强扶弱的道义感乃至于启蒙大众的优越。媒体的力量大到这个地步，成千上万的蒙冤者写来求助信，将其视为最后的救星。一些记者贵为地方官员、大公司老板的座上宾，甚至于只要下到小煤矿晃一晃证，就有几千几万的红包可拿。

在这样的背景下，我们方可以回到最初的问题上去，给出稍具逻辑性的解释。为什么一个广州的、深圳的、珠三角的读者，会有兴趣每天花上一两个钟头，来阅读我们的深度报道？

《南方都市报》之所以以一张区域发行的都市报纸，成就目前巨大的全国影响力，原因无疑十分复杂。而其中我所理解的一个因素，是广东读者有更为强烈的现代意识和全国意识，而相对殊少囿于地域色彩。

中国30年改革开放的一个重要层面，是大批人员从中西部内地向沿海发达地区的流动，首选就是珠三角。这中间有相对层次较低的农民工，也有层次较高的下海者、大学毕业生。经过近30年的奋斗荡涤，这些人中的大部分，尤其是后一部分人的绝大部分，都已扎根广东，构成了数以千万计的“新广东人”。

这样一群人，他们去乡已久，也不可能返回，家乡渐渐变得只有情感的象征意义而无实际关联。虽然事业与生活均已落在广东，但十几二十年时间，还难以让他们从文化、习俗和心理上，真正融入其间。他们时常会产生身份认同上的困惑：我到底是哪里人？广州、深圳、东莞，还是四川、湖南、江西？为了摆脱这种困惑，许多人倾向于把自己看作是广义上的“中国人”。他们说并不标准的普通话，看中央电视台和有字幕的美国大片，关心国家的宏观政策和诸如“宝马撞人”这样的事件，超过关心自己小区里的业委会选举和宠物随地大小便。

然而更为重要的是，这些人基本上都是孑然一身来到广东，无亲无故、无凭无恃，靠白手打拼混饭吃。一方面，他们彻底摆脱了传统中国亲朋邻里的人情社会；另一方面，白手起家的生涯使他们对现有的权益极其珍惜甚至敏感，权利意识大大增强。

而珠三角的本地市民，也是我所知全中国最开放、最有现代意识的市民。他们最不排外，或者说“外”已经成了他们生活的重要部分。他们是中国最早富裕起来的居民，也最有条件和兴趣走出乡土，到全中国乃至全世界去游历。他们也最有条件和兴趣参与公益事业，充当志愿者。他们也是以粤语歌和影视为代表的香港文化的最早接收者，又推波助澜使得粤派文化以一种强势文化的姿态风行全国。

因而可以说，珠三角的市民是当代中国最靠近现代意义上的“公民”的人群，正是他们造就了《南方周末》《南方都市报》这样的媒体。而二者的互动，又成为推动中国公民社会建设的重要力量之一。

正是这样的市民，他们阅读《南方都市报》的深度报道，不是因为这其中的事跟他有关，而是因为这些报道常常揭示出制度不公正和公权力对个人的侵害，而这种不公正与被侵害，正是他常常在现实中所遭遇和在理性上所痛恨的。他阅读重庆彭水诗案，因为他也时常在饭桌上痛斥官员的腐败和社会的不公，在网络论坛上发帖跟帖，做这些的时候，他的心底仍然有着隐隐的恐惧，他需要有人（媒体）出来捍卫现有的这一点点言论空间。他阅读贫困大学生自杀的新闻，这让他想起他刚为上小学的子女交纳的数万元择校费（就是交这点钱也得费尽周折），而前方还有初中、高中、大学，那些数不尽的学费和难以计算名目的各种费用。

这样我们可以清楚地看到，中西方读者阅读新闻的心态，是怎样的大相径庭。在他们那里，新闻是消遣的娱乐的，在我们这里，新闻却关乎你作为人最根本的一些东西：自由、权利、恐惧和利益。

这也正是转型期国家共同的问题，媒体要承担超出它自身应承担的责任，也被罩上了它本不应该罩上的光环。当终有一日，中国走出转型期的“历史三峡”，那些根本问题不再成为问题时，这些责任与光环也就自然消解，媒体将和整个社会一样变得平庸。那个时候的新闻人，就像经历了大战后安享宁静生活的老兵一样，不妨在养花钓鱼之余，做一些小区里猫猫狗狗丢失的新闻。那也许是新闻人的不幸，却是全社会全民族的大幸。

四

然而，以上的细节和煽情仍然无法解答这样一个问题：为什么是日报？

我想起之前做周报的那几年。想当初，我们对那些往往冠以“本报讯”开头，写领导指挥救援远多过死难者状况的日报新闻是多么地不屑一顾呀！我常常对记者说：“日报发过没关系，我们还可以做新闻背后的东西。”然而仅仅过了两三年，我开始发现我们很难再有背后的东西可做。

在市场化激烈竞争的压力下，近几年都市类日报的新闻品质可以说进步神速。我们都还能记得，若干年前《南方周末》《三联生活周刊》等国内顶尖的周报杂志每出一期，几乎都能引起全国反响和业界惊叹的盛况。但最近两年，我几乎都想不起有哪一个轰动全国的重大报道是由周报和杂志率先引爆的了。

甚至在南都内部，我们这个部门也能感受到这样的压力。每有本地的重大新闻事件发生，本地新闻部门的同事们，都会以他们更为快速的反应、深入透彻的背景分析、越来越精巧的新闻文本，尤其是不断跟进的系列追踪，把可以发掘的空间都几乎发掘尽了。某种意义上我们也是被这种压力所迫而更多地投入到全国性的报道。也就是说，日报的常规新闻也在越来越趋向于深度化。

做了四年周报深度报道和两年日报深度报道，我对于两者的差别有一些直观的感受。日报深度报道的最大优势，并非如许多人想的那样是由于更快的时效，而是由于它更具有操作上的弹性。

这种操作上的弹性首先表现在报道形态上。周报的版面形态决定了报道只能是深度报道，而日报则可以有数百字消息、一两千字的通讯以及深度报道等多种。也就是说，一个新闻事件发生后，同样派出记者远赴事发地采访，周报承担的风险更大，因为记者只要采访不到足以支撑深度的内容，报道就无法完成。而日报记者的处境则优越得多，他可以先发第一手消息，也可以每天跟进事情的动态进展，他不会错过每一个重要的节点，也可以选择在最合适的气氛下抛出深度报道，即使做不成深度，也不至于全然落空。

例如近来全国轰动的两个新闻事件——山西记者被打死和重庆最牛钉子户——都是我们的“网眼”版率先发掘，然后深度记者迅速跟进，以每天的中国新闻版面跟踪进展，最后以深度报道重磅抛出。

这种形态的灵活性也更有利于对重大新闻事件的长期跟踪。如著名的高莺莺案，它被引爆之初，全国的媒体都做了大幅跟进，我们的深度报道也是在那时推出。然而这之后该事件经历了一系列出人意表的变化，直到最近的高天虎诬告陷害案二审，相当长的时间内只有南都一家报纸持续关注着事件的每一点进展。高天虎被批捕、其妻陈学荣被释放、高家提起重新鉴定、官方拒绝鉴定、高天虎从伪证改为诬告陷害、高天虎被起诉家人未有通知、一审高天虎拒绝律师、一审开庭及宣判、上诉、二审，每一个环节我们都用千字左右的小消息进行报道，从而使我们始终保持着与高案律师和家人的良好关系，获取每一个最新进展。而一旦案情发生重大转机，我们的前期积累无疑为做深度报道奠定了坚实基础。这样的消息报道则是周报和杂志的版面难以展现的。

日报深度报道操作的弹性还表现在发表时机上，我们不仅可以比周报更快，还可以比周报更慢。我做周报时常常苦于报纸的发行周期，时限到了，即使采访尚不充分，写作还显粗糙，也必须得硬着头皮上。因为一旦错过当期，就得等上一周，那时可真是黄花菜都凉了。而日报今天不行，我可以再等一天，对于深度报道，一天的时效损失还不算太严重，这样采访和写作可以更为从容。

当然在目前，国内优秀的周报和杂志与日报相比，在深度报道这一块仍然有着优势。这种优势主要在于理念和版面安排上更加重视深度报道，操作经验更丰富，视野更为国际化，文本更为精致，而采编人员的整体水准也更强。但这些优势并非绝对，也容易被复制和超越。可以想见，随着新闻报道水平不断提高，未来的都市类日报，将成为深度报道的主流载体。

五

与目前国内的其他日报相比，南方都市报的深度报道还具有一定的领先优势。这主要得益于它起步早，而且一起步就有了《公民孙志刚之死》这样享誉全国的名篇，从而为以后的发展打下了良好基础。

南方都市报深度报道的优势目前主要体现在几个方面：

1. 始终坚持客观公正的立场，坚持关注社会现实和社会公正，这是南都深度报道的命脉所在。这一点所有的媒体都标榜，但是只有在南方报业，集团领导和报社领导有这样敢于担当的优良传统和使命感，南都才有可能始终不渝地坚持。

2. 在报道形态上，大多数日报还在着力于调查类报道之时，我们已经力图将报道的形态变得更加多元。近两年来，我们尝试做了许多类型的突破，包括“寻访抗战老兵”这样的宏大系列报道，《一个女工的最后七十二小时》这样的特写报道，《全球祭孔：政治话语投石问路》《激辩物权法》这样的时政报道，《大桥下面——广州大桥底的流浪族群生态摹本》《两个人的摩托车》这样的社会观察等。应该说在目前的状况下，最引人关注的还是那些监督政府的调查类报道，但是随着中产阶级阅读口味的主流化，读者也需要更为丰富的社会生态呈现。

3. 选题在继续紧抓热点新闻的同时，也开始关注一些较为静态的长期性话题，并用人类学中田野调查的方式来实施。如“第二代农民工调查”系列、“暴富神话下的珠三角人”等调查，很少有媒体像南都这样，敢于付出较长时间和采访成本，这种高举高打的投入是南都目前巩固自己主流地位的方向之一。

4. 在题材继续关注弱势群体的同时，也更多关注市民阶层，加强关注市民阶层关心的话题，如环保、教育、NGO（非政府组织）、业主维权等。相对权力和大资本而言，市民阶层也是某种意义上的弱势群体。观察他们的生活情感、喜怒哀乐，将传统的许多社会新闻题材在新的模式下重新解读，能更细腻详尽地书写普通人的命运和内心世界。

5. 报道心态更加沉稳平和。慷慨激昂的粗放气质开始转变为从容淡定的成熟睿智，记者更富专业精神，避免同情、悲愤、打抱不平等主观情绪影响事实的陈述，避免强势一方永远都是错误的观念先行，更多地分析社会心理和文化传统对人性的异化。

6. 在文本上彻底建立故事化写作的模式。现在不少媒体的深度报道，仍未能摆脱传统的事件过程加背景资料加专家分析的模式，在文本上仍然只是消息的放大。而我们的深度报道，已经牢牢树立起新闻是作品的观念，要有任何时候来阅读都会觉得有价值的自觉意识，时刻将报道的可读性放在十分重要的地位，突出细节、现场感、虚实结合和文学技巧。如袁小兵《两个人的摩托车》这样的作品，仅就文本而言，与那些获得普利策特稿奖的经典相比也毫不逊色。

然而比以上所有都更为重要的是，南方都市报仍然是一个给予想象力和创新巨大空间的精神家园。只要你敢于去想，敢于去行动，什么都可以尝试，也什么都会有机会实现。我们的一位记者韩福东，今年 2 月自己提出想法，4 月就随着温家宝总理的“融冰之旅”去日本呆了20 天，采访了10 位日本政界要人，做了一个受到广泛好评的系列高端访谈。先后曾在《华夏时报》《21 世纪环球报道》《中国新闻周刊》《凤凰周刊》等多家一流媒体供职的他说过：“虽然仍有这样那样的不满，但在所有这些媒体中，还是《南方都市报》是让我感觉最爽的。”

“以人为本”，这也许就是南方都市报深度报道最大的竞争力所在吧。